C·H·Beck

PAPERBACK

Dietmar Süß

DER SELTSAME SIEG

Das Comeback der SPD und was
es für Deutschland bedeutet

C.H.Beck

Originalausgabe
© Verlag C.H.Beck oHG, München 2022
www.chbeck.de
Umschlaggestaltung: Geviert, Grafik & Typografie
Umschlagabbildung: Olaf Scholz, 2021 © picture alliance /
associated press | Michael Kappeler
Satz: C.H.Beck.Media.Solutions, Nördlingen
Druck und Bindung: Druckerei C.H.Beck, Nördlingen
Gedruckt auf säurefreiem und alterungsbeständigem Papier
(hergestellt aus chlorfrei gebleichtem Zellstoff)
Printed in Germany
ISBN 978 3 406 79318 9

myclimate

klimaneutral produziert
www.chbeck.de/nachhaltig

Inhalt

1. Einleitung

Dass ein Krieg bevorstand, ahnte an diesem Mittwoch im Dezember 2021 wohl kaum jemand. Der Bundestag war bis auf den letzten Platz gefüllt. Und als Olaf Scholz, der vierte sozialdemokratische Kanzler in der Geschichte der Bundesrepublik, ans Rednerpult ging, um die erste Regierungserklärung einer Ampel-Koalition zu verlesen, da lag tatsächlich so etwas wie Aufbruchstimmung in der Luft. Sicher, nicht so wie 1969 unter Willy Brandt, und von einem neuen «Projekt» wie 1998, als Gerhard Schröder und Joschka Fischer auf die erste rot-grüne Bundesregierung anstießen, sprach auch niemand. Aber selbst ohne diesen Zauber war doch zumindest das Erstaunen groß über diesen seltsamen Sieg der SPD, der Olaf Scholz zum neuen Regierungschef gemacht hatte. Ein Sieg, den viele, auch die überzeugtesten Genossinnen und Genossen, für unmöglich gehalten hatten. Mit seiner Zuversicht war Olaf Scholz jedenfalls im Wahlkampf lange Zeit ziemlich allein gewesen.

Seine Regierungserklärung an diesem 15. Dezember 2021 wird vermutlich nicht in die Geschichtsbücher eingehen.[1] Die Rede war spröde, wenig leidenschaftlich. Kein «Wums» und keine «Bazooka», dafür manche gedrechselte Sprachfigur, die eine Ahnung von den schmerzhaften Kompromissen vermittelte, die für das Zustandekommen dieser Koalition nötig gewesen waren. Dass es solch eine «Fortschrittskoalition», wie sich die Ampel selbst nannte, überhaupt gab, war vielleicht schon das eigentliche, kleine politische Wunder; und noch viel wundersamer war, dass an ihrer Spitze ein Sozialdemokrat stand. Noch im Frühsommer schien das kaum denkbar.

Die Landtagswahlen in Sachsen-Anhalt und Baden-Württemberg waren krachend verloren gegangen, nur Rheinland-Pfalz hatte mit der populären Ministerpräsidentin Malu Dreyer etwas Hoffnung gegeben. Und selbst am Wahlabend rechnete ein politischer Kommentator bei Maybrit Illner noch fest mit «Jamaika».[2]

Die neue Regierung war nur wenige Wochen im Amt, da bestimmten schon nicht mehr die Folgen der Corona-Pandemie und die Debatten über die Impfpflicht die politische Agenda, sondern die russische Aggression und der Krieg gegen die Ukraine. Innerhalb kürzester Zeit hatte sich das politische Koordinatensystem der Außen- und Sicherheitspolitik radikal verändert. Nun sprachen sich ein sozialdemokratischer Bundeskanzler und eine grüne Außenministerin für Waffenlieferungen und militärische Aufrüstung aus, für harte Sanktionen und den Bruch mit den entspannungspolitischen Traditionen der deutschen Russlandpolitik seit der Ära Brandt. Für die Sozialdemokratie waren das Einschnitte, wie sie tiefer kaum gehen konnten. Gerade hatte man sich noch schütteln müssen, um zu realisieren, dass man die Republik tatsächlich wieder regierte. Dann ging es schon ans Eingemachte.

Vieles kam in diesem verrückten Jahr 2021 zusammen: das Ende der Ära Merkel, die personelle und intellektuelle Auszehrung der Union, der Streit der Schwesterparteien CDU und CSU, die Flutkatastrophe – und eine Sozialdemokratie, die ihre eigentlich nur geringe Chance durch einen professionellen und disziplinierten Wahlkampf nutzte und von so manchem Missgeschick der Konkurrenz profitierte. All das erklärt das Zustandekommen der Kanzlerschaft von Olaf Scholz allerdings nur unzureichend. Natürlich: Es gab dieses Momentum und einen Kandidaten, der mit erstaunlicher Robustheit das Erbe der Ära Merkel für sich reklamierte. Doch sosehr die Euphorie des Wahlsieges manchen schon von einer neuen sozialdemokratischen Ära träumen ließ, sosehr sind die Bilder des Wahlabends aus dem Willy-Brandt-Haus auch trüge-risch: Denn den Wahlsieg verdankte die Partei allen voran der Altersgruppe der über 60-Jährigen, und vielerorts hatte die Sozialdemokratie das Nachsehen, insbesondere in ihren alten urbanen Hochburgen. Das war alles nicht so schlimm, wie lange von den Umfragen vorhergesehen. Aber viele der strukturellen Probleme waren keineswegs über Nacht ver-schwunden. Sie waren lediglich durch das deplorable Ab-schneiden der CDU übertüncht worden. Mit 25,7 Prozent hatte die SPD das gleiche Wahlergebnis wie 2013 erzielt. Deutlich mehr als unter Martin Schulz, aber doch auch weit entfernt von den Ergebnissen Gerhard Schröders.

Insofern dürfte den Nüchternen unter den SPD-Wahlstrate-gen bewusst sein, dass der «Genosse» Trend schon lange kein eingefleischter Sozialdemokrat mehr ist. Sie wissen gleich-wohl auch: Die SPD totzusagen ist über die Jahre ein publi-zistischer Breitensport geworden, und ebenso sehr gehört es dazu, auf ihr historisches Erbe und ihre Wandlungsfähigkeit zu verweisen. Sieben Leben hat sie dann sicher, die Sozialde-mokratie.[3] Aber vielleicht ist das gar nicht das eigentlich Be-sondere an einer Geschichte der Sozialdemokratie. Wer über dieses außerordentliche Jahr 2021 nachdenkt, wird bald mer-ken, dass sich in den Problemen der SPD viel grundsätzlichere Fragen der Geschichte der Bundesrepublik, ja moderner europäischer Gesellschaften überhaupt spiegeln: die Verän-derungen des Parteiensystems, die schwindende Integrations-kraft der großen Volksparteien, die gesellschaftlichen Kämpfe um Anerkennung und Partizipation, die Auseinandersetzung mit rechtspopulistischen Bewegungen, der wirtschaftliche Strukturwandel mit seinen sozialen Kosten sowie das Ver-hältnis von Ökonomie und Ökologie. Anders gesagt: Worauf die Sozialdemokratie zu antworten versucht, betrifft den Kern moderner, postindustrieller Gesellschaften, ihren Um-gang mit Ressourcen, ihre Vorstellungen von Arbeit, Leis-

tung und Bildung sowie – mit unerwarteter Härte und Aktualität – das Verhältnis zu Krieg und Frieden. Vielfach geht der
Konflikt um die großen Themen der Zeit mitten durch die
Parteien, und oft genug war es die Sozialdemokratie, die
diese Widersprüche und Ambivalenzen kapitalistischer Gesellschaften auszugleichen und auszuhalten versuchte. Mal
mit mehr, mal mit weniger Erfolg.

Was überhaupt soll das künftig sein: das «Soziale» in den
europäischen Sozialdemokratien? Welche Vorstellungen von
Gerechtigkeit bestimmen ihre Politik? Was macht ihr Selbstverständnis als alte «Arbeiterparteien» aus? Wer wählt sie,
wen haben sie verloren? Und was bedeutet das eigentlich: soziale Demokratie? Mitbestimmung, gesellschaftliche Partizipation – Themen, mit denen die Sozialdemokratie angetreten
war, die alte Adenauer-Republik zu liberalisieren, haben viel
von ihrem emanzipativen Klang verloren. «Mehr Demokratie
wagen» krähen inzwischen selbst rechtspopulistische Schrei-
hälse und machen damit deutlich, wie umkämpft die Demokratie als Institution und Lebensform inzwischen selbst geworden ist.

Manche der älteren europäischen Linksparteien haben diesen Transformationsprozess seit den 1990er Jahren nicht
überlebt oder sind nur noch ein Schatten ihrer selbst. Das gilt
besonders für den einst so stolzen französischen Parti Socialiste. Aber Ähnliches wird man auch über Italien oder die
Niederlande sagen können. Auch die mächtigen skandinavischen Sozialdemokratien haben ihre hegemoniale Position
eingebüßt oder, wie in Dänemark, ihren Charakter deutlich
geändert. Dieses kleine Buch zur Bundestagswahl 2021 bietet
keine chronologische Erzählung, welche die einzelnen Tage
und Wochen des Wahlkampfes Revue passieren lässt.[4] Aber
es ist das Wahljahr, das den Rahmen absteckt und dessen
Verlauf den Anlass dafür gibt, über die Tiefenschichten der
sozialdemokratischen Welt nachzudenken. Die Geschichte der

Sozialdemokratie ist eingebettet in einen viel grundlegenderen Veränderungsprozess, den wir seit den 1970er Jahren beobachten können. Begriffe dafür gibt es verschiedene: die Epoche «nach dem Boom»[5], postfordistische Gesellschaft, Ära des Neoliberalismus und der «Beschleunigung», Spätmoderne. Sie alle bezeichnen aus verschiedenen Blickwinkeln den Formenwandel der alten Industriegesellschaften, die ökologische und soziale Frage, die Anfechtungen wohlfahrtsstaatlicher Ordnung und die Neujustierung des Verhältnisses von Individuum und Gesellschaft. Ein wichtiges Ergebnis, das vor allem die sozialdemokratische Seele betraf: die zunehmende Verlagerung staatlicher Aufgaben und Pflichten auf die Bürgerinnen und Bürger, die durch «Aktivierung» selbst dazu befähigt werden sollen, ihre Probleme zu lösen. Das ist das, was Stephan Lessenich die «Neuerfindung des Sozialen»[6] genannt hat, womit er nicht nur auf die Motive rot-grüner Arbeitsmarkt- und Rentenreformen, sondern auf das gesamte wohlfahrtsstaatliche Arrangement der Bundesrepublik zielte: auf die Mobilisierung von «Humankapital», die Förderung individueller Ressourcen, die nur richtig fit gemacht werden müssten, um auf dem Markt bestehen zu können. Der aktivierende Sozialstaat war in dieser Lesart nicht mehr primär eine Versicherung gegen die Unwägbarkeiten des Lebens und ein gewisser Ausgleich für dessen ungleiche Startbedingungen, sondern ein Instrument, Menschen zu erfolgreichen, leistungsfähigen Marktteilnehmern zu machen. Das bedeutete eben keineswegs zwingend einen Abbau sozialstaatlicher Institutionen, wohl aber ein neues Verständnis davon, wie sehr das Individuum selbst Verantwortung, ja auch Schuld an seiner womöglich defizitären Lage trage.

Die Sozialdemokratie war dabei alles drei zugleich: Katalysator, Wegbereiter und auch Bremser eines Transformationsprozesses, der nicht viel übriggelassen hat von der klassischen Industriearbeit in den alten Kohle- und Stahlindustrien, die so wichtig war für den wirtschaftlichen Aufstieg nach dem Zweiten Weltkrieg. Zugleich ist der neuen «Dienstleistungsgesellschaft» keineswegs die Arbeit ausgegangen. Sie hat vielerorts prekäre Arbeitsbedingungen geschaffen, während zugleich die Einkommensspreizung und die Vermögensanhäufung besonders wohlhabender Privathaushalte kontinuierlich gewachsen sind. Lange Zeit prägte die Sozialdemokratie der 1960er und 1970er Jahre die Idee des sozialen Aufstieges, eine Geschichte der Bildungsexpansion, an deren Ende die Kinder aus den Arbeiterhaushalten die Blaumänner der Väter gegen neue Anzüge des Büroalltages tauschten. Von diesem Versprechen ist in der Bundesrepublik der Pisa- und Bologna-Welt nicht sehr viel geblieben. Als sozialdemokratische Großerzählung taugt diese Geschichte des zweiten Bildungsweges schon lange nicht mehr, so groß die Sehnsucht nach einem neuen identitätsstiftenden Leitmotiv auch ist. Im Wahlkampf spielte sie auch keine Rolle. Dagegen spürten viele, auch innerhalb der Sozialdemokratie, dass alte, vermeintlich überwundene Konflikte zurückgekehrt und neue hinzugekommen waren.

Noch traut sich kaum jemand, das Wort «Klassenkonflikte» in den Mund zu nehmen, so wie es selbst inzwischen wieder vorsichtige Beobachter unserer Gegenwart tun und auf die vielfältigen Abstiegs- und weniger werdenden Aufstiegsbewegungen verweisen.[7] Die Konflikte, die aus der Bekämpfung steigender Energiepreise entstehen werden, liefern darauf einen bitteren Vorgeschmack. Und was künftig «Fortschritt» angesichts des globalen Klimawandels überhaupt bedeuten kann, gehört zu den nach wie vor drängenden, wenngleich unbeantworteten Fragen, nicht nur, aber doch auch der Sozialdemokratie.

Die meisten politischen Beobachter konnten dem Wahljahr kaum etwas Interessantes abringen, sieht man einmal vom Klatsch und Tratsch der Unionsschwestern ab. Langweilig sei der Wahlkampf gewesen, die Spitzenkandidatinnen und -kandidaten mal farblos, mal unbeholfen, überschätzt oder inhaltsleer. Vordergründig mag das stimmen. Aber wer dieses seltsame Jahr mit Blick auf die SPD Revue passieren lässt, wird doch merken, wie sich die Bundesrepublik seit den 1990er Jahren verändert hat – und wie sehr sich diese widersprüchlichen Verschiebungen politischer Prioritäten, diese Konflikte über Werte und Ideen, über Deutungen der Wirklichkeit und ganz reale Machtverhältnisse allen voran in der ältesten deutschen Partei, der SPD, niedergeschlagen haben. Davon will dieses Buch erzählen.

2. Der Wahlabend:
Von ungewohnten Glücksmomenten,
Krisen und gelungenen Kampagnen

Am Morgen danach blickt Olaf Scholz vergnügt in die Runde. Er habe gut geschlafen, gibt er zu Protokoll. Nach dem Aufstehen habe er noch mal auf sein Handy geschaut und sich vergewissert, dass alles so geblieben sei, seit er ins Bett gegangen war.[1] Die SPD und er persönlich hatten es also tatsächlich geschafft. Noch saßen sie nicht im Kanzleramt. Aber angesichts der deplorablen Stimmung nur wenige Monate zuvor war das Ergebnis eine Sensation. Als Scholz am Wahlabend, nachdem er den Applaus seiner siegestrunkenen Genossinnen und Genossen entgegengenommen hatte, in der «Berliner Runde» Platz nahm, sah die Sache schon gut aus, entschieden war sie aber noch nicht.

Die SPD lag vor der Union, aber einige Hochrechnungen sahen noch die Möglichkeit, dass die CDU/CSU am Ende durch Überhangmandate zur stärksten Fraktion werden könnte. Früher nannte man dieses Gespräch mit den Parteivorsitzenden und Spitzenkandidaten «Elefantenrunde» – ein Etikett, das mancher der Herren wohl als Auszeichnung empfand, weil hier die großen Männer ihre Sicht der Weltlage zum Besten gaben. Wie gefährlich Endorphine sein können, musste Gerhard Schröder erleben, als er in der legendären Sendung von 2005 alle Hemmungen fallen ließ, sich durch die Runde rüpelte und erklärte: Angela Merkel solle erstmal besser «die Kirche im Dorf lassen». Nur er, der Kanzler, habe – trotz offenkundiger Verluste – einen Regierungsauftrag. Viel mussten die anderen damals gar nicht mehr sagen, auch nicht Angela Merkel, deren Ergebnis keineswegs so strahlend war, wie sie selbst gehofft hatte. Schröder hatte das Momentum und die Wahl verloren, und der Abend endete in einem medialen Fiasko.

Solch einen Fehler beging Scholz nicht. Er wiederholte stattdessen die etwas gestelzten Versatzstücke seiner Wahlkampfreden – mit einer Veränderung: Er erinnerte an die erfolgreichen Jahre der ersten sozial-liberalen Koalition unter den SPD-Säulenheiligen Willy Brandt und Helmut Schmidt, deren Strahlkraft mit zeitlicher Distanz über die Parteigrenzen hinausgewachsen war. Und Scholz vergaß auch die Ära der rotgrünen Regierung unter Gerhard Schröder nicht, dem er einst als SPD-Generalsekretär treu gedient hatte. Daran, so seine Hoffnung, werde die neue Regierung aus SPD, Grünen und FDP anknüpfen. Scholz machte sich schon auf Brautschau. Sicher war eine solche Ampelkoalition nicht, zumal schon die ersten Gerüchte die Runde machten, dass sich Grüne und FDP erst einmal ohne die beiden Großen treffen wollten – als Machtdemonstration und als Versuch, jene atmosphärischen Störungen zu überwinden, die noch 2017 «Jamaika» verhindert und die Große Koalition zum Weitermachen gezwungen hatten.

Berliner Runde

Von «Jamaika» dürfte an diesem Abend des 26. September auch Armin Laschet noch geträumt haben. Als er im Konrad-Adenauer-Haus vor die Kameras trat, klammerte sich der Kanzlerkandidat an die Idee einer «Zukunftskoalition» und zeigte sich erleichtert, dass eine linke Regierung, eine rot-rotgrüne Koalition, verhindert worden war. Laschets Wahlsonntag endete so vermurkst wie sein gesamter Wahlkampf: In den sozialen Medien kursierten schon im Laufe des Tages die Bilder seines Wahlzettels, der nicht ordentlich gefaltet und damit einsehbar gewesen war; nach seinem Gelächter mitten in der Flutkatastrophe wieder ein Bild, das einen ungeschickt agierenden Kandidaten zeigte, einen, der es nicht einmal schaffte, seine Stimme richtig abzugeben. In der Berliner Runde gab er sich dann zumindest noch ein wenig kämpferisch. Aufgeben wollte er an diesem Abend noch nicht, obwohl das historisch schlechteste Wahlergebnis einer dramatischen Niederlage für die Union gleichkam; eine Niederlage in allen Landesteilen, mit schmerzhaften Verlusten gerade auch im Osten Deutschlands.

Armin Laschet klammerte sich noch an den einen dürren Strohhalm. Schließlich sei es ja möglich, auch als zweitstärkste Partei den Kanzler zu stellen – eine Idee, die die CSU zuvor öffentlich verworfen und nun doch wieder ins Spiel gebracht hatte. Markus Söder begann seinen Kommentar naturgemäß nicht etwa mit dem Eingeständnis der Niederlage oder gar eigener Fehler, sondern mit dem Verweis, heute sei «Rot-Rot-Grün» abgewählt worden. Das war noch ganz die Wahlkampfmelodie der «Rote-Socken-Kampagne», die die Union auf den letzten Metern neu aufgelegt hatte. Die Runde passte in ihrer eigenwilligen Behäbigkeit so gar nicht zur Dramatik des Tages, an dessen Ende die Sozialdemokratie als Sieger durchs Ziel ging. 780 000 Stimmen hatte die SPD schließlich Vorsprung vor der Union. Im Willy-Brandt-Haus hatten schon mit der Prognose die Sektkorken geknallt, und als nach und nach auch noch die Ergebnisse über die Direktmandate einliefen, war klar: Diesen Abend würde die Partei nicht so schnell vergessen. Kevin Kühnert saß seit dem Nachmittag in seinem Juso-Büro, hatte sich bereits über die vorab gemeldeten Prognosen gefreut und schaute jetzt immer wieder gebannt auf die langsam eintrudelnden Meldungen aus seinem Direktwahlkreis Berlin-Tempelhof. Statt Wasser und Kaffee wie am Nachmittag gab es jetzt Bier. Vor der SPD-Zentrale, wo sich die feiernden Anhänger versammelt hatten, traf er dann Hubertus Heil, berichtete kurz über den Erfolg im Wahlkreis und fiel ihm um den Hals: «Was ist denn das für ein schöner Abend», seufzte er und begann dann bereits – vor laufenden Kameras – mit der halb-öffentlichen historischen Rückschau auf die überraschende Wendung dieses Wahlkampfes.

Kühnerts Direktmandat und der Einzug einer angeblich wilden Horde von mehreren Dutzend Jungsozialistinnen und Jungsozialisten erregte an diesem Abend bereits die Gemüter manch konservativer Kommentatoren: Von «Sperrminorität» war da die Rede, von einem künftigen Kanzler Scholz, den die frechen Jusos mit ihrem noch frecheren Kühnert an die Leine nehmen könnten. Kurz blitzte es da noch einmal auf: Das Schreckgespenst der «roten Socken», der radikalen Jugend, die sich nun ihren Platz in der Fraktion erstreiten und dem Kanzler das Leben schwer machen würde. Wer indes in die Reihen derer blickte, die dort über die Listen und über manches Direktmandat in den Bundestag gezogen waren und gerade in irgendeiner Kneipe der Republik den Moment feierten, der konnte zwar einen Haufen junger Leute erkennen, die sich gleich am Montagfrüh aus Trier, Leipzig oder Hannover Richtung Berlin aufmachten. Aber es brauchte schon viel Fantasie, um sich diese 49 Frauen und Männer als die Nachfahren Rudi Dutschkes und Che Guevaras vorzustellen.

Für die Sozialdemokratie bedeutete dieser Wahlabend durchaus eine Art Frischzellenkur, eine Verjüngung des politischen Personals, die für eine Partei, die so stark von Baby-Boomern und den über 60-Jährigen getragen wurde, dringend nötig war. Die Grünen waren hier schon längst ein paar Schritte weiter, und selbst wenn die Kandidatur von Annalena Baerbock am Ende nicht den gewünschten Erfolg gebracht hatte, war unverkennbar, wie sehr hier eine neue Politikerinnengeneration

das Heft in die Hand genommen hatte, die die Partei auf ab-
sehbare Zeit prägen wird und viele, gerade jüngere Frauen
anspricht.

Mit den neuen Hochrechnungen gingen auch die ersten
Hinweise auf die Motive der Wählerinnen und Wähler ein,
auf Zustimmungswerte der Kandidatinnen und Kandidaten
und auf Wählerwanderungen. Das Problem der Union hatte
einen Namen: Armin Laschet. Seine Kompetenzwerte waren – zumal für einen CDU-Ministerpräsidenten – katastrophal. Zugleich war es erstaunlich, wie sehr sich der vielen als
ebenso stocknüchtern wie kompetent geltende Hanseat Olaf
Scholz aus dem Umfragetief des Sommers hatte befreien können und nun auch von jenen Medien anerkennend bestaunt
wurde, die eine Wiederbelebung der Sozialdemokratie zuvor
für aussichtslos gehalten hatten. Manch Kommentator leis-
tete da in den Tagen und Wochen danach genauso intensiv
Abbitte, wie er während des Wahlkampfes den Niedergang
der Sozialdemokratie beschworen hatte.[2]

Der Kandidat Laschet kam in allen Umfragen auf depri-
mierende Werte: bei der Frage der Glaubwürdigkeit ebenso
wie bei den Sympathiewerten und besonders drastisch beim
Thema «Sachverstand». Dort lag er 30 Prozentpunkte hinter
Olaf Scholz. Nicht dass der SPD-Kandidat Scholz als eine
Art Lichtgestalt wahrgenommen worden wäre; einen «Scholz-
Zug» hatte es während des Wahlkampfes wahrlich nicht gegeben. Aber Armin Laschet hatte es seinem Kontrahenten
doch ausgesprochen leicht gemacht.

Die SPD konnte ihr bitteres Wahlergebnis von 2017 durch
starke Zugewinne bei ehemaligen Unionswählern, aber auch
durch Wählerwanderung von der Linken deutlich verbessern. Von der Union kamen netto rund 1,5 Millionen neuer
Stimmen hinzu, von der Linken immerhin 640 000. Auch
520 000 Nichtwähler vermochte die SPD zu mobilisieren,
büßte aber wieder einmal Wähler an die Grünen ein; insge-

samt 260000.[3] Gewonnen hatte die SPD die Wahl bei den über 60-Jährigen – in dieser großen Altersgruppe holte sie 35 Prozent der Stimmen und lag damit im Unterschied zu früheren Wahlen sogar noch vor der Union (34 Prozent); zehn Prozentpunkte hatten die Sozialdemokraten hier gutmachen können; ein deutlicher Hinweis darauf, dass ihre Kampagne zum Thema Rente und soziale Sicherheit erfolgreich gewesen war. Für die Union war das ein besonders schmerzhafter Einbruch, waren die älteren Wählerinnen und Wähler doch seit den Zeiten Konrad Adenauers stets eine besonders zuverlässige Stütze ihrer Macht gewesen.

Dass nur 310000 Erstwähler der SPD ihre Stimme gegeben hatten und ihr Anteil bei den 18- bis 29-Jährigen lediglich 17 Prozent betrug – und deutlich hinter den Grünen und sogar hinter der FDP lag, dürfte bei den siegreichen Jusos für den einen oder anderen Dämpfer gesorgt haben. Vielfach hatten dann also eher Oma und Opa die jungen Genossinnen und Genossen gewählt als gleichaltrige Freunde und Kollegen. Was Scholz und den damaligen Generalsekretär Klingbeil indes besonders gefreut haben dürfte: Es war der SPD gelungen, in zahlreichen zentralen Themenfeldern zu punkten und überhaupt wieder sichtbar zu werden. Das galt besonders für das Thema «soziale Gerechtigkeit», den eigentlichen Markenkern der SPD. 41 Prozent sahen hier die SPD vorne, nur 15 Prozent verbanden das Thema mit der Union. Deutlich vorne lag die SPD auch beim Thema Schule und Bildung, wobei keines der Themen im Wahlkampf eine besondere Rolle gespielt hatte. Einen deutlichen Kompetenzvorsprung vor der Union gab es bei Themen wie Steuern oder Rentenversicherung, und selbst beim Thema «Wirtschaft» lag die Union nur fünf Punkte vor der SPD. Dass beide großen Parteien beim Thema «Zukunft» beinahe gleichauf lagen und der Anteil derjenigen, die keiner der Parteien in diesem Feld etwas zutrauten, deutlich größer war, lässt ahnen, dass das Vertrauen in die politische Steuerungskraft der beiden Regierungsparteien zuletzt nicht besonders groß gewesen sein dürfte.

Der Blick in die Berliner Runde war auch deshalb aufschlussreich, weil sich hier – beinahe unbemerkt – die tiefergehenden Verschiebungen des deutschen Parteiensystems manifestierten. Zunächst: Wer saß dort überhaupt? Über viele Jahrzehnte waren die Rollen klar verteilt: die großen Volksparteien, die um die Gunst der Kleinen warben. Nun hatten in der «Berliner Runde» gleich sieben Parteivorsitzende bzw. Spitzenkandidatinnen und -kandidaten Platz genommen: neben SPD, CDU, CSU die Grünen mit Annalena Baerbock, die selbst Kanzlerkandidatin ihrer Partei gewesen war; Christian Lindner für die FDP, Susanne Hennig-Wellsow für die Linke und schließlich Alice Weidel für die AfD. Die Studiogröße und die Zahl der Stühle war mit den Jahren, seit sich dieses Format in der jungen – damals noch Bonner – Fernsehdemokratie etabliert hatte, beständig gewachsen. Bei den ersten Duellen hatte oft noch Franz Josef Strauß für die besonderen Momente gesorgt, wenn er mal wieder Journalisten anraunzte. Für die Spitzenkandidaten der beiden großen Volksparteien war die Runde eine wichtige Bühne mit Millionenpublikum. Dass an diesem Abend die Machtverhältnisse neu gemischt und die einmal so Großen nun gar nicht mehr so groß waren und warten mussten, bis sich die kleineren untereinander verständigt hatten – das war alles andere als business as usual.

Für Olaf Scholz schien das kein größeres Problem zu sein. Jedenfalls ließ er nicht erkennen, dass er davon besonders genervt war. Solche Runden waren in der Vergangenheit für gescheiterte sozialdemokratische Kanzlerkandidaten wie für Frank-Walter Steinmeier, Peer Steinbrück und Martin Schulz besonders quälend gewesen, mussten sie jedes Mal von Neuem ihre eigene Niederlage und die ihrer Partei erklären und öffentlich ergründen, warum die Sozialdemokratie nicht einmal mehr beim Thema «Gerechtigkeit» punkten oder sich immerhin der Zustimmung der Arbeiterschaft sicher sein konnte.

Für die SPD hatte es in der Vergangenheit schon viele schmerzhafte Niederlagen gegeben, und so oft wie ihr der Untergang prognostiziert worden war, hatte sie schon selbst langsam damit begonnen, kleinere Brötchen zu backen. Nun aber leckte auch die Union ihre Wunden. Der knappe Vorsprung der SPD und der tiefe Fall der CDU machten eines besonders deutlich an diesem Abend: Die großen Volksparteien waren nur mehr ein Schatten ihrer selbst, verglichen mit den großen Zeiten zwischen den 1960er und 1980er Jahren. So knapp beide auch beisammen lagen, war eines doch klar: So wenig Zustimmung hatten die beiden großen Integrationskräfte der Bundesrepublik noch nie erhalten. Dieser Trend war bei Bundestagswahlen schon länger zu beobachten gewesen, und doch markierten die Wahlen 2021 hier einen vorläufigen Tiefpunkt.

1949 hatten es aufgrund des Wahlrechts, das etwa eine Fünf-Prozent-Klausel nur auf Länderebene kannte, insgesamt elf Parteien in den ersten deutschen Bundestag geschafft, darunter neben der KPD auch Parteien wie die nationalkonservative, wenn nicht rechtsradikale Deutsche Partei. In den 1960er Jahren bildete sich jenes Parteiensystem heraus, das lange Zeit als «Normalfall» galt. Ein parlamentarisches System, getragen von vier Parteien: CDU/CSU, SPD und FDP, die zwischen 1961 und 1983 in wechselnden Koalitionen regierten und über erhebliche Mobilisierungskraft verfügten. Zum Vergleich: 1972 und 1976 konnten diese vier Parteien mehr als 99 Prozent der Zweitstimmen für sich verbuchen – ein starker Hinweis auf die enorme Integrationsfähigkeit des bundesrepublikanischen Parteiensystems. Diese Blütezeit politischer Mobilisierung war aber, das gerät schnell in Vergessenheit, eher eine kurze, wenngleich prägende Phase der Parteiengeschichte, die schon im Laufe der 1980er Jahre durch

den Einzug der Grünen in den Bundestag und später dann
durch die Wiedervereinigung massive Veränderungen erlebte.
Neben den Grünen und der Linkspartei hat inzwischen auch
die AfD im parlamentarischen System Fuß gefasst und bestä-
tigt damit einen europaweiten Trend: den Erfolg rechtspopulistischer und rechtsextremer Parteien und damit eine Pluralisierung und Polarisierung des Parteiensystems. Schon in den
1980er Jahren hatten in der Bonner Republik zumindest in
einigen Bundesländern vergleichbare Parteien wie die «Repu-
blikaner» oder die DVU kurzfristig Erfolg; mit der AfD hat
sich diese Entwicklung – zumal in Ostdeutschland – forciert.
Dabei war es nicht «der Osten», der am Ende einen solchen
Abschmelzungsprozess der Bindekräfte beider Volksparteien
einleitete, auch wenn man die Probleme gerne dorthin ab-
schiebt. Eher lassen sich im Wählerverhalten zwischen Schwe-
rin und Dresden Entwicklungen beobachten, die sich bereits – wenn auch noch sehr vorsichtig – schon vor 1990 im
Westen angekündigt hatten.

Krise und Erfolg der Volksparteien

Das alles haben politische Beobachter schon länger als große
Krise der «Volksparteien» beschrieben[4] – in deren Folge die
politische Farbenlehre bunter und Koalitionen weniger er-
wartbar und volatiler geworden sind. Dreierbündnisse sind
auf Länderebene keine Seltenheit mehr. Manche der Neu-
gründungen hatten allerdings nur ein vergleichsweise kurzes
Leben wie die «Piratenpartei», die nach fulminantem Start
rasch wieder an Bedeutung verlor.
   Die Ursachen für die veränderte Anziehungskraft der vormals Großen sind vielfältig, und sie kommen in diesem Buch
auch noch ausführlicher zur Sprache: Von ihren alten Milieu-
kernen ist wenig übriggeblieben, das gilt für die «klassischen»

sozialdemokratischen Stammwähler ebenso wie für die durch den Anker der Konfession an die Union gebundenen Wählerschichten. Die Union ist von einer Entwicklung eingeholt worden, die sie im Windschatten der Kanzlerschaft von Angela Merkel kaum wahrhaben wollte: dass die Kirchen zwar noch immer ein politischer Faktor, aber schon lange nur noch für einen schwindenden Teil der Gesellschaft ein lebensweltlicher Zusammenhang sind und angesichts ihrer erschütternden inneren Krisen erheblich an moralischer Anziehungskraft eingebüßt haben. Da hilft es also nicht viel, wenn die Union christliche Wähler immer noch in einem höheren Maße binden kann. Denn starke katholische und evangelische Milieus gibt es nur noch als Erinnerungsgemeinschaften. Vor allem für die jüngere Generation katholisch und evangelisch geprägter Christinnen und Christen ist es alles andere als selbstverständlich die Union zu wählen. Stattdessen machen immer mehr von ihnen ihr Kreuz bei den Grünen. Die Sozialdemokratie weiß schon lange um diese stillen, wenngleich strukturell grundlegenden gesellschaftlichen Verschiebungen, die durch den frühen Rausch der Ära Schröder nur überdeckt worden sind.

Für die Regierungsfähigkeit des parlamentarischen Systems muss das alles überhaupt kein Nachteil sein. Und auch das konnte man in der «Berliner Runde» erleben: dass nämlich ein erweitertes Parteiensystem nicht notgedrungen «Krise» oder «Untergang» bedeutet, sondern auch ganz neue demokratische Bündnismöglichkeiten eröffnet, die den veränderten gesellschaftlichen Entwicklungen durchaus Rechnung tragen können. Bisweilen sind es auch die Begriffe selbst, unter denen die Parteien, die großen zumal, erheblich leiden und von denen sie sich nur schwer befreien können. Schwer wiegt der Anspruch, «Volkspartei» sein zu müssen. Wer davon in der Bundesrepublik spricht, der markiert damit in der Gegenwart zumeist auch immer einen historischen Sehnsuchtsort:

die «gute Zeit» des Parlamentarismus, in der die beiden großen Parteien links und rechts der Mitte, unterstützt durch
die Liberalen, die zerklüftete Nachkriegsgesellschaft und
damit auch unterschiedliche Extreme zu integrieren vermochten. Historiker, gerade solche, die der Partei naheste-
hen, haben den Erfolg der Sozialdemokratie nach 1945 gerne
in eine große Lern- und Entwicklungsgeschichte eingepasst
und sie unter die Überschrift: «Von der Klassen- zur Volkspartei» gestellt.[5] Damit einher ging der Abschied von ihrer
marxistischen Prägung und eine soziale und weltanschauliche
Öffnung, die mit dem Godesberger Programm von 1959 verbunden war.

Sozialdemokrat oder Sozialdemokratin konnte man nun
aus ganz unterschiedlichen Motiven und aus unterschiedlichen sozialen Schichten stammend werden; die SPD als eine
Partei, die für Humanisten wie für Christen gleichermaßen
offen war, für Arbeiter wie für Angestellte und Beamte. Der
Begriff der Volkspartei war ursprünglich eine selbstgewählte
Formel vor allem der nationalen, christlichen und liberalen
Parteien des späten 19. und frühen 20. Jahrhunderts.[6] Das
geschah vielfach gerade in bewusster Abgrenzung zu linken
Parteien wie der Sozialdemokratie, die zwar auch die Interessen des «Volkes» vertreten wollte, aber damit die klassen-
spezifischen Interessen der weniger Privilegierten meinte. Erst
nach dem Zweiten Weltkrieg wandelte sich die «Volkspartei»
zu einer Idee, die – als Lernerfahrung der Verfolgung und der
Trümmerlandschaften – auch für die SPD unter Kurt Schumacher an Attraktivität gewann, nicht zuletzt als Antwort
auf die hässlichen Anfeindungen gegenüber den Sozialdemokraten als angebliche «Vaterlandsverräter».[7] Ihr Anspruch,
«Volkspartei» zu sein, hatte also immer auch etwas mit ihrem
Kampf um öffentliche Anerkennung zu tun. Je lauter die Parteien von sich selbst als «Volkspartei» sprachen und damit
auf ihre Integrationswirkung verwiesen, desto vehementer

wurde in den 1960er Jahren auch die Kritik geäußert. Würden die großen Parteien nicht demokratische Potentiale mit ihrer Allgegenwart unterdrücken? Wo blieben da die Unterschiede der Positionen, wo die gesellschaftlichen Meinungsunterschiede und Konflikte, wenn Volk, Partei und Staat gleichermaßen verschmelzen würden?

Parteienkritik hat eine lange Tradition, nicht nur in Deutschland, aber hier ganz besonders. Ihre Kritiker kamen (und kommen) aus unterschiedlichen Richtungen, und gerade die Sozialdemokratie war früh, bereits im Kaiserreich, ein beliebtes Untersuchungsobjekt, anhand dessen beispielsweise Robert Michels sein «ehernes Gesetz der Oligarchie» entwickelte.[8] Sein Argument: Parteien seien in eine führende Elite und eine Masse an Mitgliedern gespalten, und mit den Jahren, mit der Professionalisierung und Bürokratisierung entkoppele sich diese Elite immer mehr von den Mitgliedern und schwinde im gleichen Atemzug die innerparteilich-demokratische Willensbildung. Parteienkritik wird mit unterschiedlichen Zielsetzungen formuliert, mal sozialistisch, stärker direktdemokratisch, bisweilen auch, gerade in der Tradition des Faschismus, antiparlamentarisch und autoritär geprägt. Die neuen sozialen Bewegungen und die Parteienkritik insbesondere der frühen Grünen zielten auf jene «Parteienherrschaft», die sich den Staat zur «Beute» gemacht und neue demokratische Impulse von unten unterdrückt habe. Die «Krise der Parteien» war damit immer auch ein politisches Argument im Wettstreit «alter» und «junger» Parteien und Bewegungen. Eine besondere Wirkungsmacht – bis in die Gegenwart – entfalteten diese Kontroversen auch deshalb, weil sie auf eine Grundachse des Parteiensystems insgesamt zielten: den Unterschied zwischen «links» und «rechts». Die Friedens- und Umweltbewegung skandalisierte gesellschaftliche Risiken, die zunächst einmal quer zum etablierten politischen Koordinatensystem zu stehen schienen. Die selbstgeschaffenen Probleme des Industriezeitalters, die unabsehbaren Folgen der Kernenergie und das atomare Wettrüsten ließen sich, so hieß es nun immer häufiger gerade in der Sprache der neuen sozialen Bewegungen, immer weniger mit den alten Kategorien beantworten.[9]

Solche Kontroversen, die immer auch auf den Zustand der jungen Bonner Demokratie und ihren postnationalsozialistischen Charakter verwiesen, sind in der Gegenwart weitgehend verschwunden. Vielfach waren sie getrieben durch die Debatten der Weimarer Republik und auch der frühen Nachkriegszeit, als der Niedergang der ersten deutschen Demokratie eng mit den zerklüfteten Milieus und den unüberbrückbaren weltanschaulichen Gräben in Verbindung gebracht worden war – ohne dabei ausreichend in Rechnung zu stellen, dass es gerade die starken Milieuparteien wie das Zentrum und die Sozialdemokratie waren, die die Republik am Leben gehalten hatten.

Geblieben ist die Sehnsucht nach einem fiktiven Urzustand, der selbst nur eine historische Etappe innerhalb des deutschen Parlamentarismus bildete; ein nostalgischer Traum, der für die Sozialdemokratie auch zum Alptraum werden kann. Bei Olaf Scholz schimmerten diese verschiedenen Vorstellungen davon, was eine «Volkspartei» sein könne, immer wieder durch: Vor seiner gescheiterten Wahl zum SPD-Vorsitzenden hatte er versprochen, die SPD wieder zu einer «linken Volkspartei» zu machen, «die stolz ist auf sich selbst. Denn die SPD wird gebraucht, um unsere zunehmend gespaltene Gesellschaft zusammenzuführen».[10] Der Ruf nach der «Volkspartei» als Versuch der Überwindung gesellschaftlicher Spaltung und als selbstbewusstes Hoffnungszeichen für geschundene sozialdemokratische Seelen – das war die dominierende Lesart, der viele in der Partei folgten. Man müsse nur fest daran glauben, dann werde man das eines Tages schon wieder werden. Auch mit 25 Prozent, so Scholz wenige Tage nach der

Bundestagswahl, sei die SPD «eine Volkspartei». Indes, und das war dann schon eine kühne Interpretation: «Eine Volkspartei definiert sich nicht über Wahlergebnisse. Es geht um eine Grundhaltung. Eine Volkspartei will den Konsens organisieren, der für eine ganze Gesellschaft notwendig ist. Sie ist damit das Gegenteil einer Milieupartei, die nur für einen Teil der Bevölkerung spricht.»[11]

Was aber war die SPD nun just im Moment ihres unvermuteten Erfolges? Eine Milieupartei ganz sicher nicht mehr. Eine neue, alte Volkspartei, die Hoffnung für die gesamte demokratische Linke in Europa ausstrahlte? Völlig absurd schien Olaf Scholz diese Frage nicht. Denn schon bald sollten nicht nur Glückwunschtelegramme der unterschiedlichen linken Parteien von Madrid bis Oslo eingehen, sondern auch mancher Emissär im Willy-Brandt-Haus vorbeischauen und fragen: Wie habt Ihr das gemacht, Genossinnen und Genossen? Es war, das konnte man wirklich sagen, das Ende einer verrückten Woche und einer turbulenten Berg- und Talfahrt der SPD.

3. Über Herzkammern, Diasporaregionen und neue Einsamkeit – oder: Wer wählt heute wieder (noch) SPD?

Zahlen können täuschen. Und Umfragen trügerisch sein. Doch diese «Sonntagsfrage», die das Wochenende immer schon am Freitag beginnen lässt, war besonders. Zwölf Prozent! Die SPD lag an diesem 6. Juni 2019 in der Wählergunst nicht einmal mehr an dritter Stelle, selbst von der AfD war sie überholt worden, während die Union auf 25 Prozent und die Grünen gar auf 26 Prozent kamen. Hinter der SPD lag eine Horrorwoche: Andrea Nahles war zu Wochenbeginn zurückgetreten, mürbe gemacht von der eigenen Partei, gezeichnet durch eine Europawahl, bei der die SPD das schlechteste Ergebnis aller Zeiten bei einer überregionalen Wahl eingefahren hatte: 15,8 Prozent.

Danach raunte es vielerorts. Die Fürsprecher der nicht immer geschickt agierenden Parteivorsitzenden wurden wortkarger. Am Ende waren der Gegenwind aus den eigenen Reihen und die öffentliche Schelte so laut geworden, dass Andrea Nahles nicht mehr wollte und wohl auch nicht mehr konnte. Die Partei hatte sich in diesen Wochen von ihrer besonders hässlichen Seite gezeigt und dabei schnell vergessen, dass Nahles die desaströsen Niederlagen keineswegs alleine zu verantworten hatte, sondern mit ihr auch mancher der Männer, die nun die Munition für ihren Dauerbeschuss lieferten. Tatsächlich hatte sie in ihrer kurzen Zeit als Parteivorsitzende programmatisch einiges angeschoben: den Versuch beispielsweise, die schmerzhaften Debatten über das Erbe von Hartz IV hinter sich zu lassen und neue sozialpolitische Prioritäten zu setzen. Aber all das spielte in diesem Moment keine Rolle. Sichtlich betroffen kam manche bzw. mancher der Genossinnen und Genossen aus Nahles' letzter Präsidiumssitzung, mitgenommen von der Härte in den eigenen Reihen, und zugleich ratlos, wie ein solcher politischer Trümmerberg abgetragen werden könnte.

Im Licht der Gegenwart mag dieser 6. Juni 2019 schon wieder beinahe unwirklich erscheinen. Er markierte den Beginn der neuerlichen Suche nach geeignetem Spitzenpersonal, an deren Ende nicht etwa Olaf Scholz und seine Mitbewerberin Klara Geywitz die Parteiführung übernahmen, sondern die bis dahin beinahe unbekannte Bundestagsabgeordnete Saskia Esken und der ehemalige Finanzminister von Nordrhein-Westfalen, Norbert Walter-Borjans. Dass der Verlierer von damals am Ende Kanzler werden sollte – darauf hätte zu diesem Zeitpunkt kaum jemand gewettet. «Krise» und «Niedergang» waren die Begriffe, die einmal mehr die Berichterstattung über die Sozialdemokratie dominierten, und das auch nicht ganz zu Unrecht.

Solche Umfragen wie die vom 6. Juni 2019 geben nur ein kurzes Stimmungsbild. Als flüchtige Eindrücke können sie die unterschiedlichen Wege zur Wahlentscheidung nur sehr begrenzt abbilden. Aber in ihr spiegelten sich doch all jene strukturellen Probleme sozialdemokratischer Wählerbindung und -mobilisierung, die die Partei schon seit Jahrzehnten belasteten und die mit dem Bundestagswahlergebnis von 2021 keineswegs verschwunden sind. Wo kamen sie also her, die Wählerinnen und Wähler der SPD, und wo sind sie geblieben?

Verlorenes Milieu

Manchen war es in der Vergangenheit wie Elisabeth Bühring gegangen. Viele Jahrzehnte war sie schon in der SPD, eingetreten 1973, wie so viele damals wegen Willy Brandt. Sie war Lehrerin an einer niedersächsischen Gesamtschule gewesen, zugezogen in ein kleines Dorf, Vorsitzende des Ortsvereins und später stellvertretende Bürgermeisterin. Zusammen mit ihrer Tochter, einer taz-Journalistin, hatte sie sich nach Jahren noch einmal zu den alten Genossinnen und Genossen aufgemacht, dorthin, wo sie selbst einmal saß und Politik machte[1]: in die Räume der Arbeiterwohlfahrt, die inzwischen auch nur mehr ein großer Sozialverband unter vielen ist. Damals seien sie im konservativen Niedersachsen noch Außenseiter gewesen, Rebellen und Aufrührer, wenn sie für ein einheitliches Schulsystem und mehr soziale Gerechtigkeit und gegen den schwarzen Filz im Land stritten. Ein sozialdemokratisches Milieu gab es im Ort nicht, aber so etwas wie eine sozialdemokratische Familie. «Genossinnen und Genossen» – das klang keineswegs abstoßend, sondern nach gemeinsamem Wertehimmel, nach Gleichheit und Gerechtigkeit, nach großer Geschichte und kleinen Erfolgen, gerade auch in der Männerpartei SPD, in der sich eben auch so manche jüngere Frau engagierte, wenngleich bisweilen mehr toleriert als gefördert von den örtlichen Strippenziehern. Da brauchte es Mut, manchen Widerstand der alten Männer zu durchbrechen.

Mit den Jahren wog die Last schwerer, Parteipolitik zu machen, vor allem, als schließlich Rot-Grün tatsächlich die Macht übernahm und die Agonie der späten Kohl-Jahre beendete. Die Hoffnungen waren groß – und auf einmal war man Realpolitiker, musste die Regierungspolitik verteidigen. Aus dem «Gerd» war der neue «Schröder» geworden, der sich nun lieber als «Genosse der Bosse» ablichten ließ und mit der

Agenda 2010 eine Politik betrieb, die zu vertreten Elisabeth Bühring mehr als schwer fiel. «Politische Träume sind wirklich etwas anderes, als echte Politik machen zu müssen», erklärte sie ihrer Tochter auf der Reise in die Vergangenheit. «Aber diesen Schröder-Scheiß, Hartz IV, das habe ich schon als nicht sozial empfunden.» Menschen verändern sich, auch Elisabeth Bühring. Manche politische Emphase wird kleiner, eingeholt durch Kompromisse und neue Zwänge. Aber austreten? Nein, das wolle sie nicht. Selbst wenn ihr die Wahlkämpfe, das Verteilen von Broschüren auf den Marktplätzen inzwischen fremd geworden seien.

Natürlich gibt es auch andere Lebensgeschichten, die die Sozialdemokratie prägen, aber es ist die Generation der inzwischen grauer gewordenen «Willy-Wähler», die vielerorts noch immer das Rückgrat der Partei bilden und die inzwischen – über 60 – besonders stark zum Wahlerfolg von Olaf Scholz beigetragen haben. Dass diese damals jungen Leute zu Zehntausenden die SPD-Ortsvereine fluteten, ist heute Fluch und Segen zugleich. Denn sosehr sie einst das Parteileben prägten, sosehr schwingt in den Köpfen vieler das Gefühl mit, die Sozialdemokratie ihrer Jugend nicht mehr wiederzuerkennen. Daran dürfte auch der Ausgang der Bundestagswahl nur begrenzt etwas geändert haben. Die Gründe dafür sind unterschiedlich. Manches liegt an der SPD selbst, aber natürlich auch an den Lebensläufen der Einzelnen, den Karrieren, den Auf- und Abstiegen, den langen Wegen aus kleinbürgerlichen Verhältnissen in die besser situierten Wohnungen und Einfamilienhäuser.

Einige der Erklärungsansätze, die versuchen, die Probleme sozialdemokratischer Parteien zu ergründen[2], finden sich doch mehr oder weniger offen in den Beobachtungen der altgedienten Genossin und ihren Rückblicken in die Parteivergangenheit:

Dazu zählen beispielsweise die programmatischen Verschiebungen, die Elisabeth Bühring auch umtrieben und die in der Vergangenheit – etwas zugespitzt – als eine Geschichte eines politischen Verrates beschrieben worden sind, als eine Anbiederung an neoliberale Politikkonzepte der 1980er und 1990er Jahre, deren Übernahme alte Parteibindungen durchtrennt und zu einem dauerhaften Legitimitäts- und Gerechtigkeitsdefizit geführt hätten – eine Geschichte, für die insbesondere die britische Labour Party und die deutsche Sozialdemokratie der 1990er Jahre stehen.

Programme sind das eine. In ihrem Selbstverständnis war die Sozialdemokratie aber immer auch eine besondere Organisation, lebensweltlich prägend, getragen durch ein dichtes Geflecht an sozialen Bindungen. Schon dieses Bild war vielfach recht romantisch, gemessen an den Sehnsuchtsorten eines sozialdemokratischen Milieus, das einst den Lebensweg von der Wiege bis zur Bahre begleitete. Gemessen daran musste die Pluralisierung von Lebensläufen in modernen Gesellschaften als große Verlusterfahrung wahrgenommen werden. Und in der Tat hat sich die Organisationskultur der Sozialdemokratie verändert, musste sie sich verändern. Manchen geht das heute noch viel zu langsam, für andere sind die Veränderungen schmerzhaft.

Noch trifft man sich bei der AWO, aber ein Rekrutierungsfeld ist der einst so parteinahe Sozialverband schon lange nicht mehr. Echte Vorfeldorganisationen sind weitgehend verschwunden. Parteien, nicht nur die Sozialdemokratie, leiden unter den Schwierigkeiten der Mobilisierung und der Anpassung an die veränderten Lebenslagen ihrer Mitglieder, einer bisweilen unzugänglichen Sprache und der Entkopplung der parteieigenen Funktionselite von jenen, die sie zu repräsentieren versuchen oder vorgeben. Gerade dieses Repräsentationsdefizit, der Verlust wichtiger sozialer Gruppen, gehört mit zu den massiven inneren Problemen, vor denen die Sozialdemokratie steht.

Von den vielen Studien, die im Vorfeld der Bundestagswahl das Wählerverhalten analysierten, hätte eine im Willy-Brandt-Haus für besondere Aufmerksamkeit sorgen können[3]: Auf der Basis des sozio-ökonomischen Panels (SOEP), der umfangreichsten Langzeitstudie zu den Lebensverhältnissen in Deutschland, konnten Sozialforscher des Deutschen Instituts für Wirtschaftsforschung (DIW) nicht nur zeigen, dass Parteibindungen unter Menschen mit einer Einwanderungsbiografie deutlich geringer ausgeprägt sind als bei Menschen ohne migrantischen Hintergrund. Das an sich war weniger überraschend. Bitter aber für die Wahlkampfstrategen hätte ein anderer Befund sein müssen: Dass die SPD in der (heterogenen) Gruppe der Eingewanderten seit Beginn der Erhebungen, seit den 1980er Jahren, massiv an Zustimmung verloren hat. In den 1980er Jahren sahen mehr als die Hälfte der Eingewanderten in der Sozialdemokratie ihre Interessen am besten aufgehoben, die Union kam lediglich auf 37 Prozent. In den 1990er und frühen 2000er Jahren holte die Union auf und lag weitgehend mit der SPD gleichauf. Nach 2005 nahm – parallel zur allgemeinen Abnahme der SPD-Bindungen – auch die Unterstützung durch Eingewanderte für die Sozialdemokratie weiter ab und lag zwischen 2015 und 2019 ähnlich wie bei der Union etwa um 32 Prozent. Die Parteibindungen unterscheiden sich dabei deutlich durch die Herkunftsgeschichte: Die Union kann insbesondere bei jenen punkten, die vor allem seit den 1990er Jahren aus der ehemaligen Sowjetunion eingewandert sind, türkische und südeuropäische Migrantinnen und Migranten aus Griechenland, Spanien, Portugal oder Italien neigen eher der SPD zu. Aber gerade bei jenen, die aus den Anwerbeländern der 1960er Jahre nach Deutschland gekommen waren und deren Familien in der zweiten oder dritten Generation mit deutscher Staatsbürgerschaft leben, verlor die SPD (bis 2019) knapp 20 Prozentpunkte. Noch immer liegt die Sozialdemokratie hier vor der Union und kann in dieser Gruppe besonders gute Zustimmungswerte erzielen.[4] Die Zahlen sagen nichts über die Motive der Unterstützung, auch nichts über die veränderten Lebensläufe der unterschiedlichen migrantischen Gruppen und ihrer Geschichte. Aber der Trend müsste doch innerhalb der Sozialdemokratie Anlass zur Sorge sein. Viel zu spüren war davon im Wahlkampf nicht.

Die Geschichte der Migration und der Arbeitskräfteanwerbung – inklusive ihres jähen Stopps am 23. November 1973 unter Willy Brandt – ist Teil der umfassenden Veränderungen der westeuropäischen Gesellschaften, die ihre sozial- und wirtschaftspolitischen Prioritäten mit der Ölkrise neu zu justieren versuchten. Eingebettet ist dieser Transformationsprozess in den langfristigen Wandel von der Industrie- zur Dienstleistungsgesellschaft, innerhalb dessen die Arbeiterschaft insgesamt an Bedeutung verlor. Diese sozialstrukturellen Verschiebungen veränderten das Gesicht der Republik und das der SPD: 1950 zählte die Berufsstatistik noch 51 Prozent aller Beschäftigten als «Arbeiter», 1970 waren es 46,6 Prozent, 1987 39,6 Prozent und 2005 lediglich 22,2 Prozent. 2018 sank dieser Wert gar auf 16,6 Prozent.

Das, was in der Gegenwart ein «Arbeiter» ist, lässt sich indes gar nicht mehr so leicht definieren.[5] Den guten alten «Proletarier» gibt es jedenfalls nur noch in romantischen Ruhrgebietsreiseführern, und gerade die Facharbeiter gehören zu den Personengruppen, die längst die proletarische Enge hinter sich gelassen haben und selbstbewusst ihre Privilegien gegen die wachsende Gruppe von (oft migrantischen) Leiharbeitern verteidigen. Gleichwohl sind Arbeiter, körperlich tätige Beschäftigte, nicht verschwunden. Ihr formaler Anteil an der Berufsstruktur ist seit dem Zweiten Weltkrieg zwar kontinuierlich gesunken. Aber wir finden sie im neuen Dienstleistungsprekariat, in den Logistik- und Sicherheitsunternehmen, den Reinigungsfirmen, bei den Zustelldiensten der Plattformökonomie und in den Callcentern, in prekären Beschäftigungsverhältnissen, oft unsichtbar und ungeschützt, gewerkschaftlich meist schlecht organisiert und daher ohne echte Interessenvertretung.

Bei Gerhard Schröders Wahlsieg 1998 hatten noch 48 Prozent aller Arbeiter für die SPD gestimmt, 2002 waren es nur mehr 44 Prozent, 2005 lag die SPD bei den Arbeitern mit jetzt 37 Prozent nur noch knapp vorne. Mit der Bundestagswahl von 2009 löste die Union die Sozialdemokratie als «Arbeiterpartei» ab; die Christdemokraten kamen bei den Arbeitern auf 31 Prozent, die Sozialdemokratie nur mehr auf 25 Prozent.

Der Hartz-IV-Schock und der damit verbundene Vertrauensverlust saßen tief. 2017 sank die Zustimmung unter den Arbeitern auf ein Rekordtief – auf 23 Prozent –, die Union kam, trotz aller Einbrüche, auf 29 Prozent und die AfD mobilisierte bundesweit bereits 18 Prozent. Für die SPD schmeckte das Wahlergebnis im September 2021 auch deshalb so süß, weil sie den Trend in diesem für sie symbolisch so wichtigen Bereich umkehren konnte: Sie konnte bei den Arbeitern punkten und war hier wieder mit 28 Prozent stärkste Kraft, deutlich vor der CDU/CSU mit 23 und der AfD mit 16 Prozent.[6] Die erste Arbeiterpartei im Staate zu sein, hieß für die Sozialdemokratie: Sie war auf Kurs, das waren «ihre» Leute, für die sie Politik machte. Die schmerzhaften Verluste, die sie hier über Jahre einfahren musste, hatten ihr besonders wehgetan.

Eine ähnliche Entwicklung lässt sich auch an einem weiteren Indikator erkennen: Traditionell war die SPD bei Wählern mit niedrigem Schulabschluss, Menschen, die nach neun Jahren einen Beruf erlernen, besonders stark. Das sind Personen, die gerne – leicht die Nase rümpfend – als «einfache Leute» bezeichnet werden, vor allem aber frühzeitig im Erwerbsleben stehen. Von allen Wählern aus dieser Gruppe hatten 2002 noch 44 Prozent die SPD gewählt; 2005 war ihr Anteil auf 38 Prozent gesunken und lag damit gleichauf mit der Union; 2009 nahm ihr Anteil auf 28 Prozent ab, und dies war ihr Anteil auch 2017; 2021 konnte die SPD zwar in allen Berufsgruppen Erfolge vorweisen, aber der Zuwachs um sieben Prozentpunkte war in dieser Gruppe besonders groß. Ähnliche Gewinne verzeichnete die SPD auch bei jenen, deren höchster Abschluss die Mittlere Reife war; hier lag sie nun erstmals seit Jahrzehnten knapp vor der Union und deutlich vor den Grünen, die nur in einer Gruppe die höchsten Stimmanteile hatte: bei jenen mit Hochschulabschluss.

Man kann dieser Spur noch weiter nachgehen: Auch wenn sich die Zugehörigkeit zu einer Gewerkschaft immer noch spürbar zugunsten der Sozialdemokratie auswirkt, so sind auch hier die Einbrüche massiv: 1998 stimmten 60 Prozent aller Gewerkschaftsmitglieder für die SPD, 23 Prozent für die Union. 2005 waren es noch 47 Prozent, doch 2013 brach die Zahl auf 34 Prozent ein. Bis 2017 sank ihr Anteil auf 29 Prozent und stieg 2021 wieder leicht auf 32,1 Prozent. Die Zuwächse fielen in dieser Gruppe schwächer aus als im allgemeinen Trend, während die Grünen unter Gewerkschaftern ein Plus von 4,2 Prozentpunkten verbuchen konnten und nun mit 14,8 Prozent vor der AfD lagen. Manches spricht also dafür, dass die schweren Risse im Verhältnis der Sozialdemokratie zu den Gewerkschaften etwas gekittet werden konnten.[7] Aber es ist doch auch unverkennbar, dass der Sozialdemokratie selbst in ihrer vormals größten Unterstützungsgruppe inzwischen neue Konkurrenten erwachsen sind, zu denen die Grünen ebenso zählen wie die AfD, für die 12,2 Prozent der gewerkschaftlich Organisierten stimmten.

Hinter diesen Zahlen stecken gleich mehrere Probleme, die die Sozialdemokratien in ganz Westeuropa umtreiben und den Kern ihres politischen Selbstverständnisses berühren: Führen die Verluste, von denen die sozialdemokratischen

Arbeiterparteien in Skandinavien ebenso geprägt sind wie in Frankreich, Deutschland oder in den Niederlanden, zu Gewinnen der rechtspopulistischen Parteien? Lag nicht auch einer der Gründe für die Probleme der Sozialdemokratie darin, dass sie ihre Mission gleichsam erfüllt hatte und nun, wo die Wohlfahrtsstaaten nicht mehr wuchsen und die Verteilungsspielräume geringer wurden, auch ihr Politikmodell in die Krise geriet? Müsste das Politikangebot nicht genau darauf reagieren, um die verloren gegangenen Unterstützer wiederzugewinnen?

Seit den späten 1970er Jahre verloren, so wird argumentiert, sozioökonomische zugunsten soziokultureller Faktoren an Bindungskraft, und die sozialdemokratischen Parteien orientierten sich stärker an den Bedürfnissen der wachsenden Mittelschichten, die sich ihrerseits aber in ihren Wahlentscheidungen pluralisierten. Die alte soziale Frage wurde in dieser Lesart von den neuen, identitätspolitischen Konflikten überlagert und immer unwichtiger für die Wahlentscheidung. Die «Neoliberalisierung» und die Politik der «Neuen Mitte», wie sie Gerhard Schröder und Tony Blair verkörperten, hätten die ökonomischen Verlierer der Globalisierung in die Arme der radikalen Rechtspopulisten getrieben, so lautet die eine Lesart. Die andere: Die kulturelle Liberalisierung habe viele der angestammten Wähler vor den Kopf gestoßen, zu viel Identitätspolitik, zu viel kosmopolitisches Engagement, zu viel Einsatz für Minderheiten vergraule die eigenen Leute.[8] In der einen oder anderen Variante finden sich diese Argumente schon seit etlichen Jahren im politischen Raum, wenn in der Sozialdemokratie über die künftige strategische Ausrichtung debattiert wird.

Noch während des Bundestagswahlkampfs 2021 hatte Wolfgang Thierse eine Debatte losgetreten, an deren Ende der langjährige SPD-Vizechef sogar die Frage stellte, ob für jemand wie ihn überhaupt noch Platz in der SPD sei. So verstört reagierte Thierse auf die parteiinterne Kritik an seinen Thesen zur «linken Identitätspolitik». In einem Beitrag für die Frankfurter Allgemeine Zeitung hatte er vor einer Ausbreitung einer angeblichen «Cancel Culture» gewarnt.[9] Jenen, die nicht die «verordnete Sprache» sprächen, drohe ein Ausschluss «aus dem offenen Diskurs» in Medien und Universitäten. «Wir erleben», so Thierse, «neue Bilderstürme. Die Tilgung von Namen, Denkmalstürze, Denunziation von Geistesgrößen gehören historisch meist zu revolutionären, blutigen Umstürzen. Heute handelt es sich eher um symbolische Befreiungsakte von lastender, lästiger, böser Geschichte. Die subjektive Betroffenheit zählt dabei mehr als der genaue Blick auf die Bedeutungsgeschichte eines Namens, eines Denkmals, einer Person, wie die Beispiele Mohrenstraße und Onkel Toms Hütte in Berlin zeigen. Weil mich der Name beleidigt und verletzt, muss er weg, das ist die fatale Handlungsmaxime. Die Reinigung und Liquidation von Geschichte war bisher Sache von Diktatoren, autoritären Regimen, religiös-weltanschaulichen Fanatikern. Das darf nicht Sache von Demokratien werden. In jedem einzelnen Fall ist breite öffentliche Diskussion sinnvoller und als Konsequenz Kommentierung statt Zerstörung der bessere Weg. Eine widerspruchsvolle gegenständliche Geschichtslandschaft jedenfalls ist eine bessere Grundlage für gemeinsames historisches Lernen. Wir brauchen die Stolpersteine der Geschichte.» Waren solche Initiativen tatsächlich Gift für den gesellschaftlichen Zusammenhalt? In diese Richtung argumentierte die Vorsitzende der SPD-Grundwertekommission, Gesine Schwan[10], die Thierse in der Diskussion zur Seite sprang. Oder – und so sahen es auch gerade viele Jüngere in der SPD – sei diese Kritik an Sprache und Erinnerungskultur nicht überhaupt erst die Voraussetzung dafür, das ungehörte Stimmen einen öffentlichen Resonanzraum erhielten? Und: Gab es sie eigentlich wirklich, die vielen Fälle von «Cancel Culture» an deutschen Universitäten? Manche (auch sozialdemokratisch regierte Kommune) war hier schon einige Schritte weiter. Denn Debatten über Straßenumbenennung waren kein neues Phänomen und betrafen die deutsche Kolonialvergangenheit ebenso wie das Verhältnis zum Nationalsozialismus.

Solche Umbenennungen in die Nähe politischer Strategien autoritärer Regierungen zu rücken, sorgte für einigen Unmut. Denn diese Debatten waren oft Teil einer viel älteren, oft bis in die späten 1960er Jahre zurückreichenden Kontroverse über die koloniale Verbrechensgeschichte des Kaiserreiches, die durch die Diskussion um Restitution geraubter Kulturgüter eine neue Dynamik erhielt. Wie also sollte sich die Linke zu den identitätspolitischen Konflikten verhalten, wo schon das Wort der «Identitätspolitik» selbst höchst umstritten und Teil auch rechter Debatten über angebliche «Tabus» und «Denkverbote» war? In der Linkspartei etwa waren es Sahra Wagenknecht und Oskar Lafontaine, die sich als Stimme der «kleinen Leute» sahen und ihre Kritik an den vermeintlich hegemonialen Gendersternchen mit einer Kritik an einer liberalen Migrationspolitik koppelten. Ob aber überhaupt Fragen von Identitäts- und Verteilungspolitik ein Widerspruch sein mussten?[11] Und ob die gesellschaftliche Pluralisierung – gerade auch der oft beschworenen «kleinen Leute» – nicht vielleicht weiter vorangeschritten war, als man das gerne glauben mochte? Darüber wurde in diesem Streit heftig gerungen.

Einige Sozialforscher haben diesen Konflikt in den letzten Jahren auf die Begriffe «Kosmopolitismus» versus «Kommunitarismus» gebracht und dabei nach den neuen Spannungen und Konflikten von Globalisierungserfahrungen gefragt.[12] Als Kosmopoliten werden dabei Menschen bezeichnet, die sich selbst zu den Gewinnern der Globalisierung zählen, hochgradig mobil sind, stark auf individuelle Chancen setzen, divers denken, kulturell offen sind und nationalstaatliche

Grenzen als gestrig ablehnen. Auf der Seite der Kommunitaristen werden dagegen jene Gruppen verortet, die sich für ein starkes Gemeinwohl und die Sicherungssysteme des Wohlfahrtsstaates engagieren, aber Vorbehalte gegenüber zu großer Freizügigkeit und Migration sowie einer Öffnung von Grenzen haben. Die Sozialdemokratie wird in dieser Sicht dadurch zerrieben, dass diese unterschiedlichen Positionen innerhalb der Parteien miteinander ringen, wobei umstritten ist, wie wirkungsmächtig diese Kategorien in der sozialen Praxis tatsächlich sind und ob sie die Vielfalt an Einstellungen beider Gruppen angemessen beschreiben. Jene, die sich als Teil der liberalen Bildungseliten verorten, konnten dann durchaus, einmal Eltern geworden, dafür sorgen, dass ihre Kinder nicht auf die migrantisch geprägten Sprengelschulen gehen.

Wer aber sind nun diese Arbeiter, über die so viel spekuliert wird? Sie lassen sich deutlich schwerer fassen, als es mancher Stratege gerne hätte, und die Befunde deuten darauf hin, dass ihr Wertehimmel weniger eindeutig ist, als es manches Klischee beschreibt. Die Qualität der Arbeit, Einkommen, Belastungen, berufliche Unsicherheiten unterscheiden sich sehr und fallen für Frauen, Männer und Migranten unterschiedlich aus. Untersuchungen, die beispielsweise in Deutschland, Frankreich, der Schweiz und den Niederlanden Arbeiter im dienstleistenden und produzierenden Gewerbe, Beschäftigte der «neuen» und «alten» Arbeiterklasse nach ihrem Verhältnis zur Homosexualität und zur Einwanderung befragten, kamen zu bemerkenswerten Befunden.[13] Eine Frage lautete, ob «Schwule und Lesben frei sein sollten, ihr Leben so zu führen, wie sie sich es wünschen»; eine Frage, die auf moralische und kulturelle Orientierung zielte. Die Antworten fielen eindeutig aus: Mehr als drei Viertel der Befragten unterstützten diese Haltung nachdrücklich, lediglich eine kleine Minderheit blieb distanziert oder ablehnend; die Unterstützung

der Aussagen unterschied sich etwas und fiel bei Beschäftigten im Dienstleistungsgewerbe höher aus als im produzierenden Gewerbe, und je höher der Bildungsgrad, desto höher –
etwas vereinfacht gesagt – war die Zustimmung. Auch auf
die Frage, ob Einwanderung die heimische Kultur eher berei-
chern oder untergraben würde und ob das Land dadurch ein
besserer oder schlechterer Platz zum Leben werde, gab es
deutliche Unterschiede, aber es war eben keineswegs so, dass
die gesamten befragten Arbeiter der Einwanderung neuer
Migrantinnen und Migranten ablehnend gegenüberstanden
oder sie als große Gefahr für den kulturellen Zusammenhalt
bewerteten. So gaben über 50 Prozent der Beschäftigten im
Dienstleistungssektor und etwa 45 Prozent der Arbeiter in
der produzierenden Industrie an, sie unterstützten die Einschätzung, Einwanderung bedeute eine kulturelle Bereiche-
rung. Radikal abgelehnt wurde dieser Satz von etwas mehr
als 15 Prozent.

Solche Umfragen ersetzen keine umfassenden Untersuchungen, und doch deutet sich ein für die Sozialdemokratien wichtiger Befund an: Der Versuch, Wähler aus der Arbeiterklasse
zurückzugewinnen, muss keineswegs mit einer Anpassung
an den Kurs rechtspopulistischer Positionen in Fragen der
Migrations- und Identitätspolitik einhergehen. Diese neue
Arbeiterklasse ist jedenfalls viel heterogener und viel diverser
als noch in den 1960er und 1970er Jahren.

Innerhalb der sozialdemokratischen Parteienfamilie fallen
die Antworten darauf, wie mit diesen Verschiebungen umgegangen werden sollte, sehr unterschiedlich aus. Insgesamt
stammen etwa 15 bis 20 Prozent der Wähler rechtspopulistischer Parteien Westeuropas in den letzten zwanzig Jahren aus
der Arbeiterklasse. Auch hier gab es Schwankungen und regionale Unterschiede, zumal in Ostdeutschland, aber das
Rückgrat dieser Parteien bildete die Arbeiterschaft, so hete-
rogen sie im Einzelnen auch ist, bisher nicht. Ihre Wähler-

schaft speiste sich – rückblickend – primär aus den etablierten Mitte-rechts-Parteien, ihre zweitstärkste Quelle bildete die Gruppe der Nichtwähler und erst an dritter Stelle, bei unter 20 Prozent liegend, kam die Unterstützung durch direkte Wechselwähler aus den sozialdemokratischen Parteien. Auch Untersuchungen, die sich mit der Frage beschäftigen, ob die Nichtwähler zuvor nicht auch Wähler der Sozialdemokratie gewesen waren, bestätigen den Befund: Weniger als 20 Prozent vormaliger Nichtwähler, die 2017 bei der AfD ihr Kreuz machten, hatten zuvor der SPD ihre Stimme gegeben. Umgekehrt heißt das: Die eigentliche Konkurrenz bilden – in Europa – grüne, linke oder linksliberale Parteien, daneben auch Parteien der rechten Mitte; hinzu kommt der Verlust von Stimmen an die Nichtwähler, deren Anteil in den weniger gut ausgebildeten Schichten deutlich höher liegt. Bei der Bundestagswahl 2021 konnte die SPD mit Olaf Scholz hier zwar spürbar zulegen, aber eine echte Trendumkehr lässt sich bislang nicht erkennen.

Am Wahlabend stellte diese Fragen indes niemand. Endlich stand man einmal wieder als Sieger auf der Bühne der Parteizentrale. Überlebensgroß warf der bronzene Willy Brandt seinen langen Schatten auf die Nachfolger, die Enkel und Urenkel, 500 Kilo, eine Figur voller Rätsel, unter deren Strahlkraft alle nur kleiner erscheinen können, je näher sie ihr sind. Geschichte kann in solchen Momenten auch erdrücken. 25,7 Prozent – das war viel mehr, als zunächst erhofft, ein Zuwachs von gut fünf Prozentpunkten, aber zugleich auch nicht mehr als 2013 mit Peer Steinbrück – und das war damals schon wahrlich kein Triumph gewesen. Ganz im Gegenteil.

Auf der Suche nach den Wählerinnen und Wählern der SPD macht der Blick auf die unterschiedlichen Altersgruppen schlagartig deutlich, wie schmerzhaft es für die Sozialdemokratie ist, dass sie eben nicht mehr wie in den 1970er Jahren diejenigen an sich binden kann, die ihr Leben noch vor sich haben, die erstmals wählen, gerade den Berufseinstieg gefunden haben und sich überlegen, ob sie eine Familie gründen sollen. In keiner Altersgruppe waren die Einbrüche so massiv wie bei den Jung- und Erstwählern: 1990 lag der Anteil der SPD noch bei rund 37 Prozent und damit deutlich über dem Gesamtwahlergebnis, 2017 waren es dagegen nur mehr 19 Prozent und 2021 war ihr Anteil bei den 24- bis 34-Jährigen auf 17 Prozent, bei den 18- bis 24-Jährigen sogar auf 15 Prozent gefallen – und das trotz des verbesserten Wahlergebnisses.[14] Jung- und Erstwähler waren einmal wichtige Erfolgsfaktoren, auch für das öffentliche Ansehen der Partei. Davon ist kaum etwas übriggeblieben. Die Grünen liegen hier uneinholbar in Führung, und dass selbst die FDP, bei dieser Wahl zumindest, der SPD bei den Jungen den Rang abgelaufen hat, dürfte zwar angesichts des Wahlausganges verschmerzbar gewesen sein, langfristig aber ernsthafte Sorgen bereiten. Olaf Scholz jedenfalls konnte den Negativtrend hier nicht stoppen, und auch die medial so präsenten Jusos um Kevin Kühnert vermochten es nicht, einen Imagewechsel zu bewirken, trotz aller Polarisierung zuvor, trotz des vielen Zuspruchs, den Kühnert immer wieder erhalten hatte.

Überhaupt der «Faktor Kevin»: Dass Kühnert seinen Wahlkreis gegen starke Konkurrenz gewinnen konnte, war vorher keineswegs ausgemacht. Insofern war sein Sieg das Ergebnis harter Arbeit, eines positiven Bundestrends und nicht zuletzt ein bemerkenswerter persönlicher Erfolg. Schon bei der Europawahl hatten er und sein Team erschüttert vor dem Laptop gesessen, als die Zahlen für die Jungwähler einliefen. Die Wahlnacht konnte nicht darüber hinwegtäuschen, dass es zwischen öffentlicher Präsenz und Mobilisierung innerhalb der gleichen Altersgruppe eine massive Kluft gab. Der Politikwissenschaftler Wolfgang Schroeder hat deshalb mit Blick auf die Wirkungskraft von Kühnert pointiert von einem

«Enkeltrick» gesprochen. Was er damit meinte: Hier habe es Zuspruch für einen gegeben, der jene Hoffnung nach einer Sozialdemokratie erfüllte, für die man selbst einmal geglüht hatte. Empirisch erhärten lässt sich dieser Befund noch nicht. Aber Hinweise darauf gibt es durchaus. Über mehrere Jahre hatte ein Kamerateam Kühnert begleitet, von den Kämpfen um den Groko-Ausstieg bis zur Wahlnacht am 26. September. Gezeigt werden durfte der Beitrag erst nach der Wahl, und Kühnert selbst setzte hier Grenzen, indem er nur das von sich und vom Politikbetrieb preisgab, was er wollte. Aber das war nicht wenig. Folgt man seinen Auftritten vom umjubelten Rebellen zum erfolgreichen Wahlmatador, dann kann man eines beobachten: Es waren vor allem die Älteren, die dem Jung-Siegfried in den Gaststuben und auf den Marktplätzen auf die Schulter klopften. Das lag auch daran, dass die SPD hier ihre eigentliche Klientel hatte, aber es war doch bemerkenswert, dass es außerhalb des Juso-Kosmos keine einzige Diskussion beispielsweise mit Schülerinnen und Schülern in die Doku geschafft hatte. Gut möglich, dass es diese gab, aber eine größere Strahlkraft konnte Kühnert bei Studierenden und jungen Erwerbstätigen bisher nicht entfachen.

Angesichts der Zuwächse bei den Älteren, insbesondere bei Frauen über 60, mag das verschmerzbar sein, zumal es auch bei künftigen Wahlen nicht die Jungen sein werden, die die Wahl entscheiden. Die SPD ist eine Rentnerpartei geworden, und mittelfristig wird sich der Einfluss der grau und teils recht wohlhabend gewordenen Babyboomer noch deutlicher bei Wahlen auswirken. Das Paradox, dass Zukunftsthemen vorwiegend von jenen entschieden werden, die mit den Auswirkungen tendenziell weniger zu tun haben, wird als gesellschaftlicher Konfliktherd an Bedeutung weiter zunehmen. Strategisch mag man noch so viel über Krieg, Klimafragen und Digitalisierung diskutieren: Wer regieren will, muss in der Altersgruppe 60 plus punkten, und dass die Union hier

2021 nicht mehr deutlich vorne lag, müsste auch ihr genauso Kopfzerbrechen bereiten. Die sozialdemokratischen Kompetenzwerte, ohnehin überschaubar, waren hier besonders gut. Im Vergleich zu 2017 konnte die SPD spürbar beim Thema «Renten/Alterssicherung» punkten und lag hier sieben Prozentpunkte vor der Union, die im Vergleich zur letzten Bundestagswahl um 13 Prozentpunkte verlor[15]; dass sie auch beim Thema «Steuerpolitik» die Union deutlich hinter sich lassen konnte, dürfte sicher mit Olaf Scholz zu tun haben – und mit einem Gegenkandidaten, der zu diesem Bereich kaum etwas zu sagen hatte.

Ost und West

Im Osten Deutschlands waren die Verluste der Union ebenfalls massiv.[16] Die SPD gewann in Mecklenburg-Vorpommern klar die Landtagswahl und nahm der Union bei der Bundestagswahl auch alle Direktmandate ab; ähnlich in Brandenburg, wo sie ebenfalls stärkste Partei wurde und alle Wahlkreise gewann, auch hier wieder zu Lasten der CDU. Stärkste Partei war sie in Sachsen-Anhalt, auch in Berlins östlichen Bezirken, in Thüringen lag sie auf Platz zwei, knapp hinter der AfD; selbst in Sachsen, wo es seit Ewigkeiten für die SPD kaum mehr etwas zu holen gab, konnte die Partei immerhin 19,3 Prozent der Stimmen einstreichen – für sächsische Verhältnisse erstaunlich gut! Die Wahl wurde zwar nicht im Osten entschieden, aber mit einem Zuwachs von 10,2 Prozentpunkten im Vergleich zu 2017 sorgte der Osten doch für einen ordentlichen Schub auf dem Weg der SPD ins Kanzleramt. Ihre Gewinne gingen vor allem zu Lasten der Union, deren Kanzlerkandidat im Osten noch geringere Zustimmungswerte erhielt als im Westen. Zufrieden dürfte die Genossen auch gestimmt haben, dass sie der Konkurrentin von links gerade im Osten eine erkleckliche Zahl an Stimmen abnehmen konnten – strategisch eine nicht zu unterschätzende Verschiebung im linken Spektrum.

Im Wahlkampf hatte Olaf Scholz seit dem Sommer verstärkt um Ostdeutschland geworben und dabei seine Leitidee des «Respekts» mit der Anerkennung der spezifisch ostdeutschen Lebensleistungen verknüpft.[17] Das alleine versprach noch keinen Erfolg, war aber doch eine Möglichkeit, zumindest eine eigene Sprache für die ostdeutschen Wahlkampfauftritte zu finden, die sich in die Gesamtanlage des Wahlkampfes einfügte. Immerhin konnte Scholz darauf verweisen, dass er nach der «Wende» als Arbeitsrechtler Leipziger Betriebsräte in ihrem Kampf um Arbeitsplätze unterstützt und so schon früh eine Vorstellung von den Brüchen des Vereinigungsprozesses gewonnen hatte.

Die ostdeutsche Sozialdemokratie lebt derweil eine Entwicklung vor, die in einigen anderen Regionen wie in Bayern bereits Wirklichkeit geworden ist und womöglich auch künftig das regionale Parteileben stärker prägen wird. Seit 1990 haben alle Parteien damit zu kämpfen, dass sie in der Fläche kaum oder nur schwach präsent sind. In Sachsen hat die SPD rund 4900 Mitglieder, in Thüringen sind es 3700, in einer ihrer Hochburgen, in Brandenburg, rund 6200, in Mecklenburg-Vorpommern etwa 3000 und in Sachsen-Anhalt 1300.[18] Vielfach bedeutet Parteimitgliedschaft daher auch die Übernahme von Mandaten und damit mehrfache Belastungen für wenige Funktionsträger, und oft müssen sich kleine Ortsvereine um flächenmäßig große Landkreise kümmern. Langfristige Parteibindungen, gewachsene Parteimilieus oder eine tiefere gesellschaftliche Verankerung sind in diesen Gegenden die Ausnahme. Dagegen wird die regionale Parteienlandschaft viel stärker durch wechselnde Wählerbindungen, durch parteilose Kandidatinnen und Kandidaten und eine starke Personalisierung geprägt. Auch wenn sich die Genossinnen und

Genossen nach Kräften mühen: Weder ihr Organisationsgrad noch ihre finanziellen Mittel reichen für eine umfassende Mobilisierung aus. Im Wahlkampf dürfte es sicher nicht geschadet haben, dass Scholz seinen Wahlkreis in Potsdam hatte und so auch in Ostdeutschland deutlich stärker sichtbar war als sein Gegenspieler, Armin Laschet, dem im innerparteilichen Wettbewerb vor allem Landesverbände aus Ostdeutschland die Gefolgschaft verweigert und stattdessen auf Markus Söder gesetzt hatten.

Indes: Dass daraus ein ähnlicher Effekt wie 1998 erwachsen konnte, als Schröder die Wahl gerade auch im Osten gewann, war zunächst nicht absehbar. Denn einen Vorgeschmack auf das, was sich da womöglich abzeichnete, hatte im Wahljahr die Entscheidung in Sachsen-Anhalt gegeben. Die SPD war seit 2016 Juniorpartner in einer «Kenia-Koalition» mit der CDU und den Grünen; ein Bündnis, das auch eine Antwort auf die starke AfD war. Echtes Profil hatte die SPD in dieser Zeit kaum gewinnen können; nun fuhr sie bei der Landtagswahl am 6. Juni 2021 noch einmal eine bittere Niederlage ein: Schon 2016 hatte sie 10,9 Prozentpunkte verloren, jetzt kamen noch einmal 2,2 Verlustpunkte hinzu. Die SPD landete somit bei kläglichen 8,4 Prozent – schlechter waren bei Landtagswahlen nur einmal die Genossinnen und Genossen in Sachsen und Thüringen gewesen. Aus Berlin hatte man sich zumindest etwas Rückenwind erhofft. Das ging ordentlich schief, so dass nichts anderes übrigblieb, als das Wahlergebnis zum Ausfluss regionaler Besonderheiten zu erklären. Der Blick auf die Kompetenzwerte dürfte manchem im Willy-Brandt-Haus besonders viel Angst gemacht haben. Denn auch hier hatte die SPD im Vergleich zu 2016 beinahe überall noch einmal weiter verloren, besonders beim Thema «Soziale Gerechtigkeit».[19] Von einem Scholz-Effekt war hier kaum etwas zu spüren.

So bitter dieses Ergebnis war, so wenig eignet sich die Geschichte der ostdeutschen Sozialdemokratie als Blaupause für politische Erfolglosigkeit. Dafür sind die Wahlergebnisse zu wechselhaft, Wählerbindungen zu fluide und die Wahlentscheidungen immer weniger festgelegt. Die SPD hat bis heute damit zu kämpfen, dass sie im Umgang mit dem Erbe der alten Parteien der DDR deutlich skrupulöser war als die Union. Die Ost-SPD war 1989 eine echte Neugründung, ohne die Infrastruktur der alten Blockparteien und ohne eigenes Milieu, auf das sie sich hätte stützen können. Alle Träume, an die alten Traditionsbestände der 1920er Jahre anknüpfen zu können, sollten sich rasch als illusorisch erweisen. Die Partei war akademisch geprägt, denn vielerorts waren es evangelische Pfarrer, Lehrer, Ärzte und Anwälte, die die SPD nach der «Wende» gründeten und über viele Jahre prägten. Menschen aus ihrer «klassischen» Klientel, also Industriearbeiter, unter ihnen viele, die im Zuge der Deindustrialisierung der frühen 1990er ihre Arbeit verloren, blieben der Partei derweil fern. In einigen ostdeutschen Großstädten wie Leipzig konnte die SPD mit den Jahren eine schlagkräftige Organisation aufbauen, in ländlichen Regionen jedoch blieb sie schwach verankert und organisierte sich eher als eine Form des Wahlvereins denn als Mitgliederpartei.[20]

Ähnliches gilt inzwischen aber auch für manche süd- oder südwestdeutsche Region, und selbst in ihren nordrhein-westfälischen Hochburgen sind die Zeiten längst vorbei, in denen die SPD wie selbstverständlich davon ausgehen konnte, Mandat für Mandat einzusammeln. In den Städten des Ruhrgebietes lässt sich das besonders eindrücklich beobachten: Sicher geglaubte Bastionen waren umkämpft und gingen mitunter auch verloren, und die Einbrüche waren selbst dort massiv, wo die SPD lange über 50 Prozent gelegen hatte, wie etwa in Dortmund. Auch 2021 konnte die SPD dort alle Direktmandate gewinnen, aber ihr Zweitstimmenergebnis markierte mit 32,7 Prozent ein historisches Tief, während die Grünen sich nahezu verdreifachten und auf über 20 Prozent kamen. Verloren haben die Dortmunder Sozialdemokraten vor allem an das Lager der Nichtwähler. Fast jeder vierte Wähler in der vermeintlichen «Herzkammer» der Sozialdemokratie, der ihr 2017 noch die Stimme gegeben hatte, verweigerte ihr 2021 die Gefolgschaft und ging erst gar nicht mehr zur Wahl.[21] Sollte sich dieser Trend weiter fortsetzen – und vieles spricht dafür –, dann wird es selbst in einer Stadt wie Dortmund bald kein Selbstläufer mehr sein, die Direktmandate zu gewinnen. In den Herzkammern beginnt es längst zu flimmern.

Insofern kündet die ostdeutsche Entwicklung an, was auch im Westen bald schon spürbar werden dürfte. Das muss nicht nur Verlust bedeuten, sondern eröffnete der Sozialdemokratie im Wahlkampf die Chance, insbesondere mit ihrem Kanzlerkandidaten zu punkten. Wie fragil Wahlentscheidungen geworden sind und wie wenig sich die Parteien noch auf ihre einstmals festen Bastionen verlassen können, lässt sich auch an den loser werdenden Parteibindungen ablesen. Lediglich 15 Prozent der SPD-Wähler gaben an, sie hätten die Partei 2021 gewählt, weil sie eben sozialdemokratische Stammwähler seien; bei der Katastrophenwahl von 2017 lag der Wert immerhin noch bei 22 Prozent. Der Kern des sozialdemokratischen Milieus, in dem immer schon SPD gewählt wurde und in dem sich das Wahlverhalten von Generation zu Generation weitervererbt, wird weiter schmelzen. Eine Folge kann sein, dass gleichsam über Nacht und mit starken Spitzenkandidaten (oder besonders schwachen Konkurrenten) auch aus schier aussichtslosen Positionen noch Wahlen gewonnen werden können; zugleich lässt sich aber gerade in den alten Hochburgen beobachten, wie schmerzhaft der Abschied von der Macht sein kann.

In den Großstädten kämpft die SPD mit der stärker gewordenen grünen Konkurrenz. Die Parteien liegen hier vielfach dicht beisammen, und nur wenige Prozentpunkte können

hier den Ausschlag geben. Vielerorts, gerade in den Universi-
tätsstädten, haben die Grünen der SPD (und der Union) den
Rang abgelaufen, ihnen Mandate abgejagt, Machtverhältnisse verschoben. Im Südwesten hat dieser Prozess schon vor
längerer Zeit begonnen, etwa in Tübingen, Konstanz und
Stuttgart, jüngst ging auch Hannover nach einer beinahe
unendlich langen Regierungszeit der SPD an die Grünen; in
Bonn konnten sie das Rathaus ebenso gewinnen wie in Darm-
stadt, Wuppertal und Mönchengladbach. In München gelang
den Grünen dieser Schritt zwar noch nicht, doch seit 2020
sind sie hier erstmals stärkste Fraktion – und die SPD nur noch
Juniorpartner. Den Sklerotisierungsprozess einer sozialdemokratischen Großstadtpartei kann man im «roten München»
besonders eindringlich beobachten. 1966, unter Hans-Jochen
Vogel, erzielte die Partei ihr bis heute bestes Ergebnis mit
58,4 Prozent. 1990 lag die Partei immerhin noch bei 42 Prozent, während die Grünen bereits auf 9,5 Prozent kamen.
Fast 25 Jahre wurde München vom mächtigen SPD-Oberbürgermeister Christian Ude und einer rot-grünen Koalition
regiert, die mit den Jahren zum bundesrepublikanischen
Dinosaurier unter den links-alternativen Stadtregierungen
wurde.

Nirgendwo sonst hatten Sozialdemokraten und Grüne länger regiert, bis das Bündnis schließlich 2014 zerbrach, weil
die SPD lieber – inzwischen weiter dezimiert – mit der CSU
zusammengehen wollte und dem Bündnis im Sog der Großen-
Koalitions-Gefühle ein Ende bereitete. Sechs weitere Jahre
später schließlich landeten die Genossinnen und Genossen
nur mehr auf dem dritten Platz, hinter der CSU und den
Grünen, die nun 29 Prozent erreichten und damit erstmals
stärkste Fraktion wurden. Seitdem wird München zwar noch
von einem SPD-Oberbürgermeister regiert, jedoch unter einer
grün-roten Koalition, in der sich die Sozialdemokraten immer noch schwer mit ihrer neuen Rolle tun. Die Einbrüche in

den alten SPD-Hochburgen der Stadt sind dramatisch. In den wohlhabenderen Vierteln am Stadtrand dominiert ohnehin die CSU, in den Innenstadtvierteln mit hohem Akademikeranteil und sehr vielen sehr gut verdienenden Beschäftigten haben die Grünen der SPD alle alten Bastionen abgenommen und sind zur hegemonialen Partei geworden. Bitter ist das besonders deshalb, weil es hier bis in die 2000er Jahre auch eine starke kulturelle Szene gab, die eng mit der Sozialdemokratie verbunden war, sich aber inzwischen weitgehend von ihr losgelöst und ihr den Rücken zugekehrt hat. Ihre Geschichte ist auch die eines intellektuell-kulturellen Machtverlustes in einer Stadt, in der es lange eine besondere Nähe von Kulturschaffenden und Sozialdemokratie gegeben hatte, die sich inzwischen voneinander entfremdet haben.

In den sozial schwächeren Vierteln hat die SPD ebenfalls massiv verloren; auch hier liegt sie oft nur an dritter Stelle, hinter der CSU und den Grünen. Lediglich im sehr besonderen Münchner Norden, durch BMW stärker industriell geprägt, dort, wo es 1998 und 2002 das letzte und einzige Direktmandat in Bayern für die SPD gab, konnte sie bei den letzten Kommunalwahlen ihren Vorsprung als stärkste Partei bewahren. Wer genauer hinsieht, merkt aber: Auch hier ist die Abwärtsentwicklung dramatisch und der Verlust mit 11 Prozentpunkten im Vergleich zu den letzten Kommunalwahlen erheblich.

Dafür gibt es unterschiedliche Gründe, und manche davon haben auch mit parteiinternen Konflikten und lokalen Problemen zu tun. Und doch dürfte die Münchner Entwicklung ein Alarmsignal dafür sein, was passieren könnte, wenn grüne Spitzenkandidaten bei anstehenden Bundestagswahlkämpfen nicht mehr über hausgemachte Probleme stolpern wie noch 2021. Am 26. September, dem Wahlsonntag, haben die Münchner Sozialdemokraten davon schon einmal mehr einen Vorgeschmack bekommen: Bei den Erststimmen verlor die

SPD hier mehr als drei Prozentpunkte; bei den Zweitstimmen konnte sie zwar etwas zulegen, blieb aber weit hinter dem Bundestrend. Erstmals holten die Grünen ein Direktmandat, und nur rund 200 Stimmen fehlten einem zweiten grünen Bewerber für einen weiteren Sieg. Die SPD war überall abgeschlagen, und selbst dort, wo sie bereits einmal ein Direktmandat geholt hatte, im Münchner Norden, landete sie nur mehr auf Platz drei. Ein echtes Zugpferd für die geschundenen bayerischen Genossen waren die Münchner nicht mehr, und wäre die Wahlnacht nicht durch die hohen Zustimmungswerte für Olaf Scholz überdeckt worden, wäre vielen noch deutlicher vor Augen gestanden, wie sehr sich in den Großstädten die Gewichte in den letzten zwanzig Jahren verschoben haben und wie eng es dort in Zukunft für die SPD werden könnte.

4. Auf den Kandidaten
kommt es (auch) an: Von Willy Brandt
bis Olaf Scholz

Ob Hoffnung so aussieht? Als die SPD-Parteivorsitzenden Saskia Esken und Norbert Walter-Borjans am 10. August 2020 vor die Presse traten, hatten sie Olaf Scholz in ihre Mitte genommen. In Berlin waren gerade die Ferien zu Ende gegangen, der Süden der Republik genoss noch den Urlaub und die Lockerungen der Corona-Regeln. Knapp ein Jahr war es noch bis zur Bundestagswahl. Die beiden neuen Vorsitzenden waren es, die ihrem Finanzminister die bitterste politische Niederlage seiner Karriere beigebracht hatten: bei der Wahl zum SPD-Parteivorsitzenden. Und jetzt waren sie es, die ein Loblied auf ihren Kanzlerkandidaten anstimmten. Natürlich: Wer sonst hätte in diesem Moment auch antreten sollen? Der oder die Co-Parteivorsitzende? Das wäre dann doch eine sehr verwegene Idee gewesen, zu unbekannt, zu wenig profiliert waren die beiden. Wirksam nach innen, sicher, aber mit sehr überschaubarer öffentlicher Strahlkraft.

Einstimmig hatte der Parteivorstand Olaf Scholz zum Kanzlerkandidaten erkoren. Der Zeitpunkt war ausgesprochen früh, bei den Konkurrenten war noch gänzlich unklar, wie sich die Machtverhältnisse sortieren würden. Nichts war durchgesickert, und nicht einmal der engste Führungskreis wusste, dass die beiden Vorsitzenden an diesem Tag die Entscheidung verkünden würden. Kevin Kühnert, nicht nur Juso-Chef, sondern inzwischen auch stellvertretender Parteivorsitzender, wusste offenkundig nichts von der geplanten

Nominierung durch die beiden Parteivorsitzenden und war sichtlich sauer, dass er wie alle anderen erst im Moment der Präsidiumssitzung davon erfuhr. «Das ist jetzt schon ein kleines Brett, was Ihr uns da hingeworfen habt», motzte er.[1] Aber dann stimmte er doch wie alle anderen für Olaf Scholz, den neuen SPD-Kanzlerkandidaten.

Immerhin: Dieses Mal hatte der engste Führungskreis tatsächlich stillgehalten. Es hatte keine quälend lange Debatte über Personen und Zeitpunkt gegeben, und der Kandidat musste auch nicht hektisch den Nachrichtenmeldungen hinterherhecheln wie einst Peer Steinbrück. Selbst einen öffentlichen Wettstreit darüber, wer den Namen nun verkünden dürfe, gab es im August 2020 nicht. Man könnte auch sagen: Die SPD war in diesem Moment selbst so sehr vom Streit aufgezehrt, dass es nicht mal mehr für einen weiteren innerparteilichen Krach reichte.

Kanzlerkandidaten

In der Ausgangssituation sozialdemokratischer Kanzlerkandidaten verdichten sich oftmals zentrale gesellschaftliche Umbrüche – und gerade die Möglichkeit ihres Scheiterns verschwindet in der historischen Rückschau dann allzu leicht aus dem Blick. Kanzlerkandidat zu sein, das ist zunächst einmal nicht mehr als eine politische Kunstfigur, Teil politischer Inszenierung, die auf grundlegend veränderte Mechanismen innerhalb des politischen Systems verweist.[2]

In den Wahlkämpfen der frühen Bundesrepublik hatte es keine Kanzlerkandidaten gegeben, die von ihren Parteien mit großem medialen Rummel als solche ausgerufen worden wären. Viel stärker standen Parteien, ihre Programme und die mit ihnen verbundenen sozialen Milieus im Mittelpunkt politischer Mobilisierung. Das parlamentarische System der

Bundesrepublik mit seiner Fünf-Prozent-Hürde hatte – als Antwort auf die Zersplitterung des Weimarer Parteiensystems – hier eine Grenze gezogen, die den Wettbewerb zunehmend auf die beiden großen Parteien konzentrierte.

Das bedeutete aber zugleich: Um zu gewinnen, musste ins Lager der politischen Konkurrenz eingedrungen, mussten neue Wählerschichten mobilisiert und alte Milieugrenzen überwunden werden. Es war der junge Willy Brandt, den seine Partei 1961 zum ersten offiziellen Kanzlerkandidaten der Republik machte und damit nach Deutschland zu übertragen versuchte, was US-Strategen im Wahlkampf zwischen John F. Kennedy und Richard Nixon vorgemacht hatten.[3] Brandt als junge, unverbrauchte Alternative zum greisen Adenauer: Das sollte die Botschaft der SPD-Opposition sein. Zweimal trat Brandt an, zweimal scheiterte er, 1961 und 1965. Bei seiner ersten Nominierung rechnete eigentlich niemand damit, dass er gegen Konrad Adenauer eine reelle Chance haben würde. Der Kanzler saß fest im Sattel und spielte seinen Zugang zu den Machtinstrumenten der jungen Bundesrepublik mit robuster Härte aus. Inzwischen ist etwas in Vergessenheit geraten, mit welch harten Bandagen in der frühen Bundesrepublik um politischen Einfluss gerungen wurde – bis hin zum Einsatz von regierungsamtlich bezahlten Spitzeln beim politischen Gegner.

Brandt und die SPD: Das war lange Zeit keineswegs jene romantische Liebesbeziehung, zu der sie im Rückblick gerne von denjenigen verklärt wird, die wegen ihm in den frühen 1970er Jahren in die Partei eingetreten waren. Als Berliner Regierender Bürgermeister galt er Teilen der SPD als zu «rechts», als zu entschlossener Kalter Krieger, als zu offen gegenüber den westlichen Alliierten und in anderen politischen Fragen als zu vage.[4] Während seiner Zeit im Schöneberger Rathaus indes war Brandt Schritt für Schritt zum beliebtesten sozialdemokratischen Politiker des Landes aufgestiegen, zwar deutlich hinter Adenauer und Ludwig Erhard, die bei den Zustimmungswerten schier uneinholbar in Führung lagen, aber doch vor allen innerparteilichen Mitbewerbern wie beispielsweise Carlo Schmid. Brandt hatte mit den Jahren an öffentlichem Ansehen gewonnen, seine klaren Worte während des Ungarn-Aufstandes 1956 waren noch in Erinnerung, und auch der Glanz des Kennedy-Besuches 1960 färbte auf ihn ab. Wie kein anderer Sozialdemokrat war Brandt ein Medienprofi.[5] Er war in den Zeitungen und im Rundfunk seiner Stadt omnipräsent, mit eigenen Kolumnen und einer Radiosendung; er öffnete sein Haus gegenüber dem größer werdenden Boulevard, Homestorys zeigten den ersten Mann der Stadt im Kreise seiner Familie – undenkbar beim alternden rheinischen Kanzler. Was hätte man auch zeigen wollen? Brandt war das, was wir heute einen «Medienkanzler» nennen; einer, der das Handwerk selbst erlernt hatte, enge Kontakte gerade auch zu den jüngeren Journalisten seiner Generation pflegte und um die Notwendigkeit einer professionalisierten Kampagne nach amerikanischem Vorbild wusste.

Kanzlerkandidat zu sein – das bedeutete 1961 einen mutigen Schritt angesichts der Popularität Konrad Adenauers. Verbunden war die SPD-Kampagne mit der systematischen Nutzung demoskopischer Daten, mit einem wachsenden Glauben an die Kraft von Umfragen und neuen Methoden der Wahlkampfführung.[6] Dass eine Kampagne die jugendliche Kraft ihres Kandidaten in den Mittelpunkt stellte, war etwas Neues. Das politische Angebot verschwand nicht völlig dahinter, aber es dominierte vor allem die Botschaft, die SPD setze mit Brandt, anders als die Union, auf Modernisierung und gesellschaftlichen Fortschritt. Programmatisch folgte die Sozialdemokratie ganz ihrem «Gemeinsamkeitskurs», einer Strategie politischer Umarmung der Union. Ziel war es, die sozialdemokratische Verantwortungsbereitschaft für die Führung der Bundesrepublik und ihre großen Schnittmengen mit der Regierung Adenauer gerade in der Außen- und Sicherheitspolitik zu betonen. Als «Vaterlandsverräter» wollten sich die Sozialdemokraten jedenfalls nicht mehr so leicht abstempeln lassen. Wie gefährlich dieser Kurs einer Annäherung an die Union war, konnte man an der bösartigen Hetze erkennen, die insbesondere aus dem Lager der CDU/CSU an der Person Willy Brandts, seiner unehelichen Herkunft und seiner Zeit als politischer Emigrant geübt wurde – inklusive manch schmuddeliger Geschichten über Brandts Privatleben.[7]

Die SPD konnte 1961 immerhin etwas mehr als vier Prozentpunkte zulegen; zu wenig, um Adenauer zu gefährden, aber der Trend wies in die richtige Richtung. Dass Brandt schließlich 1969, bei seiner dritten Kandidatur, die Gunst der Stunde gemeinsam mit den Liberalen nutzte und die Union aus der Regierung verdrängte, lag nicht nur daran, dass er als Außenminister in der seit 1966 regierenden Großen Koalition noch einmal deutlich an politischem Profil gewonnen hatte. Es hatte vielmehr mit der sich verändernden Bundesrepublik selbst zu tun, in der die Politik der Sozialdemokratie auf zunehmend breitere Resonanz stieß und die Partei für weite Teile der Mittelschichten, für die Arbeiterschaft ohnehin, aber inzwischen selbst für manche Katholiken vom Lande wählbar geworden war.

Kanzlerkandidaturen sind selbst Ausdruck dieses gesellschaftlichen Wandlungsprozesses, in denen einst festgefügte Milieus loser werden, die Personalisierung von Politik zunimmt und eng mit Prozessen der Medialisierung verknüpft ist. Die Verkündung von Kanzlerkandidaturen gehört inzwischen zu einem der festen Rituale der Mediendemokratie. 2020 erfolgte die Nominierung von Olaf Scholz in einer besonderen Situation. Ähnlich wie 1969 war allenfalls die Art der Koalition. Denn so wie Brandt trat auch Scholz seine Kandidatur aus einer Großen Koalition heraus an, in der er –

nach längerer Regierungszeit als Arbeitsminister – nun während der Pandemie als Finanzminister ganz neue Strahlkraft entwickeln konnte. Es war die Zeit immer größerer Finanzpakete, für die «Bazooka», für die Unterstützung sehr unterschiedlicher (wenn auch nicht aller) sozialer Gruppen, und es war Olaf Scholz, der dabei vielfach die Initiative übernahm. Natürlich war die Konstellation seiner Kandidatur zugleich aber auch wieder gänzlich anders als 1969, denn während Brandt gegen den wenig funkelnden Amtsinhaber Kurt Georg Kiesinger antreten konnte, war bei der Kandidatenkür von Olaf Scholz noch nicht einmal klar, mit welchem Konkurrenten er es denn im Rennen um die Kanzlerschaft überhaupt zu tun bekommen würde, nach 16 Jahren Angela Merkel.

Anders als je zuvor in der Geschichte der Bundesrepublik schien es 2021 durchaus denkbar, dass nicht eine der beiden alten Volksparteien, sondern eine dritte Kraft den oder die nächste/n Kanzler/in stellen würde. Und schließlich unterschieden sich die Ausgangssituationen auch in einem anderen Punkt radikal voneinander: 1969 hatten Brandt und die Sozialdemokratie öffentlichen und gesellschaftlichen Rückenwind, und es waren ihre politischen Führungskräfte, die für Aufbruch, Zukunft und gesellschaftliche Erneuerung standen. Dieses Gefühl aber dürfte es nicht einmal im Willy-Brandt-Haus gegeben haben, als die beiden Parteivorsitzenden mit dem Kandidaten vor die Presse traten. Es sprach also an jenem 10. August 2020 vieles dafür, dass sich Olaf Scholz eher in die Reihe gescheiterter Kanzlerkandidaten einreihen würde, als die Nachfolge von Brandt, Schmidt und Schröder anzutreten.

Zumindest war es der Parteiführung mit der reibungslosen Verkündung gelungen, einen Akzent zu setzen und die öffentliche Aufmerksamkeit für einen Moment wieder auf die Sozialdemokratie zu lenken. Kein Zweifel: Auch wer Olaf Scholz nicht mochte, musste anerkennen, dass er jemand war, der

über die notwendige politische Erfahrung und das Format
verfügte, ins Wettrennen um die Nach-Merkel-Ära einzutre-
ten. Doch durch die Brille des überraschenden Wahlsiegs ver-
blasst allzu leicht, wie aussichtslos seine Position noch bis in
den Frühsommer 2021 hinein war, bevor sich der Wind gegen
die Grünen drehte und sich die Union selbst zerfleischte. Im
SPIEGEL erschien Anfang Mai 2021 eine lange Geschichte
über die verzweifelte Lage der SPD. Grundton: Die Partei sei
dem Untergang geweiht, der Generalsekretär «angezählt», der
Wahlkampf eine mittlere Katastrophe. Und das schlimmste:
Olaf Scholz tauge nicht als Zugpferd, die Parteispitze ver-
leugne die bittere Realität der 15 Prozent. So jedenfalls sahen
die Meinungsmacher die Erfolgsaussichten der SPD. War es
überhaupt sinnvoll gewesen, einen eigenen Kanzlerkandidaten aufzustellen, bei der Lage? Von «Agonie» und «Angst-
starre» war die Rede. «In Wahrheit», so urteilte der SPIEGEL,
hätten viele Sozialdemokraten die Wahl «längst verloren gegeben».[8] Nicht zuletzt deshalb, weil sich der Kandidat als zu
spröde, programmatisch zu vage und wenig leidenschaftlich
zeige.

Junge Jahre eines Kandidaten

Solche Etiketten hafteten Olaf Scholz seit langem an. Wie bei
so vielen führenden Sozialdemokraten hatte auch seine Karriere bei den Jungsozialisten begonnen. Die Jusos hatten seit
ihrer wirkmächtigen Kampagne gegen die Groko so viel Aufmerksamkeit erhalten wie seit den 1970er Jahren nicht mehr.
Damals waren sie – mit der Kraft vieler junger Leute, die in
die SPD strömten – zu einer kräftigen linken Stimme innerhalb der Sozialdemokratie geworden. Bis Ende der 1960er
Jahre hatten die Jusos noch eher als eine brave Gruppierung
gegolten, aus der die Partei ihren Funktionärsnachwuchs re-

krutierte, die aber eben auch nicht gegen die Alten aufmuckte. Das sollte sich 1969 ändern, als man beim Juso-Kongress in München die allzu zahme Führung aus dem Amt trieb und sich fortan als Teil der außerparlamentarischen Opposition begriff, die auch jenseits der SPD den Kampf für eine demokratisch-sozialistische Gesellschaft voranzutreiben gedachte.

Olaf Scholz war zwar nie Bundesvorsitzender der Jusos so wie Gerhard Schröder oder Andrea Nahles, als Juso-Stellvertreter aber schon damals gut vernetzt, auch über Hamburg hinaus. In den 1980er Jahren, als Scholz bei den Jusos aktiv war, erholte sich der SPD-Nachwuchs erst langsam von den Theorieschlachten innerhalb des linken Lagers, deren Konflikte selbst für versierte Kenner oft nicht leicht zu dechiffrieren waren. Welche Rolle sollte der Staat spielen? Welche Instrumente brauchte es, um den Kapitalismus abzuschaffen? Wie weit reichte die Kraft der parlamentarischen Demokratie, und welche zusätzlichen plebiszitären Elemente könnten auf dem Weg in eine demokratisch-sozialistische Gesellschaft helfen? Drei unterschiedliche Richtungen prägten, etwas vereinfacht, die jungsozialistischen Debatten. Da gab es erstens die Gruppe der Reformsozialisten, die trotz ihrer antikapitalistischen Grundpositionen an einer Reformierbarkeit der SPD und der Bundesrepublik festhielten und sich für eine Strategie «systemüberwindender Reformen» einsetzten – ganz im Sinne des Godesberger Programms; zweitens die sogenannten «Stamokaps», Vertreter der Theorie des staatsinterventionistischen Monopolkapitalismus. Die staatliche Ordnung war ihrer Ansicht nach zum Instrument der herrschenden Klasse geworden und trug durch ihre Politik, auch durch ihre Reformen, letztlich zur Stabilisierung der kapitalistischen Ausbeutungsverhältnisse bei. Dagegen war das Ziel der Stamokap-Gruppe eine sozialistische Demokratie, die nur gegen die Interessen der Monopolkapitalisten und mit der Unterstützung der Arbeiterklasse erkämpft werden könne.

Mitbestimmung, Planung und Sozialisierung sollten hierfür die entsprechenden Instrumente sein. Als dritte, wenn auch kleinste Gruppe mischten die sogenannten Antirevisionisten im Streit um das Erbe der Arbeiterbewegung mit. Die parlamentarische Demokratie schien aus ihrer Sicht kaum dazu geeignet, auf dem Weg zum Sozialismus einen Schritt weiterzukommen. Der Reformismus der SPD war ihrer Einschätzung nach kontraproduktiv, weil Reformen immer systemimmanent bleiben müssten. Sie setzten ganz auf die Kraft «von unten», die Mobilisierung der Basis, auf autonome, antiautoritäre Gegenöffentlichkeiten und Elemente direkter, rätebasierter Demokratie.[9]

Die 1970er Jahre waren die Hochphase dieser Theoriedebatten, die aus der historischen Distanz wie lebensfremde Glasperlenspiele wirken, für die Akteure aber von erheblicher Bedeutung waren. Hier ging es um Gruppenbildung und Vernetzung, hier wurde mit heiligem Ernst über die Ideen von Fortschritt und Zukunft, über Utopien und die Politik der kleinen Schritte gestritten. Vermutlich wünschen sich nicht viele die damaligen Debatten zurück. Gleichzeitig verkennt der Spott darüber, wie ernsthaft junge Leute damals darum rangen, sich einen Zugang zur Welt anzueignen. Das mochte aufgesetzt wirken, phrasenhaft, nervig, wenn wieder einmal jemand – meistens einer der Männer – zu einem langen Referat ansetzte, und doch wurden hier immer wieder auch zentrale gesellschaftliche Probleme verhandelt, deren Bedeutung weit über den jungsozialistischen Kosmos hinausreichte.

Olaf Scholz gehörte in das Lager der «Stamokap»-Sympathisanten, wenngleich diese Debatten in den 1980er Jahren viel von ihrem bedeutungsschweren Gestus verloren hatten. Im vielstimmigen Konzert linker Ideen wusste Scholz Mitte der 1980er Jahre genau, wo sein Platz war – an der Seite der marxistischen Linken in der SPD. Im Kampf gegen den Kapitalismus und gegen politische Reformisten in den eigenen

Reihen gab es da wenig Pardon. Während der junge Gerhard Schröder geschmeidig durch die parteiinternen Kämpfe nach oben glitt und sich Mehrheiten aus unterschiedlichen Lagern suchte, stand der junge Olaf Scholz an der Seite jener, die sich nicht in sogenannte Nebenwidersprüche verwickeln lassen wollten und den Gegner – die kapitalistische Ausbeutungsgesellschaft – direkt ins Visier nahmen. Marxisten in der Sozialdemokratie hatten es seit dem Godesberger Programm nicht leicht, und der tagesaktuelle Reformismus, allen voran die Zusammenarbeit in der sozial-liberalen Koalition mit den Wirtschaftsliberalen der FDP, schien ihm ein historischer Fehler zu sein.

Sosehr Scholz anlässlich der Verkündung des Koalitionsvertrages 2021 von den frühen sozial-liberalen Zeiten schwärmte, so kritisch stand er ihrer Bilanz als junger Mann gegenüber. Diese dreizehn Jahre, so Scholz 1983 in einer gemeinsamen Analyse mit Günter Beling[10], hätten an den realen Machtverhältnissen nichts geändert. In der kapitalistischen «Krise» der frühen 1980er Jahre folge die «Wende» einer eigenen, kapitalistischen Logik. Die sozial-liberale Koalition habe in guten Zeiten die Produktion sichergestellt und die Arbeiter befriedet; jetzt, da die Krisensymptome und Verteilungskämpfe größer würden, übernähmen andere gesellschaftliche Kräfte das Ruder. Die SPD habe es versäumt, ein politisches Bewusstsein für die Ursachen der ökonomischen Verwerfungen zu schaffen und stattdessen die «Illusionen in der Bevölkerung über Krisenbewältigung und Reformpolitik im Kapitalismus» gefördert. «Die Regierungspolitik von Helmut Schmidt bot lediglich abgemilderte Varianten der CDU-Konzepte».[11] Damit sei nicht nur die sozial-liberale Koalition, sondern der gesamte «Godesberger Weg» gescheitert.

Bitterer hätte die Bilanz nicht ausfallen können. Ihr sichtbarster Ausdruck: der Verlust der vielen Jung- und Erstwähler an die Grünen; da wirkte die größte Zustimmung bei den über 60-Jährigen eher beunruhigend. Dass sich die Befunde von 1983 und 2021 – wenngleich auf anderem Ausgangsniveau – sehr ähneln, ist indes eine ganz andere Geschichte.

Scholz markierte damals auch die Gegner in den eigenen Reihen, und mit Verve verteidigte er diejenigen Teile des Sozialistischen Hochschulbundes (SHB), denen man vorwarf, vom «Osten» aus gesteuert zu sein, gegen die parteiinterne «Rechte», gegen jene, die den SHB schlagen, aber die SPD-Linken treffen wollten.[12] Wen er damit meinte: etwa Peter Glotz, dessen Rolle als Parteistratege er in der SPD-Zentrale später einmal übernehmen sollte und dessen neue sozialstaatliche «Verzichtsethik» er kategorisch ablehnte.[13]

Bemerkenswert waren die Töne schon, schließlich kämpften hier nicht wilde Streithähne aus den K-Gruppen der 1970er Jahre. In den 1980er Jahren waren viele dieser Gruppen längst zerfallen, enttäuscht von der Kluft zwischen Theorie und Praxis, und hatten sich den unterschiedlichen alternativen Bewegungen angeschlossen, während sich Scholz weiter unverdrossen zum Marxismus sozialdemokratischer Prägung bekannte.

Von der erhofften «Linkswende» spürte man indes in den 1980er Jahren nicht sehr viel. Scholz' Hoffnung und auch die vieler Jusos lag insbesondere auf einer Kooperation mit den grün-alternativen Kräften, für die er in Hamburg nachdrücklich warb. Hier würde womöglich eine neue linke Mehrheit entstehen, wenn die Grünen nur etwas mehr Klassenanalyse betrieben und sich nicht ausschließlich auf das Thema Ökologie konzentrierten.[14] Aber für die scharfen gesellschaftskritischen Analysen, so konnte man seine Überlegungen zur Bürgerschaftswahl 1982 lesen, waren ohnehin die Marxisten in der SPD zuständig.

Ein zweites Feld, auf dem sich der junge Scholz engagierte, war die Friedens- und Sicherheitspolitik. Damals ging es im Zeichen des Kalten Krieges um das Verhältnis zur Nato, um die Kraft der Entspannungspolitik, um das Verhältnis zur DDR, aber vor allem um die Suche nach der neuen Rolle der SPD in der Opposition, nach einer Standortbestimmung linker Politik angesichts beginnender Massenarbeitslosigkeit und einer konservativen «Tendenzwende» in der Ära Kohl. Wie viele andere jüngere Sozialdemokraten sah sich Scholz als aktiver Teil der Friedensbewegung, die sich für eine weitere Abrüstung des Westens und gegen den Nato-Doppelbeschluss engagierte. Ob man deshalb aus der Nato austreten sollte? Scholz hatte hier eine klare Meinung: «Hier wird», so analysierte er, «längerfristig auch die Frage der militärischen Integration der BRD in die Nato auf der Tagesordnung stehen. Angesichts der amerikanischen Interessen in der Nato steht die Friedensbewegung vor der Überlegung, entweder eine Integration des Territoriums und der Streitkräfte der BRD in solche Konzepte hinzunehmen, mit dem Risiko des Untergangs der bundesdeutschen, wenn nicht der gesamten europäischen Bevölkerung, oder eine grundsätzlich andere Strategie auch außerhalb der militärischen Allianz zu entwickeln. Deshalb steht die militärische Integration der BRD in die Nato nicht nur für die Teile der Friedensbewegung außerhalb der SPD zur Disposition, sondern muß auch bei der innerparteilichen Erarbeitung von neuen Strategien zur Sicherheitspolitik diskutiert werden.»[15] Das war selbst für Juso-Verhältnisse eine ausgesprochen kontroverse Position.[16]

Der Generalsekretär

Dass Scholz also in jungen Jahren nicht nur ein feuriger Kritiker des «Godesberger Weges» war, sondern auch zu den von der sozial-liberalen Regierungszeit Enttäuschten gehörte, hätte man im Wahlkampf des Jahres 2021 eher nicht vermutet. Er selbst hat sich mit Erklärungen zu seinen politischen

Häutungen bisher sehr zurückgehalten. Seine politischen Prioritäten und Grundannahmen haben sich seit den 1990er Jahren, in seiner Zeit in der Hamburger Landespolitik, als junger Bundestagsabgeordneter ab 1998 und später dann ab 2001 als Innensenator deutlich geändert: Vom selbsternannten marxistischen Enkel Rudolf Hilferdings zu Helmut Schmidts jüngstem Ziehsohn – das war ein weiter Weg, weiter im Übrigen als für Gerhard Schröder, dem nie nachgesagt wurde, dass er sich sonderlich für theoretische Debatten interessiere.

«Scholz packt das» hieß einer der Social-Media-Clips des Wahlkampfes 2021, an dessen Beginn gleich die Stimme Helmut Schmidts im Off ertönte, während man Olaf Scholz durch das Regierungsviertel gehen sah. Zu hören war Schmidts Amtseid als frisch gewählter Bundeskanzler. Es war der 16. Mai 1974, und der bisherige Finanzminister und stellvertretende Parteivorsitzende wurde an diesem Tag mit 267 von 492 abgegebenen Stimmen ins Amt gehoben. «Als Schmidt Deutschland aus der Krise führte, stieg er für Dich in die Politik ein» – ein Schnitt im Video, und der junge Juso Scholz mit wuscheligem Lockenkopf erscheint im Bild, taucht ein in den Glanz vergangener Zeiten. Dass diese Inszenierung aber nicht nur gekünstelt war, sondern durchaus eine gewisse Glaubwürdigkeit ausstrahlte, dürfte viel mit den Jahren von Olaf Scholz als Generalsekretär unter Gerhard Schröder zu tun haben.

Ins Amt gekommen war Scholz als Teil jener «Berliner Generation» von Sozialdemokratinnen und Sozialdemokraten, die im Windschatten Schröders Karriere gemacht hatten und sich vor allem als «moderne» Linke der «Neuen Mitte» verstanden; flexibel, pragmatisch, ohne ideologischen Ballast, wie es hieß, nicht Teil einer der alten Strömungen, beseelt vom «neuen Markt» und den Segnungen der Globalisierung.

Scholz war dem Ruf Schröders nach Berlin gefolgt, nachdem er sich im Amt des Hamburger Innensenators als «harter Hund» in Fragen der inneren Sicherheit einen Namen gemacht hatte. Er war ein ausgewiesener Arbeitsmarktexperte, zugleich aber auch als «Generalist»[17] geschätzt, wie es hieß. Ein wirklich eigenständiges politisches Profil hatte er zu diesem Zeitpunkt bundesweit nicht; kaum jemand von den Journalisten hatte in Erinnerung, dass Scholz einmal stellvertretender Juso-Vorsitzender gewesen war und konnte sich auch an keine besondere politische Initiative erinnern. Er galt – folgt man den unterschiedlichen Porträts anlässlich seiner Ernennung zum Generalsekretär – als selbstbewusster Macher, der sich selbst noch so einiges an Karriereschritten vorstellen konnte und den Hamburger Landesverband auf Kurs gebracht hatte. Scholz übernahm das Amt des Generalsekretärs von Franz Müntefering und erhielt bei seiner Wahl im Oktober 2002 mit rund 91 Prozent ein exzellentes Ergebnis.

In diesen Jahren entstand das «Scholzomat»-Image, das ihn bis in die Gegenwart verfolgt und an dem er kräftig mitgewirkt hat; die kurzen, knappen Sätze, die beständige Wiederholung argumentativer Motive, die scheinbare Leidenschaftslosigkeit, mit der er konfliktreiche Themen angeht, die Rhetorik der klaren Unklarheit, die schon sein Vorgänger Franz Müntefering als eigene Kunstform beherrschte. Scholz' Interviews und Reden auf den SPD-Parteitagen aus dieser Zeit geben eine erste Ahnung davon, was er als späterer Arbeits- und Finanzminister und dann auch als SPD-Kanzlerkandidat bis zur Perfektion einüben sollte. Ein leidenschaftlicher Debattenredner, einer, der sein Publikum mitreißen kann, der zuspitzt und auf der Klaviatur der politischen Rhetorik spielt – all das war Olaf Scholz nicht. Als Generalsekretär, der die Agenda-Politik mit innerer Überzeugung verteidigte, musste Scholz viel einstecken, weil er nicht nur ein umstrittenes politisches Programm umsetzte, sondern auch in besonderer Weise ein Mann von Schröders Gnaden war, dem die Herzen der Partei in seiner zweiten Amtszeit wahrlich nicht mehr zuflogen. Scholz tat das mit einer ordentlichen Portion Robustheit und wenig Sensibilität für die Unwuchten dieser Politik. Die Idee, angesichts aller anderen innerparteilichen Zumutungen auch noch den «demokratischen Sozialismus» aus dem erneuerten Grundsatzprogramm streichen zu wollen, zeugte zwar von einem inneren Kompass, der inzwischen in eine andere Richtung zeigte als in früheren Jahren, nicht aber von ausreichendem politischem Gespür.[18]

Im Jahr nach seiner Wahl zum Generalsekretär erhielt Scholz bei einem denkwürdigen Parteitag in Bochum – angezählt durch den hitzigen Streit über die Agenda 2010 – gerade einmal 52,6 Prozent der Delegiertenstimmen; fünf Stimmen weniger, und es wäre für Scholz vorbei gewesen.[19] Manche Nein-Stimme dürfte dem Kanzler gegolten haben, den man nicht zusätzlich beschädigen wollte. Aber in der Partei dominierten doch diejenigen, die Olaf Scholz nicht für die richtige Besetzung hielten. Er blieb, schwer angeschlagen, nur noch einige Monate im Amt. Im März 2004 schließlich, 18 Monate nach seinem Amtsantritt, war seine erste wichtige bundespolitische Funktion in der Partei Geschichte.

Die öffentliche Demütigung beim SPD-Parteitag in Bochum 2003 dürfte auch bei Scholz einige Narben hinterlassen haben, wenngleich er selbst darüber kaum sprach und wenn, dann nur in jenen gestelzten Sätzen, die mehr verhüllen als offenbaren. In der Partei weinte kaum jemand Scholz eine Träne nach. Seine fachliche Kompetenz und auch seine Ernsthaftigkeit in der Sache waren unbestritten, aber für den Posten des Generalsekretärs schien er in diesem Moment – und angesichts der massiven innerparteilichen Verwerfungen – einfach nicht der Richtige zu sein. Die Süddeutsche Zeitung kommentierte seinen Abgang damals: «Olaf Scholz wird seinen Platz in der SPD-Geschichte wohl sehr nahe bei Rudolf Scharping finden, nur dass sein Wirken für die SPD-Spitze sehr viel kürzer währte und noch erfolgloser war.»[20] Nun, so kann man sich täuschen.

Sein Karriereknick währte nicht lange. 2005 übernahm Scholz das Amt des Parlamentarischen Geschäftsführers der SPD-Bundestagsfraktion, 2007 stieg er in der Großen Koalition zum Bundesminister für Arbeit und Soziales auf und kandidierte 2011 dann erfolgreich für das Amt des Ersten Hamburger Bürgermeisters – inklusive der lange nicht mehr für möglich gehaltenen absoluten Mehrheit für die SPD. In Hamburg, wo er bereits in seinem Wahlkreis in Altona jeweils direkt gewählt worden war, zahlte sich seine jahrzehntelange Verankerung in der Partei aus, und inzwischen war er selbst längst aus dem Schatten Schröders herausgetreten.

Der Kandidat

Bei der Kandidatenkür für das Amt des Bundeskanzlers hätten sich einige auch Malu Dreyer oder Manuela Schwesig vorstellen können, die beide aus gesundheitlichen Gründen allerdings schon frühzeitig abgewunken hatten. Noch Anfang Mai 2021 lag Scholz bei der Bewertung von Politikern nach Sympathie und Leistung mit Annalena Baerbock fast gleichauf[21], und etwa in dieser Zeit hielten auch etwa genauso viele die Grünen-Politikerin ebenso sehr wie Olaf Scholz für geeignet, die Nachfolge Angela Merkels anzutreten – angesichts des öffentlichen Amtsbonus und der medialen Präsenz des Vizekanzlers ein beunruhigender Zwischenstand. Seine Nominierung hatte jedenfalls über Monate keinen Stimmungswechsel bewirkt, und noch im Juni 2021 lag Scholz bei der Frage, wen sich die Deutschen als Kanzler oder Kanzlerin wünschen würden, hinter Armin Laschet. Erst die Sommermonate brachten die Wende für Scholz und schrittweise auch für die SPD; Baerbocks Zustimmungswerte waren schon im Laufe des Mai eingebrochen und hatten sich im Juli auf einem deutlich niedrigeren Niveau und klar hinter Scholz stabilisiert; es war aber vor allem Laschet, der seine keineswegs schlechte Ausgangssituation zunehmend verspielte. Dazu trugen die Fotos eines lachenden Laschet bei der Flutkatastrophe bei, aber auch manch andere Unbestimmtheit im Auftreten. Im Frühherbst hielten gerade einmal 30 Prozent der Deutschen den Rheinländer für einen geeigneten Kanzlerkandidaten – während Scholz da schon seit Wochen einen Lauf hatte und bereits bei 67 Prozent Zustimmung lag.[22] Kandidat und Partei – sie fügten sich in diesem Moment immer mehr zusammen; kein innerparteilicher Streit trübte das Bild, und auf den Plakaten dominierte Scholz alles andere. Sogar 22 Prozent der Anhänger der Union hätten sich Scholz vorstellen können, für Laschet dagegen votierte kein einziger SPD-Anhänger.

Ganz am Ende des Wahlkampfes holte Laschet noch einmal etwas auf, aber das änderte nichts daran, dass die Menschen nicht den rheinischen Karnevalisten, sondern den spröden Hamburger sympathischer fanden. Bei Fragen der Glaubwürdigkeit und der Kompetenz sah es nicht anders aus. Wie schwer die eigene Partei an Laschet trug, konnte man auch an der Frage ablesen, ob der jeweilige Kandidat für das Abschneiden seiner Partei eher hilfreich oder schädlich sei. Unter den SPD-Anhängern waren 92 Prozent überzeugt, Scholz trage zum Erfolg ihrer Partei bei; 26 Prozent der Unionsanhänger dagegen waren der Überzeugung, Laschet schade ihrer Partei – ein desaströses Ergebnis.[23]

Es war also eine wahrlich besondere Konstellation für den Kandidaten Scholz: Dass eine amtierende Kanzlerin nicht mehr antrat, war ein Novum in der Geschichte der Bundesrepublik. In ihrer Partei und in der politischen Führung hinterließ Angela Merkel ein Vakuum, das gefüllt werden musste. Und auch für den oppositionellen Vizekanzler bedeutete der

Rückzug der Kanzlerin eine Ausweitung des politischen Spielraums. Nun würden – angesichts der neuen Drei-Parteien-Konkurrenz – womöglich 20 bis 25 Prozent bereits reichen, um stärkste Fraktion zu werden. Das war der Strohhalm, an den sich die Scholz-Kampagne klammerte, und die Rechnung ging tatsächlich auf. Lange Zeit hatte es nicht nach einem Wahlsieg ausgesehen, und noch immer dürften sich etliche Menschen im Konrad-Adenauer-Haus fragen, wie es ihrem eigenen Kandidaten möglich war, so viele politische Fehler gleichzeitig zu machen, dass am Ende eine schon abgeschlagene Sozialdemokratie doch noch als strahlende Siegerin durchs Ziel eilen konnte. Vielleicht hatten Olaf Scholz und sein Team aber auch einiges richtig gemacht.

5. Wählen, streiten, plakatieren: Die Sozialdemokratie als Mitgliederpartei

Kantig sollte sie sein, ganz auf den kommenden Kanzler zugeschnitten und in rote Farbe getaucht: die Werbekampagne der SPD. «Scholz packt das», stand auf den Plakaten, die Lars Klingbeil Anfang August 2021 beschwingt der Presse vorstellte und die von der Werbeagentur «Raphael Brinkert» entworfen worden waren.[1] Alles auf Olaf – so lautete die Botschaft. Nur nebenbei erwähnte der Generalsekretär die Kosten dieser Kampagne: 15 Millionen Euro, deutlich weniger als vier Jahre zuvor. Das klang nicht besonders hochgegriffen, eher sparsam in schwierigen Zeiten. Doch hinter dem schmalen Budget verbargen sich – mitten im Wahlkampf – ernste Sorgen. Denn tatsächlich hatte die SPD, gezeichnet durch verlustreiche Wahlkämpfe, Wählerschwund und sinkende Mitgliederzahlen ein ernsthaftes finanzielles Problem, das die Schlagkraft ihres Wahlkampfes bestimmte. Etwas mehr als 30 Prozent machten die Einnahmen aus Mitgliedsbeiträgen am Gesamthaushalt aus, fast genauso viel wie die staatliche Parteienfinanzierung.[2]

Wahlkampf ist die Stunde der Parteiorganisation und der Mitgliedermobilisierung, der Moment für Veranstaltungen, für das Kleben von Plakaten, das Verteilen von Broschüren und Blumen, für Diskussionsrunden und Haustürbesuche. Gerade in ihren guten Jahren lebte die Sozialdemokratie von der Schlagkraft ihrer Organisation. Allerdings: Am Ende des Wahljahres war auch die Zahl der SPD-Parteimitglieder weiter gesunken und lag trotz neu gewonnener Mitglieder durch Austritte und Todesfälle erstmals unter 400 000. Den Erosionsprozess als Mitgliederpartei hatte die SPD ebenso wenig stoppen können wie die schwindende Bindung ihrer (alten) Kernwählerschaft.

Das alles betrifft nicht nur die Sozialdemokratie, sondern auch die Unionsparteien. Verbunden mit der sinkenden Wahlbeteiligung und der Pluralisierung der Parteienlandschaft hat sich das Bild einer «Krise der Volksparteien» fest etabliert. Die 1970er Jahre sind aus dieser Sicht, gerade für die Sozialdemokratie, dann immer ein besonders schmerzhafter historischer Bezugspunkt. 1976 war das Jahr, als die Sozialdemokratie erstmals eine Million Mitglieder zählte; neue Ortsvereine und Betriebsgruppen entstanden, das Parteileben blühte auf, zehntausende Mitglieder im besten Juso-Alter verbrachten ihre Zeit mit Sitzungen und Veranstaltungen. Wie sehr das die SPD veränderte und wie sehr diese Phase bis heute nachwirkt, als Sehnsuchtsort und als Generationenprojekt, kann man an einer Stadt wie München ablesen. Dort dominierten im «roten Jahrzehnt» binnen kürzester Zeit nicht mehr Anzug und Krawatte, sondern Rollkragenpullover und Jeansjacken die Parteiversammlungen; Sitzungen zogen sich nun immer häufiger in den Abend, und in einer Partei, in der bis dahin vor allem zugehört wurde, gab es nun gleich einen ganzen Chor unterschiedlicher Meinungen.[3] Die Jungen hatten nun immer häufiger das Sagen in den Ortsvereinen und prägten das Gesicht der SPD.

Sehnsuchtsort Demokratie

Was sich damit änderte, war auch der Versuch, die Idee des «Mehr Demokratie wagen» in die SPD selbst hineinzutragen, neue Formen der Diskussionskultur, der Entscheidungsbildung auszuprobieren und damit bestehende, oftmals noch sehr hierarchisch geprägte Parteirituale in Frage zu stellen. Junge Sozialdemokratinnen und Sozialdemokraten nahmen für sich in Anspruch, die SPD zu einem Ort der «lebendigen» Demokratie zu machen – und das hieß: zu einem Ort des politischen Streits. In der Gegenwart werden innerparteiliche Konflikte vielfach als ein Mangel an politischer Geschlossenheit, als Ausdruck gar von Führungs- und Entscheidungsschwäche interpretiert. Man mag das so sehen. Aber gerade die Idee, dass Entscheidungen «ausdiskutiert» werden mussten – ebenfalls einer dieser neuen Begriffe –, war eben keineswegs nur eine Horrorvorstellung, sondern Ausdruck einer veränderten politischen Kultur, in der der Meinungsstreit als wesentliches Kennzeichen einer weniger autoritätsfixierten, westlichen Gesellschaftsordnung galt.

«Mehr Demokratie wagen»: Der Satz Willy Brandts ist Fluch und Segen zugleich für die Sozialdemokratie. Er schuf einen kaum erfüllbaren Erwartungshorizont, so dass Enttäuschungen vorprogrammiert waren.[4] Zugleich aber verwies Brandts Formel auf einen Wesenskern sozialdemokratischer Geschichte: den Versuch, die Beseitigung sozialer Ungleichheiten mit der Partizipation breiter Bevölkerungsgruppen am politischen und wirtschaftlichen Leben zu verbinden. Demokratisierung gehörte eben im sozialdemokratischen Wertekanon nicht zu den beliebigen Schlagworten, sondern war getränkt durch Konflikte und politische Kämpfe der Arbeiter- und Gewerkschaftsbewegung, die sich ihren Platz in der bürgerlichen Gesellschaft mit den Jahrzehnten erst hatte erkämpfen müssen. Manches davon schwang auch noch Ende der 1960er Jahre mit, als Brandt immer wieder von der Union – mal direkt, mal offen feindselig – dazu gezwungen wurde, sich für seine Jahre im politischen Exil und für sein Engagement in den linkssozialistischen Kreisen der 1930er Jahre zu rechtfertigen. Demokratisierung mochte vieles bedeuten, aber ein konservatives Projekt war sie im Laufe des 20. Jahrhunderts nicht.

«Mehr Demokratie wagen» bezog sich indes nicht nur auf das Handeln der Regierenden, sondern reflektierte auch eine in diesem Ausmaß neue Form der Politisierung des gesellschaftlichen Alltags. Tatsächlich war die Debatte um die Zukunft der westdeutschen Nachkriegsdemokratie keineswegs neu – und sie war auch nicht erst ausgelöst worden durch die Studentenbewegung, den Protest gegen die Notstandsgesetze oder gar Willy Brandts Regierungserklärung. Seit den späten 1950er Jahren liefen etwa innerhalb der Sozialdemokratie – angeregt auch durch das Godesberger Programm[5] – an unterschiedlichen Orten Diskussionen darüber, wie diesem Bonner Staatswesen demokratisches Leben eingehaucht werden sollte. «Mehr Demokratie wagen» – dafür hatte deutlich früher und konzeptionell umfassender der frühere stellvertretende SPD-Parteivorsitzende Waldemar von Knoeringen immer wieder geworben und sich in die Debatte über den Zustand der jungen Bundesrepublik eingemischt. Dass Demokratie nicht nur eine Staats-, sondern eine Lebensform sei, gehörte seit dem Godesberger Programm fest zum sozialdemokratischen Kanon. Doch was dies genau bedeutete, wie diese «Lebensform» eben auch mit Leben gefüllt werden sollte – darüber gab es keineswegs Einigkeit.

Auf einer SPD-Konferenz in Nürnberg hatte Knoeringen im November 1965 seine Vision einer «demokratisierten Gesellschaft» vorgetragen und dabei auch über die wachsenden Vorbehalte gerade junger Menschen gegenüber den Willensbildungsprozessen in Parteien und Parlamenten reflektiert.[6] In großen Linien zeichnete er den Wandel des Demokratie-Begriffs nach, und man kann sich kaum vorstellen, eine ähnliche Rede auf einem Parteitag heute noch zu hören. «Unser Ziel ist ‹die demokratisierte Gesellschaft›, d. h. die Demokratie als Staats- und Lebensform[.] […] D. h. es ist die Aufgabe, alle Bereiche des öffentlichen Lebens mit dem Geiste sozialer Demokratie zu durchdringen, die starren Formen überlebter Ordnung aufzulockern und das demokratische Element überall zu wecken, wo Mitverantwortung möglich ist.» Das waren in der Tat weite Teile der Gesellschaft, die Knoeringen da vorschwebten, und es war genau ein solches Konzept von Demokratie als Lebensentwurf, das aus seiner Sicht den kategorialen Unterschied zur obrigkeitsstaatlichen Union markierte. Demokratie als «Lebensordnung» – das war für Knoeringen zunächst eine ethische Grundhaltung, aber auch ein Gefühl dafür, dass «die Vielfalt des gesellschaftlichen Lebens» nicht etwa ein Problem sei, sondern eine unbedingt zu bejahende Voraussetzung einer pluralistischen Gesellschaftsordnung. Demokratie – das hieß, Konflikte aushalten, skeptisch bleiben gegenüber politischen Absolutheitsansprüchen und «perfekten starren Formen», die das Leben einengten. Demokratie sei eben nichts Statisches, sondern beständigem Wandel unterworfen, und sie brauche Träger wie die Parteien, die an der Ausgestaltung dieser «Lebensordnung» mitwirkten.

Die Demokratie: Sie war eine lebendige Organisationsform gesellschaftlichen Lebens, und das hieß eben auch, dass erlernte Umgangsformen hinterfragt wurden, auch um etwas Neues auszuprobieren. Bei manchem, wie Hans-Jochen Vogel, konnte man noch viele Jahrzehnte später spüren, wie unerträglich nervig er diese hochfahrenden, teils auch kaum auszuhaltenden Junggenossen fand. Die Folgen indes waren unterschiedlich. Mancherorts paralysierten die daraus resultierenden innerparteilichen Konflikte die politische Arbeit.[7] Andernorts erweiterten sie das politische Arsenal und ermöglichten es der Partei neue Schichten anzusprechen, vor allem die «neuen, ungebunden Schichten» der Dienstleistungsgesellschaft. So wurde versucht, eine selbstwahrgenommene und empirisch unterfütterte Repräsentationskrise, in die die Sozialdemokratie durch die sozialstrukturellen Veränderungen seit den 1970er Jahren geraten war, zu lösen, indem man um neue Zielgruppen warb, durch eine veränderte Sprache und neue Kampagnen.[8]

Es sind diese Alterskohorten und Bildungsbiografien, die bis heute den Kern der sozialdemokratischen Mitglieder ausmachen. Vermutlich wird es in diesem Jahr deshalb noch etwas voller als sonst bei den Weihnachtsfeiern der SPD-Ortsvereine, weil viele derer, die bei den berühmten «Willy-Wahlen» 1972 in die Partei eingetreten sind, nun für ihre 50-jährige Parteimitgliedschaft geehrt werden.[9] Dann wartet auf sie eine gelbgoldene 333er SPD-Ehrennadel, von Hand poliert, vermutlich auch eine Urkunde und eine kleine Rede. Diese Jahrgänge der 65- bis 79-Jährigen bilden inzwischen die stärkste Altersgruppe in der SPD: 1998 lag ihr Anteil noch bei 19 Prozent, 2017 bereits bei 38 Prozent – und damit deutlich über dem Anteil an der Gesamtbevölkerung (22 Prozent).[10] Von einer Partei der jüngeren und mittleren Altersgruppen ist die Sozialdemokratie in den letzten knapp zwei Jahrzehnten immer mehr zu einer Partei der AG 60plus geworden. Verschiebungen lassen sich auch in der beruflichen Qualifikation und beim Erwerbsstatus erkennen. Hier hat die Zahl derjenigen, deren höchster Abschluss die Hauptschule war, von 39 Prozent im Jahr 1998 auf 23 Prozent im Jahr 2017 abgenommen, während die Zahl der akademisch ausgebildeten Mitglieder beständig gestiegen ist und inzwischen bei 41 Prozent liegt.

Dieser Trend hält schon seit längerem an und spiegelt sich auch in der beruflichen Stellung wider: Der Anteil der Arbeiter ist von 22 Prozent auf 16 Prozent gesunken, der ohnehin bereits starke Rückhalt im öffentlichen Dienst weiter gestiegen. 44 Prozent aller Genossinnen und Genossen arbeiten dort, sind angestellt oder beamtet. Zum Vergleich: Insgesamt liegt der Anteil der im öffentlichen Dienst Beschäftigten bundesweit bei 11 Prozent. Nie war wohl die Behauptung zutreffender, dass sich die Sozialdemokratie zu einer Partei des öffentlichen Dienstes entwickelt hat.

Noch zwei Befunde sind bemerkenswert: Dass es innerhalb der Sozialdemokratie eine besondere Nähe zu den Gewerkschaften gibt, ist weithin bekannt. Gleichzeitig sind die Bindungen hier aber deutlich lockerer geworden. Waren zu Beginn der rot-grünen Koalition 45 Prozent der Genossinnen und Genossen zugleich Mitglieder einer Gewerkschaft, ging ihr Anteil bis 2017 auf 35 Prozent zurück. Angestiegen ist dagegen der Anteil weiblicher Mitglieder: von rund 26 Prozent im Jahr 1998 auf knapp 33 Prozent im Jahr 2019.

Hinter diesen dürren Zahlen stehen massive Herausforderungen und strukturelle Probleme: Noch immer sind Frauen in Parteien generell, aber auch in der Sozialdemokratie, deutlich unterrepräsentiert, und auch wenn sich hier Verschiebungen andeuten und diese Ungleichheiten in der Union noch ausgeprägter sind, bleibt hier ein eklatantes Repräsentationsdefizit.

Parteien sind Interessenorganisationen. Insofern war es schon immer eine Fiktion, dass in den «Volksparteien» alle Bevölkerungsgruppen gleichermaßen vertreten wären. Das war nie der Fall. Zugleich haben aber die Verschiebungen zugunsten der Beschäftigten im öffentlichen Dienst und eine zunehmende lebensweltliche Distanz gegenüber den weniger gut ausgebildeten Schichten inklusive einer akademisierten Parteitagskultur zur Folge, dass sich auch die politische Entscheidungsfindung und die Zielsetzung politischen Handelns verschieben. Man kann diese Entwicklung einerseits werten als eine – alle Parteien betreffende – Geschichte von Professionalisierung, beruflicher Qualifizierung und Akademisierung. Andererseits spiegelt sich darin aber auch ein Verlust jener Gruppen, die mit diesem sozialen Aufstieg nicht haben Schritt halten können, denen die Chancen zu höherer Bildung verwehrt geblieben sind, die bewusst einen anderen Weg gegan-

gen oder schon frühzeitig in die Sackgasse prekärer Beschäftigungsverhältnisse geraten sind. In der parteieigenen Sprache
sind das dann die «kleinen Leute» oder die «hart arbeitenden
Bürgerinnen und Bürger», die Olaf Scholz vor allem anzusprechen versuchte. Die «Arbeiterinnen und Arbeiter», gar
die «Arbeiterklasse» sind schon seit langem aus dem sozialdemokratischen Sprachgebrauch zugunsten des weicher klingenden Schichtenbegriffs verschwunden, der weniger politisches Bewusstsein und mehr Durchlässigkeit suggeriert und
besser zum bundesrepublikanischen Selbstverständnis passt.

Die massiven gesellschaftlichen Umbrüche und wachsende
soziale Ungleichheiten, die Kluft politischer Repräsentation
und auch die neuen Klassenverhältnisse spätmoderner Gesellschaften schlagen sich innerhalb der Sozialdemokratie also in
ganz besonderer Weise nieder, weil sich hier diejenigen organisieren, die von der Expansion des öffentlichen Dienstes
profitieren – eine auf Dauer für die Partei nicht ungefährliche
Entwicklung, weil dies den Blick auf die Pluralisierung von
Arbeitswelten, mit ihren unterschiedlichen körperlichen Belastungen, Anerkennungskämpfen und Marginalisierungser-
fahrungen, einschränkt.

Lernende Partei

Bei allen diagnostizierten Krisen sollte man aber auch die
Lern- und Anpassungsfähigkeit solcher Großorganisationen
wie der SPD nicht unterschätzen. Die mögen nicht immer
sehr strahlend wirken und manchem viel zu langsam voran-
schreiten. Doch schafft vielfach erst die (Selbst-)Diagnose
einer Krise die Begründung und Voraussetzung für innerparteiliche Veränderungen. Für die Sozialdemokratie des Jahres
2021 war eine ihrer augenfälligsten Krisen die ihrer Parteiführung selbst. Saskia Esken und Norbert Walter-Borjans

hatten sich am Ende eines zähen und langwierigen innerparteilichen Wettbewerbs durchgesetzt; Andrea Nahles war von ihrem Amt zurückgetreten, und zunächst wollte niemand aus der engen Parteispitze das Amt übernehmen. «Das schönste Amt neben dem Papst» (Franz Müntefering) war der Posten des/der Parteivorsitzende(n) offenbar nicht mehr. Für die Sozialdemokratie war das eine besonders gefährliche Situation, zerrieben zwischen schlechten Wahlergebnissen, den Notwendigkeiten einer Regierungs- und den Ansprüchen einer lebendigen Mitmachpartei, innerhalb derer die Mitglieder und verschiedenen Organisationseinheiten über erhebliches Selbstbewusstsein verfügen.

Mit der Urwahl ihres Spitzenpersonals hatte die SPD schon einige Erfahrungen. 1993 stimmte die Parteibasis erstmals über ihren Vorsitzenden ab, damals ein Wettstreit zwischen Rudolf Scharping, Gerhard Schröder und Heidemarie Wieczorek-Zeul. Ähnlich wie 2019 hatte es auch damals nach dem überraschenden Rücktritt von Björn Engholm ein Machtvakuum gegeben. Innerparteilich waren solche neuen basisdemokratischen Entscheidungen höchst umstritten. Rudolf Scharping gewann schließlich und sollte dann auch der nächste Kanzlerkandidat werden – allerdings gegen Helmut Kohl kein sehr erfolgreicher. Die Urwahl war zunächst ein einmaliges Experiment. Neue Formen innerparteilicher Mitsprache hatten in der folgenden «Basta-Ära» Gerhard Schröders nicht viel Chancen. Erst nachdem die SPD, sichtbar ausgezehrt durch Wahlniederlagen und massiven Mitgliederverlust, 2009 aus der Regierung flog, begann unter ihrem neuen Vorsitzenden Sigmar Gabriel eine intensive Debatte über eine Organisationsreform.[11]

2009 hatte die SPD über sechs Millionen Wählerinnen und Wähler verloren – das war in der Tat eine Zäsur und der Auftakt zu einer grundlegenden Reform der Organisation; jedenfalls war das der Wunsch von Gabriel und seiner Generalsekretärin, Andrea Nahles. Und die beiden gingen die Sache mit großem Ernst an. Eine Befragung der Ortsvereine machte den Auftakt, in «Werkstattgesprächen» konnten die Mitglieder ihre Sorgen und Probleme formulieren, externe Berater kamen hinzu, zahllose Gesprächs- und Diskussionsrunden inklusive «Reformkonferenzen» folgten. Auch über die Rolle neuer digitaler Beteiligungsformen begann eine lebhafte Debatte, über Online-Petitionen und digitale Mitgliederentscheide, alles noch ziemliches Neuland in der deutschen Parteienlandschaft.

Parteien sind lernende Organisationen, von innen bewegt, von außen getrieben, manchmal schwerfällig wie alte Tanker, aber auch voller Leben, getragen von selbstbewussten Parteimitgliedern, die über Jahre eine eigene Organisationskultur etabliert haben. Parteireformen sind deshalb immer vieles zugleich: Der Versuch der Parteiführung, eine eigene Legitimität zu erreichen, ihre Organisation den veränderten Umweltbedingungen anzupassen – darin spiegeln sich unterschiedliche Vorstellungen von Partizipation und Macht und auch die Hoffnung, bei den nächsten Wahlen besser abzuschneiden.

Das Ziel – und das war durchaus unerhört: Nicht-Mitglieder sollten künftig stärkere Beteiligungsmöglichkeiten erhalten, ein neuer Mitgliedertyp geschaffen werden, der sich – zeitlich befristet – einer Sache besonders annahm, der Aufstellung von Kandidatinnen und Kandidaten zum Beispiel. Parteien reformieren sich in der Regel nicht, wenn es ihnen gut geht oder sie erfolgreich sind. 2009 kam alles zusammen: Ein Wechsel an der Parteispitze und äußerer Druck, erzeugt durch bittere Wahlniederlagen und Mitglieder, die mehr Mitsprache einforderten.

Von der anfänglichen Euphorie war indes bald nicht mehr viel übrig. Weitreichendere Pläne versickerten im Machtgeflecht der Funktionärsinteressen und verloren an Schärfe. Aber auch die Parteibasis, die Ortsvereine, wollten mit Reformen nicht zu weit gehen. Nicht-Mitglieder über inhaltliche Positionen abstimmen zu lassen, gar offene Vorwahlen von Kandidatinnen und Kandidaten zu organisieren, das lehnten die Genossinnen und Genossen mit großer Mehrheit ab.[12] So gut vielen die Idee erschien, die Partei auch für jene zu öffnen, die sich nur für ein ganz spezielles Interesse engagierten, und damit den massiven Mitgliederverlusten etwas entgegenzuhalten, so schnell zeigten sich auch die Grenzen einer Mitgliederpartei, in der eben auch – wie in anderen Parteien – um Macht und Einfluss gerungen wird. Was sich in jedem Fall änderte, war der Versuch, die eigene Basis über Mitgliederentscheide stärker am Willensbildungsprozess zu beteiligen.

Wie nervenaufreibend und zugleich mobilisierend das war, ließ sich an den Mitgliedervoten ablesen, die jeweils über die Koalitionsverträge der Bundestagswahlen von 2013 und 2017 abstimmen durften. Das Ganze fügte sich ideal in eine mediale Berichterstattung, die live von der «Zählschlacht» berichten konnte, jede Sekunde eine Stimme für oder gegen die Koalition, ein «Showdown» der ganz besonderen Sorte, mit Schalte zu den Außenreportern, die die Stimmen der Auszählenden wie der Parteiprominenz einfingen und dabei gerne auch noch die «Basis» befragten und so dann dem «Authentischen» auch noch ein Gesicht gaben – möglichst eines, das schon unter Willy Brandt gedient hatte.

Dabei waren die Mitgliederentscheide ein echtes Novum in der Parteigeschichte, weil sie sich eben auf zentrale Sach- und nicht nur Personalfragen bezogen – und sie von zahlreichen Regionalkonferenzen begleitet wurden, auf denen das Für und Wider des Koalitionsvertrages diskutiert und Gegner wie Befürworter ihre Positionen austauschen konnten. Gabriel hatte schon 2009 bei seiner Bewerbungsrede für den SPD-Vorsitz in Dresden eine solche Möglichkeit der Urwahl gefordert und sich auch für eine Debatte über Volksentscheide ausgesprochen. Natürlich: Manch innerparteilicher Kritiker

mutmaßte, dass die Regionalkonferenzen nur eine Möglichkeit für die Parteispitze waren, selbst die Agenda zu bestimmen und jene mit einzubinden, von denen man hoffte, dass
sie den Kurs der Führung teilten, anders als sie dies bei manchen Funktionsträgern der mittleren Ebene vermuteten. Das
war die eine Seite. Die andere: Die Sozialdemokratie lebte,
und sie lebte in und durch die sehr grundsätzlichen Kontroversen, die mit der Entscheidung für oder gegen eine Regie-
rungsbeteiligung verbunden waren. Wie man auch immer
dazu stand: «Verstaubt» waren diese Debatten nicht, eher leidenschaftlich, impulsiv, manchmal auch extrem anstrengend.

«Mehr Demokratie leben» hieß die neue, gar nicht so spek-
takulär klingende Formel, auf die sich der SPD-Parteivorstand
im März 2011 einigte[13], um die Partei auf Vordermann zu
bringen. Diese Ideen sind – wie so viele andere – schnell in Vergessenheit geraten; kein Wunder angesichts des immer rascher
ausgewechselten Führungspersonals und der Hitze des politischen Alltags. Und doch fanden sich hier Überlegungen, die
andeuteten, wie sich die sozialdemokratische Weltsicht seit
dem Ende von Rot-Grün verändert hatte. Von allzu großer
Selbstsicherheit war hier kaum mehr etwas zu spüren, dagegen
viel von «strukturellen Veränderungen», von der Erosion sozialer Milieus, von der Gefährdung der Demokratie, von er-
starrten Routinen der Politik und einer gefährlichen Logik vermeintlich «alternativer» Sachzwänge. Die heutige Demokratie
müsse «größeren Ansprüchen genügen als noch vor wenigen
Jahrzehnten», ihr Fortbestand sei zunehmend fragil und ge-
fährdet auch durch eine unselige Allianz von Populismus und
Kommerzialisierung. War das «Mehr Demokratie wagen»
Brandts gekoppelt an ein umfassendes gesellschaftliches Re-
formprojekt, ging es nun vor allem darum, ein in die Krise ge-
ratenes Demokratiemodell mit neuem Leben zu erfüllen.

Dafür entwarfen die Sozialdemokraten weitreichende Pläne.
Die SPD als «Demokratie-Partei» – das klang nach PR, war

aber doch mehr als das. Denn verbunden war die historische
Analogie zu den «guten, alten Zeiten» Willy Brandts mit konkreten Vorschlägen für direktdemokratische Teilhabe, die die
Distanz zwischen Politikern, Parteien und Bürgern aufbre-
chen sollte. Es ging um Bürgerbeteiligung bei Großprojekten,
um grundgesetzlich verankerte Volksentscheide, um Volks-
initiativen für Gesetzesvorhaben, die direkt in den parlamentarischen Prozess eingespeist werden konnten oder um die
Stärkung der Mitsprache vor Ort. Es bräuchte neue digitale
Beteiligungsmöglichkeiten, ein verändertes Selbstbild der
politischen Entscheidungsträger, die stärker zivilgesellschaft-
liche Impulse aufnehmen müssten. Und auch für Nicht-EU-
Bürgerinnen und -Bürger, die länger als sechs Jahre in Deutschland lebten, hielt es die SPD für dringend erforderlich, ihnen
eine Stimme bei den Kommunalwahlen zu geben. Manches
andere kam hinzu, auch der Versuch, den Lobbyismus insbesondere in der EU strengeren Regeln zu unterwerfen und damit für transparentere Entscheidungen in Brüssel zu sorgen.

Insgesamt war das eine Fülle an Ideen, die vielleicht nicht
revolutionär waren – das würde zur Sozialdemokratie auch
nicht passen –, die aber deutlich über das Bestehende hinaus-
gingen. Sie waren sichtbar von der Sorge getragen, das Feld
«direkter Demokratie» nicht allein rechtspopulistischen Bewegungen zu überlassen, die sonst gerne die «Bürgerbeteiligung» gegen die vermeintlichen «Alt- und Systemparteien» in
Stellung brachten. Es war ein ungewohnt nachdenklicher
Ton, den die Sozialdemokratie da anschlug, verbunden mit
der Einsicht, dass direktdemokratische Partizipation keineswegs ein Allheilmittel war und auch die repräsentative Demokratie nicht ablösen konnte. Ein Problem, auf das auch
Politikforscher immer wieder verwiesen haben, reflektierten
die Sozialdemokraten: Dass es nämlich vielfach die besser
Ausgebildeten und ökonomisch starken Gruppen sind, die in
Volksabstimmungen ihre Position besonders wirkungsmäch-

tig vertreten können – weshalb direktdemokratische Verfahren auch leicht zum Spielball mächtiger Interessen werden könnten. Dass sich insbesondere viele Geringverdienende in der Gruppe der Nicht-Wählerinnen und -Wähler finden, war für die Sozialdemokratie (aber natürlich nicht nur für sie) ein echtes Alarmsignal, weil sich damit die soziale Selektivität politischer Entscheidungen verschärft und die weniger gut ausgebildeten und ökonomisch schwächeren Teile der Gesellschaft für ihre Sorgen und Nöte einen immer geringeren Resonanzboden finden.

Selbstkritik und Fehleranalyse

Viel Zeit, über solche grundlegenden gesellschaftlichen Veränderungen nachzudenken, blieb indes nicht. Die Wahlniederlagen seit 2013 machten aus der «lernenden» eine «verlierende» Organisation. Eine vom Parteivorstand in Auftrag gegebene Analyse der Bundestagswahl von 2017 deckte schonungslos den traurigen Zustand der Partei auf: ein katastrophales Wahlkampfmanagement, logistische Doppelstrukturen, fehlende Absprachen, ungenutztes Know-how, kommunikative Defizite, keine mediale Strategie – die Liste der Versäumnisse machte die Sozialdemokratie und das Willy-Brandt-Haus zu einer mitleiderregenden Einrichtung. Man staunt nicht schlecht, was hier alles aufgelistet wurde: holprig formulierte Reden, die auch noch im Osten und im Westen die gleichen waren, unkoordinierte Presseauftritte, schlecht gemachte Online-Kampagnen und eine fehlende einheitliche Bildsprache des Kandidaten Martin Schulz. Das waren schallende Ohrfeigen im Dutzend.

Die Auswertung basierte auf rund 100 Interviews, und sie zeigte ein noch viel gefährlicheres Bild: Eines der «gravierendsten» Probleme sei «der tiefe Graben, der sich zwischen

Führung in Berlin und Mittelbau der Partei, den Hauptamt-
lichen, Parteitagsdelegierten und Unterbezirksverantwort-
lichen, aufgetan» habe. Hier gebe es einen «Riss» und ein tie-
fes Misstrauen zwischen der Parteiführung in Berlin und den
Funktionsträgern auf der mittleren Ebene und auch der Basis – eine Kluft, die dann während der Verhandlungen über
die «Große Koalition» aufgebrochen sei.[14] Konflikte zwischen
Gremien und Flügeln der Partei gehören zum politischen Alltag, aber offenkundig reichten diese Gräben tiefer, berührten
grundsätzlich die organisationskulturelle Identität der Partei – und sie reichten, auch das wurde deutlich, bis in die Ära
Schröder zurück. Gut möglich, so die Vermutung, dass die fast
schon beängstigende Anfangseuphorie über Martin Schulz
genau darin gründete: Hier sprach einer, der gerade nicht Teil
der Berliner Parteiführung war, frischer, unverbrauchter, auch
ohne manche Verletzung der Vergangenheit – und damit für
einen kurzen Moment ein Hoffnungsträger, der 100 Prozent
Zustimmung bei seiner Wahl zum Parteivorsitzenden und
Kanzlerkandidaten erhielt.[15]

2021 war vieles anders. Die Ausgangssituation war zunächst noch schlechter als 2017: Die Parteikassen waren leer,
und die Parteiführung kämpfte – nicht ganz unverschuldet –
gegen den Vorwurf weitgehender Unsichtbarkeit und politischer Blässe. Der Kanzlerkandidat war zwar mit Kompetenz
und öffentlichem Ansehen ausgestattet, aber doch auch innerparteilich durch die Niederlage bei der Kandidatur um den
Parteivorsitz alles andere als ein strahlender Genosse der Herzen. Logistische Probleme bestanden weiterhin, und der grünen Sympathiewelle hatte die angestaubte Sozialdemokratie
öffentlich nicht viel entgegenzusetzen. Natürlich waren auch
die äußeren Bedingungen für die Wahlkampfführung jetzt
radikal andere. Die Pandemie zwang dazu, auf vieles zu verzichten und stärker auf digitale Formate zu setzen. Immerhin: Seit 2017 hatte es ernsthafte Bemühungen gegeben, neue

Wege der Informationssteuerung und der digitalen Beteiligung zu etablieren, so dass man hier im Lockdown nicht bei null anfangen musste.[16]

Die Fehleranalyse des Jahres 2017 hatte ein Problem der Vergangenheit besonders klar benannt: Die Sozialdemokratie besaß kein Gefühl mehr für den Kampf um die richtige politische Sprache. Ihr war es mit den Jahren immer weniger gelungen, so die übereinstimmende Diagnose, eigenständig Begriffe zu besetzen, gar eigene Begriffe zu prägen und sie im politischen Raum zu etablieren. Hier waren die politische Rechte und auch die Grünen insgesamt deutlich erfolgreicher. Die Sozialdemokratie hechelte hinterher und wusste den Kampagnen der Konkurrenz kaum etwas entgegenzusetzen.

Das war – zumindest in begrenztem Umfang – 2021 anders. Ganz sicher war auch Olaf Scholz der richtige Kandidat dafür, einmal gewählte Kernbotschaften in jedem Interview wortgleich und beständig zu wiederholen. Der «Scholzomat» konnte hier seine ganze Kraft entfalten. Der Begriff des «Respekts», um den die unterschiedlichen Kampagnen, die Reden und Auftritte organisiert waren, blieb haften und wurde in den Medien – mal zustimmend, mal mit Distanz – als Kernbotschaft des SPD-Wahlkampfes identifiziert.

Das war deutlich mehr als 2017, als niemand so recht wusste, was eigentlich mit der alten Forderung nach «Gerechtigkeit» im Detail gemeint war. «Respekt», gekoppelt mit der Forderung nach einer Erhöhung des Mindestlohnes, blieb während des Wahlkampfes zentrale Leitmelodien, die in unterschiedlichen Tonlagen immer wiederkehrten und der Kampagne einen eigenen Sound verliehen. Hier gab es einen Begriff, der auch anders klang als die «alte» SPD-Forderung nach «sozialer Gerechtigkeit» und sich auf eigene Weise an die Sehnsüchte nach mehr «gesellschaftlichem Zusammenhalt» während der Pandemie anlehnte.

Wie schwer sich die Union mit einer Antwort tat, konnte

man an der insgesamt doch recht schlichten Reaktivierung der «Roten-Socken-Kampagne» ablesen, die auf den letzten Metern des Wahlkampfes noch einmal für den Stimmungsumschwung sorgen sollte. Nach all den Jahren der Großen Koalition wirkte eine Dämonisierung der Sozialdemokratie wahrlich nicht recht glaubwürdig, zumal auch Kevin Kühnert sichtlich darum bemüht war, die Distanz zu Olaf Scholz maximal zu verkleinern.

Selbst ein Funken Selbstironie fand nun wieder Platz im SPD-Wahlkampf. In ihrem (fast) wöchentlichen Podcast zur «K-Frage» gaben der Juso-Vorsitzende und der Generalsekretär Lars Klingbeil einen kurzen Einblick in ihre Gefühlswelt, machten sich lustig über manch wirre Wahlkampfspekulation und das eigene Image, unterhielten sich über Banales und Politisches, über ihr Leben im Wahlkampf und der Pandemie, über Joggen mit Spikes und Fußball. Beide hatten sich frühzeitig auf dieses Format als Teil des digitalen Wahlkampfes geeinigt. Sie starteten live auf Instagram, kommentierten ihre Kommentare und versuchten so, der «alten Tante» SPD ein hippes Hoodie-Gesicht zu geben, wenn es um peinliche Playlisten auf «Deezer» oder den letzten Bundesligaspieltag ging.

Das war die sozialdemokratische Variante von «Fest und Flauschig», nicht annähernd so witzig, improvisierter, gestelzter, aber doch zumindest mutig, irgendwie auch sympathisch und ein neues Format, das selbst wiederum Resonanz im digitalen Raum produzierte.

Das neue Format, von einem Mitarbeiterteam vorbereitet, war die moderne Variante jener berühmt gewordenen «Gruppe Horster»[17], die im Bundestagswahlkampf 1965 mit einem Tonfilmwagen durch die Lande gezogen war und auf den Marktplätzen der Republik Gespräche mit Bürgern und Abgeordneten organisiert hatte. Bei der «K-Frage» sprachen nun zwei Profis miteinander, die ein unterhaltsames politisches Gespräch in aller Öffentlichkeit führten, denen man zuschauen und deren Meinungen man in Echtzeit kommentieren konnte. Der dosierte Einblick in das Privatleben, mindestens in die abendliche Gemütsverfassung im Kapuzenpullover, war Teil dieser Inszenierung des Wahlkampfes als eine Form von Infotainment, mit dem sich die SPD immer schon etwas schwergetan hatte. Zugleich ergab sich so die Möglichkeit, auch jene anzusprechen, die den beiden einfach nur mal schnell und aus Neugierde über die Schulter schauen wollten, ein niedrigschwelliges Angebot für Nicht-Parteimitglieder, das sich jederzeit reproduzieren ließ und dazu auch nicht viel kostete.

Natürlich: Die großen Marktplatzkundgebungen waren auch 2021 nicht verschwunden, aber ihre Vorbereitung war noch komplexer angesichts schwankender Inzidenzwerte und Abstandsregeln. Darauf zu verzichten, das konnten sich die Parteien nicht leisten, aber diese Form der politischen Mobilisierung barg immer auch ein zusätzliches Risiko. Veranstaltungen in Innenräumen, in Wirtshäusern und Vereinsheimen waren schwierig, für die Kandidatinnen und Kandidaten selbst, aber auch für Interessierte. Eine «rituelle Inszenierung des demokratischen Mythos»[18], hat Andreas Dörner Wahlkämpfe genannt, und die Art und Weise der Wahlkampfführung, des politischen Konflikts, der (dosierten) Kontroverse spiegelte auch die langen Jahre der Großen Koalition und eine gerade in der Zeit der Pandemiebekämpfung weitgehend gemeinsam getragene Politik, die nicht einfach über Nacht dem politischen Wettbewerb zum Opfer fiel. Natürlich gab es auch in diesem Wahlkampf Fouls und Gehässigkeiten, aber wer die unterschiedlichen Trielle verfolgte, der konnte doch auch etwas über eine spezifisch konsensorientierte politische Kultur der Bundesrepublik erfahren, die «Sachlichkeit» zum genuinen Politikstil verklärte.[19]

Wie weit dies reichte, konnte man an einem der ganz we-

nigen Aufreger im Wahlkampf erkennen. In ihrem «Mat-
rjoschka-Spot»[20] griffen die SPD-Wahlkampfmanager die
Union frontal an: Eine Politik, die «Reiche reicher» mache –
mit Friedrich Merz im Bild; sie habe Kandidaten wie Hans-
Georg Maaßen, die die Partei an den rechten Rand drängten,
maue Minister wie Andreas Scheuer, ja, und auch «erzkatho-
lische Laschet-Vertraute, für die Sex vor der Ehe ein Tabu»
sei. Gemeint war Nathanael Liminski, der Leiter der nordrhein-
westfälischen Staatskanzlei, inzwischen in der neuen schwarz-
grünen Koalition zum Minister für Bundes- und Europaange-
legenheiten aufgestiegen. Offensives Negative Campaigning
wie im US-Wahlkampf ist in Deutschland eher unüblich.

Seitdem «Fairness» selbst zu einer politischen Kategorie
des Wahlkampfes geworden ist – das war bis weit in die
1970er Jahre keineswegs der Fall[21] –, sind auch besonders
üble Attacken gegen Kandidaten eher selten geworden. Bei
Franz Josef Strauß und Helmut Schmidt konnte man die Lei-
denschaft und Hitze des politischen Wortgefechtes durchaus
noch spüren, und die Union war in dieser Hinsicht keineswegs besonders zimperlich. Hier aber, im Sommer 2021,
schlugen kurzzeitig die Wellen hoch, schien die SPD-Kampagne doch einen schwerwiegenden Fehler gemacht zu haben.
Die Empörungsmaschinerie kam ins Rollen: Günter Krings,
Vorsitzender der NRW-Landesgruppe der CDU im Bundestag, schnaubte: «Dass höchstpersönliche Themen und religiöse Überzeugungen zum Gegenstand politischer Angriffe
gemacht werden, hat es in der Nachkriegszeit so noch nicht
gegeben.»[22] Der SPD habe er eine solche Verletzung des Kon-
senses unter Demokraten nicht zugetraut. Selbst Parteien-
forscher konnten sich nicht erinnern, wann zuletzt so heftig
unter die konfessionelle Gürtellinie getreten worden war.

Gegeben hatte es dies aber durchaus schon. Die Union selbst
hatte bis Anfang der 1960er Jahre nichts unversucht gelassen, um ihre «christlich-abendländischen» Kandidaten von

den «nicht-christlichen» sozialdemokratischen abzugrenzen. Sie konnte sich dabei auch auf die Rückendeckung so manchen Hirtenbriefes im Kampf gegen den «Antibolschewismus» verlassen. Während sich die Dinge im Laufe der 1960er Jahre langsam entspannten, waren die 1970er Jahre – die Hochphase der Parteiendemokratie – von einer neuerlichen Zuspitzung geprägt. Der Sprecher der CDU, Willi Weiskirch, gab während des Bundestagswahlkampf 1972 dem *Stern* zu Protokoll: «Ein Katholik, der sich in eine SPD-Versammlung verirrt, ist nach wie vor in der Situation eines Christen, der zufällig in eine Moschee geraten ist».[23]

Ob ein Kandidat gläubig war oder nicht, wurde in den politischen Kampagnen nicht thematisiert, wohl aber, falls er oder sie keiner der beiden christlichen Kirchen angehörte. Mit den Jahren verflüchtigte sich, wie Thomas Mergel gezeigt hat, auch hier das Kämpferische, die religiöse Sprache säkularisierte sich und ging in der Metaphorik der Zivilgesellschaft auf. Kämpfe um religiöse Grundhaltungen spielten – anders als noch in den 1970er Jahren bei den Debatten um den Paragraf 218 – keine dominante Rolle und boten auch wenig Angriffsfläche in einer Gesellschaft, in der ein erheblicher Teil der konfessionellen Jugendverbände inzwischen der Union mit zunehmender Distanz gegenüberstand und SPD-Kanzlerkandidaten wie Johannes Rau selbst tief im Protestantismus verwurzelt waren.

Nach der lauten Empörung auch des Kanzlerkandidaten Laschet zogen die SPD-Wahlkämpfer den Spot schnell wieder aus dem Verkehr. Genauer: Olaf Scholz reklamierte für sich, dies so entschieden zu haben, ohne allerdings darüber Auskunft zu geben, ob er bereits im Vorfeld über diesen Clip informiert gewesen war. Ob dieser Kniff, dass am Ende auch der Protest Aufmerksamkeit generierte, ein wirklich guter war? Scholz musste sich noch einige Male dafür rechtfertigen und sich den Vorwurf anhören, hier werde zu unlauteren

Mitteln gegriffen, die so gar nicht zu einem «deutschen Wahlkampf» passten. Gleichzeitig aber führte der Spot dazu, dass nun auch Laschets Umfeld Gegenstand genauerer Berichterstattung wurde, und die fiel nicht nur positiv aus.

Woran man sich aus diesem Wahlkampf erinnern wird? Sicher nicht an eine besonders leidenschaftliche politische Auseinandersetzung, die, wie noch bis in die 1990er Jahre, unterschiedliche Intellektuelle zu einem politischen Bekenntnis oder gar zu Wählerinitiativen zugunsten der Sozialdemokratie gebracht hätte. Kleinere solcher Aufrufe gab es auch 2021, aber es war doch spürbar, wie gering die Ausstrahlung der Sozialdemokratie in diesem Umfeld war und wie viel leichter sich in dieser Hinsicht die Grünen taten. Vielleicht bleiben eher, weil sie eben neu waren, die recht faden Trielle in Erinnerung, in denen sich die Kandidatin und die Kandidaten mühsam voneinander abzugrenzen versuchten und Scholz dabei schon vorzeitig in die Rolle des Kanzlers schlüpfte. Oder, aus der Sicht sozialdemokratischer Wahlkampfmanager, die Rückkehr der Farbe Rot. 2013 war die Partei (neben dem klassischen Rot) in ein schrilles Purpurrot gehüllt, auch 2017 spielte die Farbe Rot eher eine untergeordnete Rolle. Die Werbeagentur setzte 2021 nun wieder ganz auf Rot, und das sogar besonders markant, wiedererkennbar und, in der heißen Phase des Wahlkampfes, ganz auf Olaf Scholz konzentriert, dessen schwarz-weißes Konterfei – abgelichtet im ausdrucksstarken Weitwinkel-Format – die Betrachter mit durchstechendem Blick anschaute – eine Werbekampagne, deren klare Bildsprache den Führungsanspruch des Kanzlerkandidaten Olaf Scholz untermauern sollte.

Die Farbauswahl war kein Zufall. Schon lange beschäftigten sich die Parteien mit den Erkenntnissen werbepsychologischer Forschung. Die SPD der späten 1960er Jahre verzichtete ganz bewusst auf das Rot der Sozialdemokratie und gebrauchte lieber ein modern und fortschrittlich wirkendes

Orange; ein Signal der Öffnung, das sich die Partei von den schwedischen Genossen abgeschaut hatte.[24] Dass Parteien heute überhaupt noch in so hohem Maße auf Plakate im öffentlichen Raum setzen, mag angesichts des Bedeutungsgewinns von Social Media überraschen. Plakate sind Teil einer eigenen Kommunikationsform mit eigener Geschichte.[25] Wahlplakate hatten lange Zeit, allen voran in sozialdemokratischen Wahlkämpfen, die Funktion, über politische Ziele zu informieren. In den 1950er Jahren änderte sich das langsam. Personen wurden wichtiger, bei der CDU früher als bei der SPD. Die Symbol- und Bildsprache von CDU und SPD näherte sich seit den 1960er Jahren immer weiter an, und das galt auch für politische Slogans, Kernbotschaften, zu denen in Deutschland allen voran der Begriff der «Sicherheit» gehörte.

In der Wahlkampagne der SPD des Jahres 2021 setzte sich der schon viel ältere Trend der Personalisierung von Wahlkämpfen weiter fort, längere Sätze wie noch bei Martin Schulz fehlten nun vollständig. Verändert hat sich die Ansprache der Wählerinnen und Wähler: Peer Steinbrück war noch lieber beim «Sie» geblieben, nun machte die SPD lieber «Politik für Dich» – ob man das wollte oder nicht. Es war eine Kampagne, der es gelang, selbst zum Gesprächsthema zu werden, und das nicht wegen ihrer Fehler, sondern aufgrund der besonderen Optik, die sie für den künftigen Kanzler entworfen hatte. Im Vergleich zu früheren Wahlkämpfen war dies eine ganze Menge. Auf einmal wirkte die Sozialdemokratie als innerlich geschlossener «Kanzlerwahlverein», der aus den Fehlern der Vergangenheit gelernt und die Zeit als nervöser, dem Untergang geweihter Streithaufen hinter sich gelassen hatte. Dankbar dürfte das Willy-Brandt-Haus auf die Union geblickt haben, die mit der Fehde zwischen Söder und Laschet diese Rolle mit großer Kunstfertigkeit übernommen hatte.

6. Der Wert von Werten: Die Suche nach Respekt und Solidarität

Debattencamps der Sozialdemokratie haben einen besonderen Charme. Denn hier zeigt sich die Vielfalt einer Partei, für die der Streit ein eigenes Lustprinzip ist. Für jene, die «Geschlossenheit» für ein hohes Gut halten, mag das ein Alptraum sein. Doch Debatten können bisweilen auch etwas Befreiendes haben, gerade in schwierigen Zeiten wie im Winter 2020, als viele noch hofften, Corona werde im Sommer irgendwie besiegt sein.

Wie aber diskutieren, den Wahlkampf und die Kontroverse mit den anderen Parteien in Schwung bringen, während gleichzeitig Untergangsstimmung herrscht? Ein Debattencamp digital zu veranstalten, war also eines der vielen Wagnisse des Vorwahlkampfes, aber irgendwann musste die Partei schließlich versuchen, aus der Defensive zu kommen, die Basis vom eigenen Kandidaten zu überzeugen und eine Sprache zu finden, die sich von der blassen Rhetorik der Großen Koalition unterschied. Zu den Höhepunkten des Debattencamps im Dezember 2020 zählte das Gespräch zwischen dem amerikanischen Philosophen Michael Sandel und Olaf Scholz.[1]

In der Technik knirschte es zwar ein wenig, aber davon ließen sich die beiden nicht stören. Wer Scholz zuhörte, staunte nicht schlecht. Sicher: Ein bedingungsloser Apologet der Agenda-Reformen war er schon lange nicht mehr gewesen. Scholz hatte seit der Finanzkrise 2008/09 und als Arbeitsminister vorsichtige Änderungen der Arbeitsmarktreformen auf den Weg gebracht. Nichts Grundlegendes, das nicht. Aber doch erkennbar, ähnlich wie er bereits als Hamburger Bürgermeister die städtische Rolle im Wohnungsbau wieder klarer akzentuiert hatte als zwanzig Jahre zuvor im allgemeinen Privatisierungshype, als auch einige der SPD-Kommunen mit ihrer Wohnungswirtschaft auf diesen Zug aufgesprungen waren.

Scholz sprach also nun mit Sandel über dessen neues Buch, das um die Kritik an der «Leistungsgesellschaft» kreiste.[2] Die Idee, jeder sei seines Glückes Schmied, so Sandel, sei eine der großen Propagandalügen unserer Zeit. Denn sie mache all jene, die sich nicht an diesem Bildungsideal orientierten, gar scheiterten oder bewusst andere Wege gehen wollten, zu gesellschaftlichen Verlierern – und sie reproduzierte das Klassenbewusstsein jener ökonomisch starken Aufsteigergruppen, die an den gesellschaftlichen Schalthebeln der Macht säßen. Der Philosoph von der Harvard University sah hierin ein bedrückendes Gerechtigkeitsdefizit, das gerade jene geschaffen hätten, deren Ruf nach Chancengleichheit besonders laut gewesen sei.[3]

Kritik der Leistungsgesellschaft

Bei Tony Blair und New Labour hieß es damals: «Bildung, Bildung, Bildung», und das war in den frühen 2000er Jahren, als die PISA-Studien die Republik erschütterten, das Credo vor allem der sozialdemokratischen Parteien Europas. Der Staat sollte die Startbedingungen gerade jener verbessern, die nicht aus den wohlhabenden Akademikerhaushalten stammten. Die Investitionen in den Bildungs- und Vorschulbereich, die Teil der Agenda-Politik waren, hatten hier ihre programmatischen Wurzeln. Doch genau an dieser Stelle setzte die Kritik Sandels an. Den amerikanischen Philosophen trieb die

Frage um, wie der Trump-Populismus eigentlich so erfolgreich sein konnte. Seine Antwort: Trump werde gerade von jenen unterstützt, die über Jahre besondere Missachtungserfahrungen gemacht hätten und nicht dem Idealtyp des sozialen Aufsteigers entsprächen. Aus dieser Gruppe speise sich das große gesellschaftliche Protestpotential der amerikanischen Gesellschaft. Die Ideologie der Chancengleichheit habe am Ende die wachsenden sozialen Ungleichheiten nur weiter legitimiert und ausgebaut.

Nicht die Defizite, sondern der moralische Anspruch und die Ideologie der Leistungsgesellschaft waren es, die Sandel kritisierte. Selbst wenn sie also vollkommen wäre, die Leistungsgesellschaft, basiere sie immer noch auf einem unzureichenden Gerechtigkeitsverständnis. Denn darum ging es Sandel besonders: um die Idee der «contributive justice», die Idee der Teilhabe- oder Beitragsgerechtigkeit.[4] Jeder leiste auf seine Weise einen Beitrag zum Gemeinwohl, so dass eine Fixierung auf die Idee von «Produktivität» und «Einkommen», in denen sich der soziale Aufstieg derzeit messen lasse, zu kurz greife. Sandel zielte dabei vor allem auf eine Würdigung insbesondere der Tätigkeiten von Arbeitern und Beschäftigten in den unterschiedlichen Industrien, jenen «hart arbeitenden Menschen», die gerne übersehen würden, aber – so könnte man ergänzen – während der Pandemie zu den neuen «Leistungsträgern» emporstiegen – ohne jedoch tatsächlich davon zu profitieren.

Und in Deutschland? Olaf Scholz nickte im Gespräch jedenfalls zustimmend und nahm zumindest etliche von Sandels Argumenten auf, allen voran seine Kritik des Leistungsbegriffs. Das war auch deshalb bemerkenswert, weil sich der Philosoph Sandel gerade gegen die Politik der Demokraten unter Clinton und Obama gewandt hatte, die die zentralen Protagonisten dieser sozialen Aufstiegsmetaphorik gewesen waren und deren Beispiel auch die Politik der Ära Schröder angetrieben hatte; nicht zuletzt Olaf Scholz selbst. Dass die Kritik der Meritokratie letztlich auch eine Kritik an den Grundachsen einer lange dominierenden sozialdemokratischen Fortschrittsgeschichte bedeutete, das überging der Kanzlerkandidat im Gespräch mit Sandel auf geschickte und ihm eigene Weise.

Die Argumentationsfiguren, die Scholz hier testete, fanden sich später dann in der einen oder anderen Variante in seinem «Plädoyer für eine Gesellschaft des Respekts»[5] wieder, in vielen seiner Wahlkampfreden, im Triell der Kanzlerkandidaten und in seiner Regierungserklärung – darunter auch einige der Schwierigkeiten, die mit dem Begriff des «Gemeinwohls» verbunden waren.

Aus der abstrakten Forderung nach einer «Beitragsgerechtigkeit» wurde bei Scholz die Forderung nach einer «Politik des Respekts» – eine Wertschätzung jener, die in öffentlichen Debatten nicht die Anerkennung erhielten, die sie verdienten, allen voran die vielen «hart arbeitenden Bürgerinnen und Bürger». Scholz zielte dabei auf eine Würdigung von beruflicher Ausbildung und Lebensleistungen, aber eben auch auf eine Form des Respekts, die sich in «materieller Wertschätzung» niederschlagen sollte. Hier fand die Idee der Erhöhung des Mindestlohnes ihre moralische Begründung, und mit den Begriffen von Anerkennung und Respekt warb Scholz auch für einen Ausgleich zwischen sozialen und identitätspolitischen Konflikten.

Eingang in Scholz' Argumentation hatte auch ein Thema gefunden, über das in den Sozialwissenschaften schon länger heftig gerungen wird: die Transformation der Mittelschichten, ihre Aufstiegs- und Abstiegserfahrungen, die neuen Kreativ- und Wissensberufe mit ihren ungesicherten Existenzen und auch jene im Care- und Dienstleistungsbereich Beschäftigten, deren sozialer Status mit den Jahren zunehmend prekärer geworden ist. Hier hallte offenbar die Lektüre von

Andreas Reckwitz und seiner «Gesellschaft der Singularitäten»[6] noch nach, in dessen Analyse es um den neuen post-
industriellen Kulturkapitalismus als Ausdruck einer «Explo-
sion des Besonderen» ging. Unsere Spätmoderne, so sein
Argument, sei eine neue «Valorisierungsgesellschaft» geworden, eine Gesellschaft, in der permanent um Besonderheit
gerungen werde. Die kapitalismuskritische Dimension, die in
Reckwitz Überlegungen steckte, war indes bei Olaf Scholz
weitgehend verschwunden; um den Begriff der «Klasse», der
bei Reckwitz eine zentrale Rolle spielte, machte Scholz lieber
einen Bogen.

Prekäre Lebensverhältnisse erschienen dabei vor allem als
Problem der mittleren Schichten, nicht aber einer Unterschicht, die an den Vorzügen des Gemeinwohls kaum noch
teilhaben kann, weil ihr dafür die Voraussetzungen fehlen.
Solche Blindstellen gibt es auch schon in der Arbeit von
Sandel, dessen Blick vor allem auf die alte, «weiße» Arbeiterklasse der USA gerichtet ist, für andere Ungleichheiten aber
vergleichsweise wenig sensibilisiert zu sein scheint.

In der sozialdemokratischen Ideenwelt hatte der Begriff des
Respekts programmatisch bislang keine Rolle gespielt. Respekt klang nach Tugend, nach der Achtung vor der Lebens-
leistung anderer, die gerade schwächeren sozialen Gruppen
vorenthalten wurde. Wer dem oder der Anderen Respekt er-
weist, muss das Gegenüber überhaupt erst einmal sehen und
es als gleichwertig anerkennen. Die Wörter «betrachten» und
«berücksichtigen» stecken im Lateinischen respectare, und
beide zusammen bilden wichtige Bezugspunkte aller Versuche, den Begriff klarer zu fassen, über den schon Immanuel
Kant ausführlich nachgedacht hatte. In seiner umgangs-
sprachlichen Verwendung schwingt zudem auch noch eine
weitere Bedeutung mit: Respekt ist etwas, das man sich verdienen muss, eine Art Leistung, die erhält, wer besonders
hart arbeitet oder sich besonders gesellschaftlich engagiert.

Aber selbst wenn der Begriff des Respekts auch ältere hierarchische Beziehungen fortzuschreiben droht, indem er Anerkennung zuweist, verteilt und auch wieder zu entziehen vermag, so wird man doch sagen können: Hier gab es einen Kanzlerkandidaten, der eine eigene Sprache und ein eigenes Thema gefunden hatte, das half, das sozialpolitische Profil, die verloren gegangene Gerechtigkeitskompetenz in der Auseinandersetzung mit Grünen und Union zurückzuerobern.

Die Leitidee des Respektes, die weniger nach Umverteilung als nach anerkennender Wertschätzung klang, ermöglichte es im Wahlkampf, sehr unterschiedliche Themen miteinander zu verknüpfen: die Sehnsucht nach dem vielbeschworenen Zusammenhalt während und nach der Pandemie, die Stärkung des Mindestlohnes und der sozialen Sicherungssysteme. Klimapolitik und Globalisierung fügten sich hier eher etwas gekünstelt ein, waren aber ein Feld, auf dem die SPD ohnehin gegenüber der grünen Konkurrenz weniger punkten konnte. Scholz konnte so in einer Weise sehr unterschiedliche Felder miteinander verbinden – und das in einer Sprache, die zu ihm passte. Seine Version von Respekt stand jedenfalls nicht im Geruch, wirklich angreifbar zu sein oder zu polarisieren, und trotzdem schwang da eine Form von gezügelter Empathie mit, die zum Kandidaten passte.

Eigentlich hätte es nahe gelegen, einen sehr ähnlich klingenden und stärker in der Sozialdemokratie beheimateten Begriff wie den der Solidarität ins Zentrum zu stellen.

Die Solidarität war aber nicht nur ein deutlich emotional aufgeladener Begriff; die Solidarität hatte zudem während der Pandemie auch eine solche inflationäre Verwendung erfahren, dass gar nicht mehr so recht klar war, ob es sich hier überhaupt um eine sozialdemokratische Idee handelte. Dass Scholz den Begriff gerade auch mit den Debatten über den Begriff der «Leistung» verband – war tatsächlich bemerkenswert. Verständlich wird dies aber erst dann, wenn man den

Blick etwas weitet und die sich ändernden sozialdemokratischen Vorstellungen von gesellschaftlicher Ordnung, von kollektiver und individueller Verantwortung weiter zurückverfolgt, wie sie insbesondere in der Idee der Solidarität zusammenkommen.

Über alte und neue Grundwerte

Beide Begriffe, Respekt und Solidarität, verweisen auf soziale Beziehungen, in denen die Anerkennung des Gegenübers als Gleicher im Zentrum stehen, und haben doch eine sehr eigene Geschichte und sehr eigene Akzente. Olaf Scholz hatte als junger Abgeordneter und Generalsekretär diese Debatte unmittelbar verfolgt. Nach dem Wahlsieg von 1998 schien es jedenfalls der Partei höchste Zeit, das ältere, noch in den hektischen Monaten der Wiedervereinigung verabschiedete «Berliner Programm» vom Dezember 1989 grundsätzlich zu überarbeiten. Lange hatten Sozialdemokraten wie Erhard Eppler, Peter Glotz und andere an diesem Programm gefeilt. Während das Godesberger Programm von 1959 der Versuch gewesen war, die Sozialdemokratie mit der Marktwirtschaft zu versöhnen, suchte das Berliner Programm eine Antwort auf die Herausforderungen der «neuen sozialen Bewegungen». Wie sollte das Verhältnis von Wachstum und Ökologie, wie die Idee des Fortschritts und der Emanzipation am Ende des 20. Jahrhundert künftig bestimmt werden? Das neue Programm war ein funkelndes Ideengebäude gewesen und wurde doch gleichsam über Nacht selbst Geschichte.

Nun, Ende der 1990er Jahre, ging es darum, die Grundwerte «Freiheit, Gleichheit, Solidarität» einer neuerlichen Überprüfung zu unterziehen. Rudolf Scharping, der im Machtkampf mit Oskar Lafontaine unterlegene frühere Parteivorsitzende und nun Verteidigungsminister, machte bei einer

Veranstaltung in Berlin den Aufschlag, um den alten Begriff der «Solidarität» mit neuem Leben zu erwecken.[7] «Solidarität», so Scharping, sei die «gemeinsam wahrgenommene gegenseitige Verantwortung – ausgedrückt in Begriffen von Wohlfahrtsstaat, Sozialstaat, Gemeinwohl, oder, wie John Rawls, der oft als liberal missverstandene amerikanische Kommunitarist es einmal genannt hat: die gesellschaftlichen Grundgüter». Solidarität werde zerrieben, so seine Diagnose, «zwischen weltweiter ökonomischer Verflechtung einerseits und innerstaatlicher, gesellschaftlicher Individualisierung andererseits. Wo soll noch Solidarität herkommen, wenn auf der einen Seite die ökonomischen Interessen sich weltweit organisieren und auf der anderen Seite die Gesellschaften selbst sich immer starker individualisieren.»

Scharping verwies auf einige Missverständnisse, die den Gebrauch des Solidaritätsbegriffs kennzeichneten. Solidarität war für ihn mehr als nur die Unterstützung der Schwachen durch die Stärkeren und meinte auch nicht nur den Zusammenschluss der Unterdrückten. Solidarität beschreibe – im Sinne von John Rawls – ein Prinzip der Verantwortung und die «Teilhabe an den gesellschaftlichen Grundgütern». Sie sei Orientierung für künftiges Verhalten und brauche gerade deshalb angesichts von Globalisierung und europäischer Integration eine Begründung. Die Kategorien des alten Nationalstaates hielt Scharping jedenfalls nicht mehr für ausreichend, um daraus ein gesellschaftliches, auf Solidarität setzendes Ordnungsmodell zu begründen. Solidarität meinte in seiner Deutung aber nicht nur eine Form zwischenmenschlicher sozialer Beziehungen, sondern schloss auch die Möglichkeit mit ein, die Idee auf den Umgang mit natürlichen Ressourcen auszudehnen. Schließlich sprach er sich dafür aus, auch die Tradition der «praktischen Solidarität» nicht aus dem Blick zu verlieren, die ein wesentlicher Teil sozialdemokratischer Geschichte sei: Die Geschichte von Konsum- und Baugenossenschaften und anderer Organisationen der Arbeiterselbsthilfe.

Das war ein ebenso knappes wie bemerkenswertes Statement – bemerkenswert in seinen Bezügen, aufschlussreich auch in dem, was es nicht thematisierte. Auf der Suche nach einem der programmatischen Kerne der Solidarität lehnte sich Scharping nicht bei den sozialistischen Klassikern an, auch nicht an die ersten, zaghaften Versuche innerhalb des Godesberger Programms, den Begriff der Solidarität mit Inhalt zu füllen. So richtig Karriere gemacht hatte der Begriff erst in der Nachkriegszeit, wenngleich er in vielfacher Weise schon zuvor in der Arbeiterbewegung präsent war. In Godesberg erkoren ihn die Sozialdemokraten zu einem ihrer drei Grundwerte des Sozialismus, neben Freiheit und Gerechtigkeit. Ganz allgemein war damals vom Gefühl der «gemeinsamen Verbundenheit»[8] die Rede, das die Menschen aneinander binde. Solidarität galt keineswegs mehr nur innerhalb einer Klasse, und sie richtete sich auch nicht nur auf den Zusammenhalt der Arbeiterbewegung, sondern verstand sich ganz bewusst als moralische Verpflichtung gegenüber den «unterentwickelten» Ländern der «Dritten Welt».[9] Solidarität umschrieb im Godesberger Programm nicht zuletzt den Versuch, eine neue internationale Ordnung zu etablieren, die im Geiste der Völkerverständigung um den Frieden und einen gerechten Ausgleich zwischen Armen und Reichen bemüht war. Solidarität meinte hier nicht etwa einen moralischen Auftrag zur milden Gabe, sondern beschrieb auch die Verantwortung, ökonomische und soziale Ungleichheiten zu beseitigen. Waren die proletarischen Lebenszusammenhänge, die Streik- und Widerstandserfahrungen der ersten Jahrhunderthälfte 1959 noch durchaus spürbar, so flackerten sie bei Rudolf Scharping nur noch als historische Reminiszenz, als sozialdemokratische «Tradition» auf. Eine lebensweltliche Prägekraft hatte Solidarität nicht mehr, waren doch die alten sozial-moralischen Milieus weitgehend verschwunden – und die Baugenossenschaften wie die «Neue Heimat» verkauft und von politischen Skandalen untergepflügt.[10]

Dass sich der ehemalige SPD-Vorsitzende und rheinland-pfälzische Ministerpräsident ausgerechnet auf John Rawls und das Ideengebäude des Kommunitarismus bezog, wird wohl nur verständlich vor den gleichzeitig geführten Debatten um einen «Dritten Weg» und eine Annäherung von Liberalismus und Sozialdemokratie. Rawls' Vorstellungen von Solidarität waren eingebettet in seine ethische Begründung politischer Institutionen, an denen sich der Zustand einer gerechten Gesellschaftsordnung ablesen ließ. Dass Scharping und wohl auch manch anderer in seinem Umfeld den amerikanischen Philosophen gegen jene verteidigte, die ihn als «Liberalen» attackierten und seine kühle Rationalität in der Begründung von Freiheitsrechten für zu abstrakt hielten, war eine eigentümliche Wendung sozialdemokratischer Denktradition, die sich Mitte der 1990er Jahre vollzog. Was Rawls aber attraktiv machte für all jene, die sich dem Zauber eines «Dritten Weges» hingaben, war die Möglichkeit, mit seinen Überlegungen Ungleichheiten zu legitimieren, solange am Ende das allgemeine Wohlstandsniveau steige und die am schlechtesten Gestellten davon besonders profitieren würden: Liberale Freiheitsrechte und eine neu definierte Form sozialdemokratischer Gerechtigkeit und Solidarität als Antwort auf die «neoliberale» Herausforderung, die weniger von Umverteilung als von «Chancengerechtigkeit» sprach, von Zugangsmöglichkeiten zu öffentlichen Ämtern und Positionen: Fast möchte man meinen, es habe eine Art Rawls-Lesekreis im SPD-Parteivorstand oder im Kanzleramt gegeben.

Jedenfalls bezog sich auch Olaf Scholz bei seinem Versuch, den Begriff der Umverteilung neu zu begründen[11], als Generalsekretär auf John Rawls und seine Idee der «Grundgüter der Gerechtigkeit».[12] Von dort aus war es dann kein weiter

Weg mehr zum hohen Lied auf Chancengerechtigkeit und Leistungsgesellschaft; Ideen, denen er inzwischen selbst so distanziert gegenübersteht. Viel war nun von «Verantwortung» die Rede, von der Kraft des «zivilisatorischen Modells Europa», von seinen «tragenden Pfeilern» Demokratie und Rechtsstaatlichkeit, Freiheitswillen und Eigenverantwortung. Solidarität als Erfahrung politischer Kämpfe, von Macht- und Interessenkonflikten in kapitalistischen Gesellschaften spielte dagegen kaum mehr eine Rolle und machte deutlich, welche Wandlungen der Begriff im sozialdemokratischen Wertehimmel durchlaufen hatte. Als Scharping noch ein wilder Jungsozialist gewesen war, der beinahe einmal aus der Partei ausgeschlossen worden wäre, da dominierte noch ein gänzlich anderer Sound.

Damals, am Beginn der 1970er Jahre, rang die Programmpartei SPD mit dem Versuch eines Zukunftsentwurfs, der den ebenso spröden wie lieblosen Titel «Orientierungsrahmen '85» trug. Mit dessen Verabschiedung zehn Jahre zuvor bei einem Parteitag in Mannheim hatten die Sozialdemokraten eine Antwort auf die Frage gewagt, wie der Kapitalismus gezähmt, womöglich sogar überwunden werden könne.[13] Das massive Konvolut an Überlegungen atmete den Geist zukunftsgewisser Planungseuphorie – und war ganz ein Kind der frühen 1970er Jahre: scharf in der Kritik kapitalistischer Arbeitsverhältnisse, weitreichend in den gesellschaftspolitischen Reformansprüchen.

Mit viel stärkerer Vehemenz als noch im Godesberger Programm erinnerten die Genossinnen und Genossen an die kämpferische Kraft, die der Solidarität innewohne. Sie galt ihnen als wesentlicher Teil ihrer lebensweltlichen Erfahrung in einer arbeitsteiligen Gesellschaft, und in ihr spiegelten sich die Konflikte kapitalistischer Gesellschaften ebenso wider wie die gemeinsamen Interessen derer, die sich gegen Ausbeutung und Benachteiligung zur Wehr setzten. Solidarität beruhte auf der Einsicht, dass «wir als Freie und Gleiche nur dann menschlich miteinander leben können, wenn wir uns füreinander verantwortlich fühlen und einander helfen. Solidarität hat für uns eine allgemein menschliche Bedeutung; sie darf daher auch nicht an den nationalen Grenzen aufhören.»[14] Solidarität im demokratisch-sozialistischen Sinne galt als Gegenentwurf zu den «Irrtümern» konkurrierender Ideologien des 20. Jahrhunderts: Sie verwarf eine (kommunistische) Solidarität unter Zwang ebenso wie eine liberalistische Gesellschaftsordnung, die auf einem Kampf aller gegen alle gründete. Sozialdemokratische Solidarität grenzte sich aber auch gegen konservative Wertideen ab, die glaubten, es könnte «zwischen Reichen und Armen, Mächtigen und Machtlosen, Wissenden und Unwissenden wirkliche Solidarität geben»[15], und sie verwarf die Idee einer «solidarischen Volkgemeinschaft», die auf einer «prinzipielle[n] Ungleichheit der Menschen und ohne Freiheit der einzelnen» errichtet sei.

Natürlich spürte man auf beinahe jeder Seite dieses inzwischen vergessenen Zukunftsentwurfes die Deutungsschlachten der 1970er Jahre über die Gestalt des Kapitalismus, über die Aufgabe des Staates, über die Demokratisierung von Wirtschaft und Gesellschaft. Aber niemals zuvor – und auch niemals mehr danach – rangen die Sozialdemokraten um eine ernsthaftere Bestimmung des Begriffes, der elementarer Bestandteil ihres Gefühlshaushaltes war. Schon beim «Berliner Programm» 1989 dominierten ganz andere Themen, und Solidarität klang hier schon deutlich anders, weniger leidenschaftlich und kämpferisch: Von einem Beziehungsverhältnis der Menschen untereinander war da die Rede, das über bestehende Rechtsverpflichtungen hinausgehe. Solidarität galt noch immer als «Waffe der Schwachen im Kampf um ihre Rechte».[16] Und auch von der Solidarität der Generationen und der Verbundenheit mit der «Dritten Welt» war die Rede, die eine «Chance auf ein menschenwürdiges Leben erhalten» solle – und doch schien schon 1989 der Begriff blutleer und wenig konkret.

Dass sich der Bedeutungskern der Solidarität verändert hatte – daran schien in den 1990er Jahren kaum mehr jemand innerhalb der Sozialdemokratie zu zweifeln. Überhaupt empfanden viele, in rasenden Zeiten zu leben, Umbruch, wohin man auch blickte. Es bleibe, so formulierten es die Sozialdemokraten bei ihrem Parteitag in Nürnberg 2001, eine «beständige Aufgabe», den Begriff der Solidarität immer wieder mit neuem Leben zu füllen. Deshalb sei es nicht «unmodern» – mit einem hässlicheren Adjektiv hätte man ihn öffentlich kaum belegen können – für den Begriff zu werben. Aber die Zeiten seien doch rauer, die finanziellen Spielräume enger, die «demographischen Bedingungen» schwieriger geworden. Die Welt, und so falsch war das ja nicht, sei eine andere geworden als noch in den 1980er Jahren. Deshalb gab es zwar noch einen Hinweis auf die Solidarität als «Waffe» der Schwachen, aber von dem Zauber, der den Begriff einst umgeben hatte, war nicht mehr viel übrig.

Sprachen der Solidarität

Von kollektiven Erfahrungen war in diesen Programmen kaum mehr die Rede, und sie spielten auch innerhalb der programmatischen Sinnsuche keine Rolle. Besonders eindringlich lässt sich das an Gerhard Schröder ablesen. Im Kosmos seines Slogans der «Neuen Mitte» hatte die Solidarität ihren besonderen, wenngleich keinen besonders exponierten Platz. In seiner Regierungserklärung von 1998 diente sie als Teil der neuen Formel sozialdemokratischen Zukunftsversprechens: «Diese Neue Mitte grenzt niemanden aus. Sie steht für Solidarität und Innovation, für Unternehmungslust und Bürgersinn, für ökologische Verantwortung und eine politische Füh-

rung, die sich als modernes Chancenmanagement begreift.»[17]
Solidarität benutzte Schröder als Synonym für seine Idee von
Sozialstaatlichkeit, und er gebrauchte den Begriff vor allem
dann, wenn er versuchte, die Reform der Alterssicherung als
Ausdruck einer neuen «Generationen-Solidarität» zu um-
schreiben. Dies war dann für ihn «echte Solidarität», Ausdruck einer neuen Formel sozialen Ausgleichs, den die sozialdemokratisch geführte Regierung in die Wege leiten wollte.

Schröder hatte sich für die manchmal quälenden Grund-
wertedebatten nie besonders interessiert. Aber es war eben
auch nicht so, dass er dazu gar keine Position gehabt hätte
und nur von einem alles überwölbenden Pragmatismus beseelt gewesen wäre. Denn tatsächlich besaß er durchaus eine
Idee von Solidarität – nur hatte diese eine ganz eigene Bedeutung. Kollektive Erfahrungen der «alten» Arbeiterbewegung
hatten darin kaum mehr einen Platz – und das spiegelte
durchaus die Erfahrungen nicht weniger in der SPD wider, die
sich schon lange – oft auch über den zweiten Bildungsweg –
aus ihren alten sozial-moralischen Bindungen gelöst hatten
und inzwischen, in den 1990er Jahren, in den akademischen
Mittelschichten angekommen waren.

Es würde viel zu kurz greifen, dies nur als eine Form des
«Verrats» zu beschreiben, als den Sieg einer kleinen neoliberalen Clique. Denn tatsächlich gab es durchaus lautstarke
Unterstützung – und nicht nur innerhalb der Sozialdemokratie – für eine Vorstellung von Solidarität im 21. Jahrhundert,
die Schröder 1999 einmal kurz und knapp auf den Punkt gebracht hatte: «Wer arbeiten kann, aber nicht will, der kann
nicht mit Solidarität rechnen. Es gibt kein Recht auf Faulheit
in unserer Gesellschaft!»[18] Deshalb sollte auch jenen, die zu-
mutbare Jobs ablehnten, die Unterstützung gekürzt werden,
so Schröder. Das war in der Tat eine bemerkenswerte Vorstellung von Solidarität. Man musste sie sich verdienen, ähnlich
wie Respekt. Durch Arbeit und Leistung. Sie galt nicht unein-

geschränkt und sie war gebunden an spezifische Voraussetzungen, vor allem an die Pflicht für sich selbst zu sorgen. Darüber mochte man unterschiedlicher Auffassung sein, doch mit den bis dahin dominierenden Vorstellungen von Solidarität brachen Schröder und die Stichwortgeber der «Neuen Mitte» in wahrlich radikaler Weise. Das galt im Übrigen auch für die Union, in der zeitgleich alle Traditionen der einflussreichen katholischen Soziallehre verschwanden oder bis zur Unkenntlichkeit verwässert wurden. Aber es war erstaunlich, wie nonchalant die Sozialdemokratie einen ihrer Grundwerte an die veränderten Zeiten anzupassen bereit war.

Als Füllwort blieb die Solidarität erhalten, während und auch nach der Ära Schröder. Zu eng war die Geschichte des Begriffs verbunden mit der Entwicklung des modernen Wohlfahrtsstaates, der zwar nicht seine Entstehung, wohl aber seine Ausgestaltung und Begründung der Idee der Solidarität verdankte. Die Leitidee der Solidarität war also nicht etwa verschwunden, sie hatte aber doch ihre Form und ihren Inhalt verändert. Sie verlor dabei alle ihre kollektiven, gar kämpferischen Bezüge und war nur noch denkbar als eine Form sozialer Integration, zu der der Einzelne eine Verpflichtung besaß und die er sich erst verdienen musste.

Im Hamburger Programm von 2007 fanden sich einige Versatzstücke und Textbausteine, und doch brauchte es wohl erst noch die Erfahrungen der Finanzkrise und weitere bittere Wahlniederlagen, bis die Sozialdemokratie mit Andrea Nahles an der Spitze darüber nachzudenken begann, wie sie ihre Vorstellung von Solidarität anders justieren könnte.

In der Geschichte der SPD-Vorsitzenden ist das Kapitel Nahles ein besonders kurzes, und es war erstaunlich, wie hemmungslos die Partei die wenigen Talente, gerade die von Frauen, über Bord zu werfen bereit war. Für ein politisches Erbe blieb da nicht viel Zeit, und doch ließ sich – nach dem Desaster der verlorenen Bundestagswahl von 2017 und dem noch schnelleren Absturz von Martin Schulz im Umfeld der Jahre 2018/19 beobachten, dass sich zumindest programmatisch etwas zu verändern begann. Dazu gehörten die Feierlichkeiten zu Karl Marx' 200. Geburtstag, den die Partei mit ihrer Vorsitzenden im Juni 2018 beging und aus dessen Anlass sie über «Solidarität im digitalen Kapitalismus»[19] nachdachte. Das Wort «Kapitalismus» war aus dem sozialdemokratischen Sprachgebrauch mit den Jahren immer weiter verschwunden – und kehrte nun (wenngleich auch nicht über Nacht) als Bezugspunkt sozialdemokratischer Politik wieder zurück. Das Wort fiel, ohne dass jemand in der Partei sofort aufschrie oder sich fremdschämte. Aktualität habe Marx, so Nahles, weil seine Kritik des Kapitalismus helfen könne, den neuen digitalen Kapitalismus, seine Monopolbildung, seine Ausbeutungsverhältnisse und Machtstrukturen, besser zu verstehen. Er erschien damit nicht nur als Ahnherr und zersauselter Stichwortgeber, sondern als Ideenlieferant für eine zeitgemäße Kapitalismuskritik.

So viel Zustimmung wie zu seinem 200. Geburtstag hatte Marx zu Lebzeiten nie gehabt, was auch an der damals weltweit Fahrt aufnehmenden, sehr leidenschaftlichen Debatte über den Charakter des Finanzkapitalismus lag, auf den sich die SPD-Vorsitzende beziehen konnte. Neue Formen sozialer Ungleichheit, veränderte Arbeitsbedingungen, Kämpfe um ein selbstbestimmtes Leben – darum müsse es künftig gehen. Das Modell der «sozialen Marktwirtschaft», so Nahles, habe dafür gesorgt, «dass der Wohlstandsgewinn auch allen zu Gute kam, dass die großen Lebensrisiken abgesichert waren, und dass Aufstieg durch Bildung unabhängig von Geschlecht, Klasse oder Herkunft möglich war.» Doch dieses Modell sei in der Krise – und vom Aufstieg durch Bildung und Arbeit, einem der wesentlichen Erfahrungsmomente der Nachkriegszeit sei nicht mehr viel geblieben. «Für einige ist der Fahrstuhl stecken geblieben, andere fahren im Paternoster rauf und wieder runter. Jetzt fahren die ohnehin Wohlhabenden und Spitzenverdiener ganz nach oben, während für die Mehrheit der Arbeitnehmerinnen und Arbeitnehmer der Blick nicht mehr nach oben, sondern nach unten geht. Statuserhalt, nicht mehr Statusverbesserung, ist für viele das bestimmende Thema.»

Was Nahles hier formulierte und im Wahlkampf dann von Scholz wieder aufgenommen wurde, war das Eingeständnis, dass nicht nur die klassische Bildungserzählung der 1970er Jahre, vom Arbeiter zum Akademiker, an ihr Ende gekommen war, sondern auch, dass der neue, flexible Kapitalismus zu verschärften sozialen Konflikten, zu neuen Verlierern der Arbeitswelt geführt hatte, die im sozialdemokratischen Kosmos allzu lange unsichtbar geblieben waren. Statt der alten sozialen, brauche es nun eine neue «solidarische» Marktwirtschaft, in der der Staat wieder eine stärkere Rolle spielen und der digitale Kapitalismus schärferen Kontrollen unterworfen werden müsse. Und hier hatte der Respekt auch wieder einen eigenen Platz gefunden.

Nahles blieb nicht viel Zeit, die Idee einer «solidarischen Marktwirtschaft» zu entwickeln, und ihre Resonanz blieb angesichts der internen Parteikonflikte überschaubar. Dass von Solidarität nun wieder häufiger und leidenschaftlicher die Rede war, hatte sicher damit zu tun, dass sie in so vielerlei Hinsicht zu fehlen schien – jedenfalls war das die Diagnose, die ein – von der Öffentlichkeit weitgehend unbemerkt gebliebenes – Strategiepapier der SPD-Grundwertekommission, stellte. Eine «Grundwertekommission» – das klang ein wenig nach «Glaubenskongregation», und doch steckte in der Geschichte dieser beim SPD-Parteivorstand arbeitenden, unabhängigen Gruppe von Intellektuellen eine ordentliche Prise Geschichte. An ihrer Spitze stand Gesine Schwan, die bedeutende Politikwissenschaftlerin und vormalige Kandidatin für das Amt der Bundespräsidentin, eine ebenso angesehene wie geistreiche Frau, die sich zeit ihres Lebens für die Sozialdemokratie engagiert hatte, zuletzt im aussichtlosen Rennen als Parteivorsitzende im Übergang gemeinsam mit Ralf Stegner.

Die «solidarische Marktwirtschaft» hatte auch in diesen, sehr grundsätzlichen Überlegungen zur Idee der Solidarität einen prominenten Platz. Bemerkenswert war, mit welcher Selbstverständlichkeit das Papier all jene Verschiebungen des «Neoliberalismus» beiseite räumte, an denen die Sozialdemokratie keine 15 Jahre zuvor selbst erheblichen Anteil gehabt hatte. Dass sie es selbst gewesen war, die den Begriff an den programmatischen Rand gedrängt hatte, dass ihr eigener Parteivorsitzender, wie es das Papier beklagte, die «Reduzierung staatlicher Verantwortung zugunsten der Privatisierung von Gütern, Dienstleistungen und Versicherungen» vorangetrieben und die «individuelle Eigenverantwortung» immer wieder beschworen hatte – kein Wort dazu. Das war in einem Text, der die Ideengeschichte der Solidarität bis in die Antike zurückverfolgte, zumindest überraschend, zumal das Urteil gerade über diese Phase der Ära Schröder sehr deutlich ausfiel: «Die Demokratie hat dadurch ihre Inklusionsfähigkeit erheblich eingebüßt, immer größere Teile der Gesellschaft fühlen sich nicht berücksichtigt, wenden sich von ihr ab und suchen ihr Heil nun in scheinbaren Sicherheitsversprechen autoritärer Gesellschafts- und Demokratievorstellungen. Ohne eine Renaissance institutioneller und kultureller Solidarität, auf die das menschliche Grundbedürfnis nach Anerkennung und sozialer Sicherheit angewiesen ist, hat die Demokratie deshalb weltweit immer weniger Chancen.»[20]

Viel war von der Notwendigkeit die Rede, einen gleichsam verschütteten Grundwert der Sozialdemokratie und der Gesellschaft insgesamt wiederzuentdecken. Kaum ein Themenfeld blieb unerwähnt: Familie und Generation, Arbeitswelt und Alltag, Wohnen und Leben, Ökologie und Sozialstaat.

Gerade die Ausgestaltung der sozialen Sicherungssysteme als Inbegriff institutionalisierter Solidarität spielte für die SPD-nahen Intellektuellen eine zentrale Rolle. Schwieriger dürften die Gespräche über die Frage gewesen sein, was genau mit «Solidarität» in der «Willkommenskultur» gemeint war. Denn auch hier war zwar viel von «Solidarität» die Rede, aber es zeigten sich gleich alle Konflikte, die mit dem Begriff verbunden waren: Eine Politik der offenen Grenzen überfordere die alteingesessenen Bürger, so die Botschaft. Das hieß nicht, dass man sich um die Geflüchteten nicht kümmern wollte. Ganz im Gegenteil. Aber die Frage, wo partikulare und universelle Solidarität miteinander über Kreuz lagen, ließ sich doch gerade hieran ablesen, und die Solidarität endete dort, wo man nationale oder lokale Schmerzgrenzen vermutete. Noch konnte da keiner ahnen, welch unerwartete Konjunktur der Begriff mit Ausbruch der Corona-Krise erhalten würde. Nun war allerorten von Solidarität die Rede, vom neuen «Wir», von der Notwendigkeit des gesellschaftlichen Zusammenhaltes und dem Band der Generationen. Tatsächlich hatte sich mit der Suche nach einem zeitgemäßen Solidaritätsbegriff auch das Gespür für die massiven gesellschaftlichen Umbrüche deutlich erweitert, die durch die Folgen der Pandemie nur noch größer geworden sind.

Verfolgt man die schwierige Suche nach dem Kern dessen, was innerhalb der Sozialdemokratie als «solidarisch» und «gerecht» empfunden wird, dann ist das keineswegs nur eine Geschichte, die von den goldenen Glanzzeiten unter Willy Brandt in die neoliberale Finsternis unter Gerhard Schröder führt. Der Versuch, den Begriff des Respekts eigenständig zu füllen und so auch über Gerechtigkeit und Solidarität neu nachdenken zu können, mag nicht völlig überzeugend und schnell wieder durch den politischen Alltag überholt worden sein. Und doch spiegeln sich in ihm bereits jetzt politische Lernerfahrungen, die eng mit der Auseinandersetzung um die

Agenda-Reformen und das Erbe der Ära Schröder verknüpft sind. Bemerkenswert daran war, wie stark die kommunitaristischen Stichwortgeber der Zeit, allen voran Michael Sandel, inzwischen Einfluss auf die Gedankengebäude der Sozialdemokratie nahmen. Von John Rawls war nun nicht mehr viel zu lesen. Dass es ausgerechnet Olaf Scholz war, der während des Wahlkampfes die Idee des Respekts mit einer Kritik der Leistungsgesellschaft verband, war vielleicht das eigentliche Paradox dieses Jahres 2021. Denn verbunden war diese Kritik bei Sandel ja gerade mit einer der großen sozialdemokratischen Erzählungen seit den 1970er Jahren: dem «Aufstieg durch Bildung», der selbst Schatten geworfen und neue Verlierer produziert hatte. Dass sich hier ein sozialdemokratischer Kanzlerkandidat von einem der zentralen Glaubenssätze seiner Partei stillschweigend verabschiedete, ohne dass es darüber eine größere Diskussion gab, ist durchaus erstaunlich. Ob diese Wendung in der Sozialdemokratie überhaupt alle mitbekommen hatten?

Die Idee des Respekts hat es also durchaus in sich, gerade auch, wenn es darum gehen wird, Arbeit und berufliche Abschlüsse neu zu bewerten – und womöglich diese Idee in einen breiteren, globalen Kontext zu stellen. Welchen Respekt haben denn eigentlich jene Arbeitenden verdient, die am anderen Ende der Warenkette tätig sind? Den gleichen Respekt, die gleiche Würde und damit auch eine andere Art von Entlohnung, von Arbeitsbedingungen? Und welchen Preis wäre die Sozialdemokratie, die Gesellschaft insgesamt bereit dafür zu zahlen? Das wäre in der Tat eine Diskussion mit Gewicht, die der Sozialdemokratie guttäte.

7. «Endlich vorbei der Scheiß»: Sozialdemokratie, Sozialstaat und das Erbe der Agenda-Politik

Sie standen da und fluchten. «Dann lügen die schon wieder!»[1], schimpfte eine der jungen Genossinnen. Am Tag davor, am 6. Dezember 2019, hatten die Jusos noch die Wahl Kevin Kühnerts zum stellvertretenden Parteivorsitzenden gefeiert. Jetzt sollte aber das eigentliche Ziel erreicht werden: der Abschied von «Hartz IV», die offene Wunde der Sozialdemokratie. Das neue Sozialstaatsprogramm stand auf der Tagesordnung des Parteitages: «Arbeit – Solidarität – Menschlichkeit: Ein neuer Sozialstaat für eine neue Zeit», hieß es und sollte Schluss machen mit der Aktivierungsideologie der Schröder-Jahre. Bis zum Schluss wurde um jeden Satz gefeilscht, vor allem darum, ob in dem Papier das Wort «Sanktionen» auftauchen sollte. Und jetzt stand da doch in dem Entwurf: «Pflichtverletzungen können sanktioniert werden». Abgesprochen sei das nicht gewesen, die Jusos fühlten sich übers Ohr gehauen. Hin und her ging es dann. Hubertus Heil war als Emissär in eigener Sache unterwegs, schließlich hatte er wesentlich den Antrag mitverhandelt. Am Ende dann: Ein Kompromiss vor laufenden Kameras, die «Sanktionen» und «Pflichtverletzungen» verschwanden, «Mitwirkungspflichten» klang deutlich weniger harsch. Endlich war das «Ekelwort»[2] (Hubertus Heil) gestrichen, kein Wort mehr über «Sanktionen». Am Ende, der zwischenzeitliche Zorn war äußerlich wieder verschwunden, stand ein neues «Sozialkonzept» der Sozialdemokratie, das die Delegierten einstimmig und mit stehenden Ovationen annahmen. «15 Jahre Trauma», seufzte Kühnert in sein Mikrofon, das ihn für eine Langzeit-Dokumentation des NDR begleitete. «Endlich vorbei der Scheiß»![3]

Ganz so einfach lagen die Dinge nicht. Die Instrumente der Hartz-IV-Gesetzgebung galten durchaus noch, aller sozialdemokratischen Glückseligkeit zum Trotz. Das betraf mögliche Leistungskürzungen von bis zu 30 Prozent, die das Bundesverfassungsgericht erlaubt hatte, sofern bestimmte Mitwirkungspflichten nicht eingehalten worden waren; das galt auch für die Formen der Leistungsberechnung und die Höhe von Regelsätzen, mit ihren gravierenden Folgen allen voran für Familien und Alleinerziehende mit Kindern. Und auch die Sorgen vor Armut im Alter, der Druck, der auf Arbeitslosen lastete, die Sorgen vor dem Umgang mit dem eigenen Ersparten und dem Verlust des Lebensstandards: Das alles war keineswegs verschwunden an diesem Samstagmittag, als die SPD-Delegierten ihr neues Programm verabschiedeten.

Doch die Erleichterung war mit Händen greifbar. Hier schien etwas zu Ende gekommen zu sein, was die Sozialdemokratie bis ins Mark erschüttert hatte: die Agenda- und Basta-Politik der Ära Schröder. Die SPD verabschiede «sich nämlich auch ein Stück weit von Dingen aus der Vergangenheit»[4] und passe sich damit dem «gesellschaftlichen Wandel» an. So hatte Malu Dreyer, die rheinland-pfälzische Ministerpräsidentin, die Beratungen eingeleitet. Im parteieigenen *Vorwärts* klang das schon leidenschaftlicher und wie ein Fanfarenstoß: «Abkehr von Hartz IV».[5] In der Öffentlichkeit war diese Entscheidung durchaus bemerkt worden. Aber die Berichterstattung war doch ganz dominiert von der Wahl der beiden neuen Parteivorsitzenden Saskia Esken und Norbert Walter-Borjans.

Erinnerungsort Agenda 2010

An den veränderten sozialpolitischen Prioritäten und auch an einer neuen Sprache sozialdemokratischer Sozialpolitik war lange gefeilt worden. Andrea Nahles hatte daran wesentlichen Anteil gehabt, aber sie selbst war als zurückgetretene Parteivorsitzende nicht im Saal. «Bürgergeld» – so nannte die SPD ihr Konzept, das sich auch im neuen Koalitionsvertrag wiederfindet. Es sollte an die Stelle der alten Hartz-IV-Regelungen treten: weniger Sanktionen, gerade auch für jüngere Menschen, und keine Kürzungen der Wohnkosten mehr. Das Bundesverfassungsgericht hatte zwar im November 2019 eine Leistungskürzung von 30 Prozent generell für möglich gehalten, aber auch betont, dass eine Streichung von 60 Prozent der ALG-2-Leistungen gegen das Grundgesetz verstoße und verfassungswidrig sei. Die SPD setzte auf Weiterbildung und das Arbeitslosengeld Q aus dem Bundestagswahlkampf 2017, verbunden mit der Möglichkeit, durch geförderte Weiterbildung den Empfang des ALG 1 von bisher 24 auf 36 Monate zu verlängern. Eine weitere Forderung: eine Kindergrundsicherung, in der die unterschiedlichen Familienleistungen vereinheitlicht und auf Dauer gestellt werden, ohne jedes Mal von Neuem darum kämpfen zu müssen. Andere Punkte kamen hinzu: die Stärkung der Tarifbindung, eine Förderung des sozialen Wohnungsbaus, besserer Mieterschutz.

Einzelne Ideen waren nicht neu, verändert hatte sich aber die Sicht auf den Sozialstaat: Es war das hohe Lied wohlfahrtsstaatlicher Politik, das die Sozialdemokraten (wieder) anstimmten, der Versuch, über soziale Sicherung in einer Sprache zu sprechen, die auf Anerkennung und Teilhabe, Unterstützung und soziale Absicherung setzte und den Sozialstaat nicht etwa als Problemerzeuger, sondern als Problemlöser für die Verwerfungen des demokratischen Kapitalismus pries. «Der Sozialstaat wurde geschwächt – mit der Folge, dass er seiner Funktion des sozialen Ausgleichs immer weniger gerecht wurde. Diese Entwicklung werden wir umdrehen und gleichzeitig die Herausforderungen einer sich verändernden Arbeitswelt in den Blick nehmen».[6]

Dass es die SPD (im Verein mit der Union und den Grünen) war, die in den frühen 2000er Jahren die Leitlinien sozialstaatlicher Politik in Deutschland radikal verändert hatte, war allen Delegierten klar, unabhängig davon, wie sie zu den Agenda-Reformen standen. Aber es gehörte ganz offenkundig zu dem Moment der «Heilung», dass nicht noch einmal in einer historischen Rückschau die Frage der Verantwortung gestellt werden sollte. Das hätte durchaus unangenehm werden können – für Olaf Scholz zum Beispiel, dessen Stimme allerdings während des Parteitags angeschlagen war.

Das Wort «Hartz IV» hat sich mit den Jahren von seiner eigentlichen Umschreibung arbeitsmarktpolitischer Reformen weitgehend gelöst und ist zu einem eigenen sozialdemokratischen Erinnerungsort geworden, wenngleich einem negativ besetzten. Gemeint sind damit schon lange nicht mehr nur die Ergebnisse der Kommission des ehemaligen VW-Arbeitsdirektors Peter Hartz; gemeint ist damit vielmehr eine Art innerer Riss, eine tiefe Zäsur in der sozialdemokratischen Weltsicht, deren Folgen weit über das eigentliche Gesetzgebungswerk hinausgehen. Den kollektiven Stoßseufzer an jenem vorweihnachtlichen Samstag des Jahres 2019 im Westberliner City Cube dürfte man jedenfalls noch bis Hannover gehört haben.

Erinnerungsorte haben die Eigenheit, sich von ihrem eigentlichen Gegenstand immer weiter zu entfernen, Projektionsfläche unterschiedlicher Sehnsüchte zu werden, umkämpft, neu gedeutet, verklärt, manchmal glorifiziert oder verteufelt. Die Rede vom «sozialdemokratischen Trauma» ist dabei etwas irreführend, fast so, als hätte sich die Sozialdemokratie dieses Schicksal nicht selbst zugefügt, als hätten Hunderte Delegierte dem Kurs des Kanzlers einst nicht zugestimmt, als hätten seine Gefolgsleute nicht mit eiserner Hand all jene beiseitegedrängt, die hier Widerspruch angemeldet hatten. Im SPD-Parteivorstand, so wird kolportiert, hatten damals lediglich vier Personen dagegen gestimmt, darunter Andrea Nahles und der 2013 verstorbene Ottmar Schreiner, Chef der «Arbeitsgemeinschaft für Arbeitnehmerfragen» (AfA) und ein prominenter Gegenspieler Gerhard Schröders.

So mancher fühlte sich in diesen Dezembertagen 2019 offenkundig wieder versöhnt mit der sozialdemokratischen Geschichte und Gegenwart, vielleicht weil er oder sie auch damals dem umstrittenen Reformwerk zugestimmt hatte. Noch war in diesem Moment vollkommen unklar, ob dieser Schritt tatsächlich auch politisch Erfolg haben würde, und manch einer der Kommentatoren wies nicht zu Unrecht darauf hin, dass dieser veränderte Kurs nur bedingt zum kommenden Kanzlerkandidaten passte, zumal der sich öffentlich mit einer Kritik auch der eigenen Rolle in diesen Jahren recht zurückhaltend zeigte.

Wichtig war diese Art der sozialdemokratischen Trauerarbeit insbesondere deshalb, weil sie die Möglichkeit schuf, einen öffentlichen und innerparteilichen Schlussstrich unter die Vergangenheit zu ziehen, einen symbolischen Übergang in eine Post-Agenda-Zeit, in der man diese Jahre als abgeschlossene Epoche und die fortgesetzte Beschäftigung damit als «langweilig» abschreiben konnte.[7] Für den Wahlkampf jedenfalls war das in dreifacher Hinsicht eine wichtige Voraussetzung: Die Abkehr von Hartz IV beruhigte die scharfen NoGroKo-Verfechter; sie versöhnte unterschiedliche Flügel, deren Konflikte die Partei mit den Jahren immer wieder blockiert hatten, und sie schuf eine Möglichkeit, das Thema «soziale Gerechtigkeit» so zu akzentuieren, dass auch die an die

Linkspartei verloren gegangenen Wählerinnen und Wähler zurückgewonnen werden konnten.

Denn hierin hatte ja eine der besonders gravierenden Folgen der Agenda-Reformen für das politische System der 2000er Jahre bestanden: Vollkommen unterschätzt hatte die SPD-Führung damals, was es bedeuten könnte, wenn sich eine politische Alternative links von der Sozialdemokratie im Parteienspektrum etablieren und dabei nicht nur als ostdeutsche Regionalpartei, sondern in ganz Deutschland Wählerstimmen auf sich ziehen würde. Der Partei «Die Linke», gegründet im Juni 2007 aus einem Zusammenschluss der Partei «Arbeit & soziale Gerechtigkeit – Die Wahlalternative» (WASG) und der PDS, war es jedenfalls immer wieder gelungen, die neuformulierte sozialdemokratische Gerechtigkeitslogik so zu attackieren, dass sie über die Jahre einen nicht unerheblichen Teil ehemaliger SPD-Wählerinnen und -Wähler an sich binden konnte – bis sie sich selbst im Strudel der eigenen Widersprüchlichkeiten verfing und spätestens seit der Bundestagswahl 2021 um die eigene Existenz kämpft. Dass die Strategen im Willy-Brandt-Haus und im Kanzleramt den potenziellen elektoralen Folgekosten so wenig Aufmerksamkeit schenkten und meinten, darüber einfach hinweggehen zu können, gehört mit zu den gravierenden Fehlern der frühen 2000er Jahre.

Während des Bundestagswahlkampfs 2021 schafften es Olaf Scholz und die SPD, den Begriff der sozialen Gerechtigkeit wieder eigenständig zu besetzen: Respekt, Rente, Mindestlohn, «Bürgergeld» – dazu die Forderung nach einer Kindergrundsicherung. Darüber sprach der Kanzlerkandidat immer wieder. Auch wenn die Umfragewerte lange Zeit im Keller waren: Auf dem Feld der «sozialen Gerechtigkeit» konnten Partei und Kandidat bereits frühzeitig ein eigenständiges Profil entwickeln, stärker als bei den Wahlkämpfen zuvor, obgleich: Das war in der Tat auch nicht sehr schwer, angesichts der Debatten um das Erbe der Ära Schröder.

Manchen mochte das immer noch zu wenig sein, aber es war für die SPD sicher eine glückliche Fügung zu Zeiten der Pandemie-Bekämpfung, dass ihr Finanz- und ihr Arbeitsminister beständig neue Hilfs- und Unterstützungspakete verkünden konnten, während sich die Union mit den selbstverschuldeten Maskenskandalen herumschlagen musste. Dass Generalsekretär Klingbeil die Diskussion um die Agenda-Reformen und ihre Auswirkungen nicht mehr hören wollte und konnte, war sicher verständlich. Die Debatten waren quälend, sie schmerzten, bisweilen drehten sie sich auch im Kreis. Aber eines waren sie sicher nicht: «langweilig».

Denn es war durchaus bemerkenswert, wie sich die Prämissen sozialdemokratischer Gerechtigkeitsvorstellungen innerhalb von gut 20 Jahren geändert hatten.[8] Das verschwörerisch vorbereitete und von Beginn an innerparteilich heftig kritisierte «Schröder-Blair-Papier»[9] war dabei nur der bekannteste einer Fülle programmatischer Höhenflüge, die «Fortschritt», «soziale Demokratie» und «Sozialstaat» neu zu definieren versuchten.

Wer dieses Papier vom Juni 1999 heute noch einmal zur Hand nimmt, staunt nicht schlecht, wie sehr es inzwischen aus der Zeit gefallen ist. Und nicht nur das: Es ist von einem derart ungetrübten Fortschrittsoptimismus getrieben, dass man sich die wilde Euphorie noch gut vorstellen kann, die Tony Blair, Gerhard Schröder und deren Berater antrieben. «Neue Mitte» und «Dritter Weg» hießen die beiden deutschbritischen Varianten dieses Versuchs einer Neuerfindung sozialdemokratischer Politik, die sich von den «alten» Kategorien «links» und «rechts» zu verabschieden versuchten.[10] «Moderne Sozialdemokraten wollen das Sicherheitsnetz aus Ansprüchen in ein Sprungbrett in die Eigenverantwortung umwandeln».[11] Schöner hätte das damals auch Guido Westerwelle nicht formulieren können. Die «Neue Mitte»-Ideologie, die für sich beanspruchte, so gar nicht ideologisch zu sein, setzte auf die «Aktivierung» des Einzelnen, auf eine massiv zurückgedrängte Rolle des Staates, auf eine Politik, die im Interesse der Unternehmen die Kosten der Arbeit senken und möglichst «flexible Märkte» schaffen sollte.

Hatte der Ausbau des Sozialstaates mit seiner Institutionalisierung von Umverteilungsmechanismen die zivilgesellschaftlichen Solidarpraktiken aufgesogen und die Sprengkraft des politischen Ungehorsams gleichsam verstaatlicht und bürokratisiert? Oder war der Sozial- und Wohlfahrtsstaat am Ende nicht auch selbst Begründer neuer Formen der Solidarität – nicht Ausdruck der «Krise», sondern eine mögliche Antwort auf sie? Für Schröder war die Antwort ein eindeutiges Ja. Denn so umstritten sein Ansatz auch war, sosehr seine Sozial- und Wirtschaftspolitik eine «andere» Sozialpolitik für nötig befunden hatte, sosehr hielten die Agenda-Strategen am Wert des Sozialstaates an sich fest und blieben bei der Überzeugung, dass seine Verteilungsmechanismen gesellschaftliche Konflikte befrieden konnten und eine unabdingbare demokratische Legitimationsressource darstellten.

Doch die Vorzeichen dafür hatten sich verändert. Und im Wandel der Vorstellungen sozialdemokratischer Grundwerte ließ sich beobachten, wie die Sozialdemokratie über das Verhältnis von Individuum und Gesellschaft dachte. Denn der flexible Geist des Kapitalismus forderte neue Menschen und Institutionen, die sich den veränderten Bedingungen anpassen konnten. Für «Sozialpolitik als Einrichtung und ständige Erweiterung solidarisch finanzierter Ruhezonen», gab es da, wie es der SPD-nahe Direktor des Max-Planck-Instituts für Gesellschaftsforschung, Wolfgang Streeck, beobachtete, keinen Platz mehr. Diese die Wettbewerbsfähigkeit schädigende «Kostenbelastung» untergrabe langfristig die «politische Legitimität» von Sozialpolitik.[12]

Die Menschen bräuchten «Aktivierung», einen «aktiven Staat», der, wie Gerhard Schröder wünschte, wie ein Trampolin wirke und die Menschen gleichsam in die Luft und in die Selbstständigkeit befördern müsse, sofern sie dazu nicht selbst in der Lage seien. Die arbeitsmarktpolitische Grundmelodie der Hartz-Reformen, «Fordern und Fördern», zielte vor allem darauf ab, dass Menschen ihr Verhalten an die Erwartungen der Arbeitsgesellschaften proaktiv anpassten, sich «fit» machten und selbst dafür Sorge zu tragen hatten, dem «Gemeinwohl» am Ende nicht zur Last zu fallen.[13] Die «Solidargemeinschaft», von der Schröder seit den 2000er Jahren sprach, war das neue Kollektivsubjekt, das individuelles Verhalten normierte und soziale Bedürftigkeit zu einem «Problem» der ganzen Gesellschaften machte. Aktivierung war das Gebot der Stunde, und sie galt für die Jungen wie für die Alten, die Arbeitslosen wie für die Frauen, deren Produktivität dieser Sozialstaat dringend benötigte, was man jedoch nicht vorschnell mit der Beseitigung geschlechtsspezifischer Diskriminierung verwechseln sollte. Von «lebenslangem Lernen» war nun immer häufiger die Rede, und von Investitionen in altes und neues «Humankapital».

Die Umdeutung zentraler Begriffe wie der Gerechtigkeit gehörte genauso zu diesem Prozess wie der Siegeszug neuer Leitvokabeln: Chancengleichheit gehörte mit dazu, Teilhabegerechtigkeit war ein anderes dieser neuen Wörter, die Ausdruck davon waren, wie sehr in der sozialdemokratischen Ideenwelt – und das in ganz Europa – die Ideologie der Aktivierung Fuß gefasst hatte. Ihre Protagonisten zwischen London, Berlin und Washington konzipierten die neue Lebenswelt der «Globalisierung» im Rhythmus von «Projekten», von Selbstmanagement und permanenter Optimierung.

Man wird – jenseits aller unmittelbaren arbeits- und sozialpolitischen Verschiebungen, um die es noch gehen wird – die Tiefe dieses Einschnitts und die Verwüstungen, die er hinterlassen hat, kaum überbewerten können. Denn auch wenn die Neucodierung dessen, was sich Sozialdemokraten unter dem

Sozialen vorstellen, nicht von heute auf morgen und schon gar nicht widerspruchsfrei erfolgte, so war dieser Verwandlungsprozess weitaus einschneidender als alle programmatischen Verschiebungen der Nachkriegszeit. Seine Geschwindigkeit war atemberaubend, und auch die Zustimmung dazu reichte weiter, als das manch einer oder eine heute gerne noch wahrhaben möchte. Hier erklingt die Sprache des neoliberalen Zeitgeistes der 2000er Jahre, von dessen Befürwortern als bewusste «Sozialdemokratisierung» dieser Ideenwelt verstanden.

Politik der «Neuen Mitte»

Auch innerhalb der Sozialdemokratie hatte sich die Problemwahrnehmung eines «reformbedürftigen» Sozialstaates und eines stärkeren Drucks auf Arbeitnehmer schon Mitte der 1990er durchzusetzen begonnen, langsam zwar, aber doch immer wieder spürbar, auch bei den Debatten über die Privatisierung von Post und Bahn. Die Reformen der Ära Schröder geschahen also nicht über Nacht, und sie «überwältigten» die Partei auch nicht, so wie es mancher gerne im Nachhinein zu erinnern glaubte.

Der Begriff des «Neoliberalismus», der auf die Neujustierung des Verhältnisses von Markt, Staat und Individuum zielt, ist ja nicht nur ein analytisches Konstrukt, sondern auch ein politischer Kampfbegriff mit langer Geschichte, einigen Wandlungen und auch so mancher Unschärfe. Aus der Perspektive der Sozialdemokratie bedeutete der «Dritte Weg» ja gerade nicht, den Sozialstaat abzuschaffen, sondern ihn den veränderten Bedingungen der schillernden «Globalisierung» anzupassen. Worauf diese «Dritte Weg»- und «Neue Mitte»-Debatten letztlich hinausliefen, war der Versuch einer Neubestimmung dessen, was das «Soziale» in einer Gesellschaft überhaupt ausmachen soll.

Darum ging es im Kern, als der neue SPD-Generalsekretär Olaf Scholz im Sommer 2003 dafür warb[14], sich endlich von der alten Verteilungsgerechtigkeit zu verabschieden. Die Debatte lag schon länger in der Luft, aber es war Scholz, der die Ideen im politischen Raum zuspitzte. Es brauche einen «umfassenderen Begriff von Gerechtigkeit», der den veränderten Bedingungen der Gegenwart und Zukunft entspreche. Globalisierung, demografischer Wandel, Massenarbeitslosigkeit, soziale Exklusion und die «Entmischung unserer Gesellschaft» – ein merkwürdiges Wort – hätten dazu beigetragen, eine einzigartige Problemlawine auszulösen, dem der sozialpolitische Status quo «nicht gewachsen» sei.

Das 21. Jahrhundert verlange neue Antworten, und die lägen in einem «aktivierenden Sozialstaat», der die Menschen aus ihrer Unmündigkeit befreie und Chancen schaffe. Chancengerechtigkeit – das war das neue Zauberwort, das so vieles miteinander verband: den «Aktivbürger» und engagierten Arbeitslosen, der sich darum bemühte, auf dem Markt seinen Platz zu finden, und sei es auch in schlecht bezahlter Arbeit; den Staat, der in die Aus- und Weiterbildung investierte und damit die Menschen zur Eigenverantwortung und Selbstständigkeit zu befähigen hoffte. Die neue Gerechtigkeitslogik des aktivierenden Sozialstaates sei eben gerade nicht neoliberal, denn es gehe nicht primär darum, sozialstaatliche Hilfe abzubauen, sondern in die Ressource «Humankapital» zu investieren.

Ähnlich im Übrigen wie im Sozialstaats-Papier von 2018/19 war auch schon in den Agenda-Zeiten viel von «Teilhabe» die Rede, denn tatsächlich zielten die Ideen von Scholz und den Agenda-Befürwortern ja gerade darauf, «selbstbewusste Bürger» zu schaffen, die sich aus dem «Klammergriff von Verhältnissen» befreiten. Das war auch einer der Gründe, weshalb das Thema «Bildung» in Scholz' Überlegungen eine zentrale Rolle spielte, weil sich hiermit die Hoffnung verband, dass damit das alte – und vielfach unerfüllt gebliebene – Aufstiegsversprechen zu neuem Leben erweckt würde. Das alles, da war sich Scholz sicher, werde Widerstände hervorrufen, «erfolgsgewöhnte Mentalitäten, gewachsene Gewohnheiten». Aber eine solcherart veränderte Gerechtigkeitslogik sei nicht nur sachlich angemessen, sondern füge sich auch ein in die emanzipatorische Geschichte der Sozialdemokratie als Freiheitsbewegung. Scholz fügte hier also alles zusammen: die Diagnose des bundesrepublikanischen «Standortnachteils», die Krise des Sozialstaates, die Folgen gesellschaftlicher Alterung, die Wucht (und Chancen) der neuen Globalisierungsschübe und die historische Verantwortung der Sozialdemokratie, diese aufgetürmten Probleme zu lösen. Scholz wusste, welchen Streit er hier vom Zaun brach. Dass die Sozialdemokratie Fragen nach Einkommensverteilung, nach gesellschaftlichem Reichtum, ungleichen Machtverhältnissen und den Risiken kapitalistischer Märkte nicht mehr als Strukturprobleme des demokratisch organisierten Kapitalismus deutete, sondern es künftig vor allem dem Einzelnen überantworten wollte, sich in diesem Spiel zu behaupten und damit auch sein mögliches Scheitern zu individualisieren, folgte in der Tat einer grundsätzlich veränderten Gerechtigkeitslogik, die sich im Kontext der Agenda-Politik und all der «Dritten Wege»-Diskussionen zunehmend durchsetzte, die zeitgleich in den europäischen Sozialdemokratien und bei den US-Demokraten geführt wurden.

Scholz veröffentlichte seine Thesen fünf Monate nach Gerhard Schröders Regierungserklärung vom 14. März 2003, in der der knapp wiedergewählte SPD-Kanzler seine Botschaft erstmals offen verkündet hatte: «Wir werden Leistungen des Staates kürzen, Eigenverantwortung fördern und mehr Eigenleistung von jedem Einzelnen abfordern müssen. Alle Kräfte der Gesellschaft werden ihren Beitrag leisten müssen: Unternehmer und Arbeitnehmer, freiberuflich Tätige und auch

Rentner. Wir werden eine gewaltige gemeinsame Anstrengung unternehmen müssen, um unser Ziel zu erreichen.»[15]

Was Kühnert 2019 als «Scheiß» bezeichnete und worauf Klingbeil nicht länger zurückblicken wollte, das waren nicht etwa einzelne Streichungen sozialstaatlicher Unterstützung. In der Agenda-Politik ging es im Kern darum, die Kriterien von Gerechtigkeit neu zu definieren und damit auch über das «Soziale» in der Sozialdemokratie neu zu verhandeln. Das war weit grundlegender als abstrakte Debatten über den Neoliberalismus, den auch die Agenda-Befürworter selbst als politischen Gegner markierten: Während die SPD in ihrer Geschichte stark aus kollektiver Erfahrung gelebt hatte und von der Idee gesellschaftlicher Verantwortung getragen gewesen war, drehte die neue Gerechtigkeitslogik diese Richtung um. Nun waren die Individuen für das Soziale selbst verantwortlich, es war ihre Pflicht zur Aktivität, die die Voraussetzung für die Stabilität der «Gemeinschaft» trug, während kollektive Güter radikal an Bedeutung verloren.

Die neue Sprache sozialdemokratischer Zukunft klang hier durch: Eigenverantwortung und Selbstsorge, Aktivierung und Autonomie. Der Wohlfahrtsstaat sollte künftig darin mitwirken, diese Fähigkeiten zu unterstützen, die Menschen marktfähig zu machen – nicht um den Schutz vor den Unwuchten des Kapitalismus ging es dieser neuen Gerechtigkeitslogik, sondern darum, den Menschen eigene Instrumente an die Hand zu geben, um sich auf diesem Markt zu behaupten. Mobilität und auch Scholz' großes, sehr sozialdemokratisches Thema Bildung und Weiterbildung waren die Instrumente, um in diesen beschleunigten Zeiten Schritt halten zu können mit der allumfassenden Bewegungsgesellschaft des 21. Jahrhunderts.

Das alles klingt inzwischen wie aus einer anderen Zeit – und hat die sozialpolitischen Prämissen der letzten zwanzig Jahre in entscheidender Weise geprägt. Es war jedenfalls die

Phase, als Sozialpolitiker beider großen Parteien ihren Einfluss in den Gremien verloren und als Dinosaurier einer untergegangenen Welt geringgeschätzt wurden. Das galt in der SPD für Leute wie Ottmar Schreiner oder Rudolf Dreßler, das galt aber auch für die Union, in der der Einflussverlust der CDU/CSU-Sozialausschüsse für alle sichtbar war.

Über viele der Folgen ist seitdem intensiv debattiert worden: die Deregulierung der Arbeitsmärkte, neue, prekäre Arbeitsverhältnisse, Bedarfsprüfungen und Zumutbarkeiten, Sanktionen, die Berechnung der Grundsicherungen oder die «Aktivierung» gerade auch älterer Arbeitnehmerinnen und Arbeitnehmer. Auch wenn Teile der Reformen auch andere gesellschaftliche Probleme anzugehen versuchten – das galt beispielsweise für den Ausbau der Ganztagsbetreuung –, sosehr ging es innerhalb der SPD doch um die Folgen dieses neuen Gerechtigkeitsbegriffes, den Olaf Scholz und andere mit so viel Verve vertreten hatten.

Seit den 1990er Jahren hatten sich die Rahmenbedingungen der Sozialpolitik auf unterschiedliche Weise verändert und waren – nicht zuletzt auch durch die in den Regierungen der EU-Staaten dominierenden Sozialdemokratien – verändert worden.[16] Sozialpolitik war seit dem Ende des 19. Jahrhunderts eng an die Etablierung und Entfaltung von Nationalstaaten gekoppelt gewesen. Stärkere globale ökonomische Verflechtungen, die Liberalisierung von Märkten und der Prozess der europäischen Integration unterspülten die nationalstaatlichen Wohlfahrtsmodelle, verschoben Kompetenzen und schufen neue Sozialräume, deren Ausgestaltung zunehmend politisch umkämpft war. Die Wirkungen dieser Politik waren widersprüchlich: Einerseits erhielt die Frage nach sozialer Sicherheit innerhalb des europäischen Integrationsprozesses eine eigenständige Bedeutung, zugleich aber dominierten solche Lösungen, die insbesondere auf die Freiheit der Märkte setzten und Sozialpolitik unter der Prämisse der

Kostensenkung problematisierten. Diese «Vermarktlichung» sozialer Beziehungen war begleitet von einer Welle neu geschaffener Bausteine der sozialen Sicherungssysteme, die auf Privatisierung und Individualisierung der Vorsorge und damit ganz auf die Kraft des expandierenden Finanzsektors setzten. Das galt in Deutschland bereits für die Einführung der Pflegeversicherung 1994, das galt aber auch für Reformen im Bereich des Krankenhaussektors oder bei den Kommunen, die nun vielfach selbst begannen, das Hohe Lied auf den Finanzmarktkapitalismus zu singen und Teile ihres kommunalen Wohnungsbestandes zu veräußern. Gerade die damals vielfach gefeierten neuen Akteure auf den Wohnungs- und Gesundheitsmärkten veränderten die Logiken der Preisgestaltung und auch die Debatten über «kollektive Güter» grundlegend – bis in die Gegenwart. Schließlich prägten umfangreiche Prozesse der Deregulierung auch den Bereich der Sozialpolitik – nicht nur in Deutschland.

Im Bereich des Arbeitsmarktes zielten die neuen Instrumente darauf, die Infrastruktur der zuständigen Behörden ebenso von Grund auf zu verändern wie die Zugänge zu den Arbeitsmärkten selbst. Eine solche arbeitsmarktorientierte Sozialpolitik öffnete bisherigen Empfängern der Sozialhilfe die Möglichkeit, auch solche staatliche Förderung in Anspruch zu nehmen, die auf die Rückkehr in den ersten Arbeitsmarkt zielte, sie war aber zugleich gekoppelt an eine Fülle von Sanktionsinstrumenten, die massiven Druck auf Erwerbslose ausübten und sich nicht mehr am Prinzip der Lebensstandardsicherung, sondern am Prinzip einer auf das Existenzminimum bezogenen Grundsicherung orientierten. Betroffen davon waren nun also insbesondere auch jene (unteren) Mittelschichten, die bis dahin durch die sozialstaatlichen Sicherungssysteme recht gut abgefedert gewesen waren.

Über die Wirkungen der Hartz-Reformen wurde seit ihrer Implementierung heftig gestritten. Dass – zusätzlich befeuert von der wiedererstarkten Konjunktur und wohl auch von der Einführung des Euro – alleine bis 2009 rund 800 000 neue sozialversicherungspflichtige Jobs entstanden, gehört sicherlich zu den Erfolgen der Agenda-Politik. Allerdings ist mit den Jahren auch zunehmend klarer geworden, wie hoch der Preis für diese Entwicklung war: Denn dieses deutsche Arbeitsplatz-Wunder war getragen von der Zunahme an Teilzeitarbeit und einem – gerade auch im europäischen Vergleich – besonders stark wachsenden Niedriglohnsektor. Vor allem die unteren Einkommensgruppen waren es, die auf unterschiedliche Weise von Armutserfahrungen getroffen wurden und nur die Schattenseiten dieses deutschen «Job-Wunders» zu spüren bekamen. So konnten nicht wenige aus ihren Einkommen kaum Beiträge zu ihrer sozialen Sicherung leisten. Der Arbeitsmarkt ist – nicht erst seit den späten 1990er Jahren – durch die veränderten Spielräume geprägt, welche die Deregulierung und Flexibilisierung den Arbeitnehmern abverlangen und eine wachsende Zahl prekärer Beschäftigungsverhältnisse haben entstehen lassen. Eine der Folgen: die Spreizung der Einkommensentwicklung und eine wachsende soziale Ungleichheit. Zu den relativen Verlierern der vergangenen zwanzig Jahre gehörten Arbeiter und einfache Angestellte, Arbeitslose ohnehin, während jene Beschäftigten (und Beamten) mit höherer Ausbildung und Qualifikation zu den ökonomischen Gewinnern einer Entwicklung zählten, zu deren Grundmerkmalen zudem die wachsende Vermögensungleichheit zwischen den ärmsten und den wohlhabendsten Teilen der Gesellschaft gehört.

All dies hatte die Sozialdemokratie nicht allein zu verantworten. Die Reformen waren im Kern von einem breiten Parteienbündnis getragen worden, zu dem die Union ebenso zählte wie die Grünen. Aber es war doch vor allem die SPD, die bald mit einem gravierenden Vertrauensverlust zu kämpfen hatte und auf die sich der Zorn der Wählerinnen und

Wähler entladen sollte. Die Proteste gegen die Hartz-IV-Ge-setze schmerzten, demonstrierten hier doch zunehmend Gewerkschafterinnen und Gewerkschafter sowie Gruppen, die sich traditionell der SPD verbunden fühlten. Die Bundestagswahl 2005, mit der die rot-grüne Regierung ihre Mehrheit verlor, deutete die Probleme bereits an, die unmittelbar mit dem sozialpolitischen Erbe der Agenda-Politik verbunden blieben: Mochte das Ergebnis mit 34,2 Prozent der Zweitstimmen aus heutiger Sicht auch grandios wirken, so waren doch mindestens zwei Grundprobleme der SPD bereits sichtbar: in den Umfragen ein wachsender Kompetenzverlust im Bereich der Sozialpolitik und eine massive Abwanderung von Wählerinnen und Wählern. Die SPD hatte fast eine Million Stimmen an die Linkspartei verloren, 620000 an CDU/CSU.[17] Die Konkurrenz von links speiste ihren Erfolg fast zur Hälfte aus ehemaligen SPD-Wählern, und das nicht nur im Osten, sondern auch im Westen, gerade auch in den Großstädten, was für die SPD, die hier auch mit den Grünen konkurrierte, besonders bitter war. Insgesamt stieg die Zahl derjenigen, die die Linkspartei wählten, von 1,9 auf 4,1 Millionen, im Westen von 0,4 auf 1,9 Millionen.

Seit 2005 galt nun also nicht nur, dass der SPD eine weitere ernsthafte Konkurrentin im linken Parteienlager erwachsen war, die Partei musste auch erleben, wie ihre eigene Politik dazu beitrug, dass aus dem in den 1980er Jahren etablierten Vier- ein neues, fluides Fünfparteiensystem wurde – mit Koalitionsbildungen, die die Konsensfindung nicht gerade erleichterten.

Der Bundestagswahlkampf 2005 war noch einmal ein Versuch Schröders gewesen, sich nach dem heftigen innerparteilichen Streit wieder stärker als Sozialdemokat denn als «Genosse der Bosse» zu profilieren. Das Wahlergebnis fiel deutlich knapper aus als erwartet, und doch waren die Einbrüche, die die SPD erlebte, verheerend: Im Vergleich zu 2002 hatte die

SPD auf allen zentralen Kompetenzfeldern verloren. Minus 13 Prozent beim Thema «Arbeitsplätze schaffen», minus 14 Prozent beim Thema «Langfristige Sicherung der Altersvorsorge», minus 10 Prozent beim Thema «soziale Gerechtigkeit». Da musste man sich kaum mehr wundern, dass selbst im Bereich der Umweltpolitik, wo die SPD ohnehin schwache Werte hatte, der Zuspruch noch einmal um drei Prozentpunkte fiel und sie weit hinter der Union lag, die sich deutlich hatte verbessern können.

Dieser Trend hielt im Wesentlichen bis 2021: Von Wahl zu Wahl, von jeder neuen Parteispitze zur nächsten, verlor die SPD, zumal in den Wahlkämpfen aus der Großen Koalition, an sozialpolitischer Überzeugungskraft. Besonders schmerzhaft wirkte sich aus, dass die SPD in ihren Wahlkämpfen den eigenen, «klassischen» Stammwählern eher geringe Aufmerksamkeit schenkte, während sie zeitgleich keine neuen Gruppen für sich begeistern konnte. Das Wort Stammwähler ist verführerisch und trügerisch, scheint es sich dabei doch um eine Gruppe zu handeln, die stets und unter allen Umständen der Partei die Treue hält. Aber auch sie kehrte der SPD den Rücken, und die Verluste in der eigenen Kernklientel, die so unmittelbar von den Folgen der Agenda-Politik betroffen war, konnte die Partei nicht durch neue Wählergruppen kompensieren.[18]

Die Gründe für diese Entwicklung sind verbunden mit einer viel weiter reichenden Frage: Welchen Anteil hatte der Ausbau der europäischen Wohlfahrtsstaaten am Erfolg sozialdemokratischer Parteien in ganz Europa? Und liegt ein Grund für ihre massiven Sorgen in den letzten Jahren womöglich nicht nur in der Auflösung sozial-moralischer Milieus und den industriellen Umbrüchen seit den 1970er Jahren, sondern auch in ihrem Verhältnis zum Wohlfahrtsstaat an sich?

Sozialdemokratie in Europa

Der Erfolg sozialdemokratischer Parteien war in Europa eng verbunden mit dem Ausbau sozialer Sicherungssysteme.[19] Bis Mitte der 1990er Jahre ließ sich – trotz aller nationalen Unterschiede – doch beobachten, dass, wenn sozialdemokratische Regierungen an der Macht waren, dies die Wahrscheinlichkeit für Kürzungen im Sozialbudget deutlich sinken ließ. Das Ende des Jahrzehnts brachte hier einen Kurswechsel, weil es eben nicht nur die deutschen und britischen Sozialdemokraten waren, die sich für eine Liberalisierung der Märkte und eine Reform der Alterssicherung aussprachen, sondern etwa auch die schwedischen Sozialdemokraten massive sozialpolitische Kürzungen durchsetzten und damit das so berühmte «nordische Modell» viel von seinem ursprünglichen Glanz verlor. Ähnlich wie in Deutschland setzte auch die schwedische *Socialdemokraterna* verstärkt auf Instrumente privater Vorsorge, und beinahe überall, wo Sozialdemokraten in den 2000er Jahren regierten, ließen sie sich von der Idee des «Forderns und Förderns» und einer stärkeren Individualisierung sozialer Sicherheit leiten.[20]

In Schweden, das über Jahrzehnte als wohlfahrtsstaatliches Vorzeigemodell gegolten und das Gesellschafts- und Sozialpolitik eng miteinander verknüpft hatte, waren die Krisendebatten, die steigende Arbeitslosigkeit und das wachsende Haushaltsdefizit schon zu Beginn der 1990er Jahre Auslöser heftiger politischer Eruptionen gewesen, die die erfolgsverwöhnten Sozialdemokraten erschütterten. Die Arbeitgeber entzogen sich den zuvor zentralen Lohnverhandlungen, die ein wichtiger Eckpfeiler des schwedischen Modells gewesen waren. Ähnlich wie in Großbritannien sprachen auch schwedische Sozialdemokraten nun immer seltener von Umverteilung und stattdessen lieber von «Chancengleichheit». Mit ihrer Rentenreform von 1998 entschied sich nun auch die dortige Sozialdemokratie für private Elemente innerhalb der Altersversorgung und für einen staatlichen Rückzug aus Teilbereichen der öffentlichen Fürsorge.

Die Debatten um den «Dritten Weg» haben Europas Sozialdemokratien, so unterschiedlich ihre Voraussetzungen und ihre Antworten im Detail auch waren, erhebliche Folgekosten beschert. Das galt für die einst dominierenden schwedischen Sozialdemokraten ebenso wie für die beinahe bedeutungslos gewordene «Partij van de Arbeid» in den Niederlanden, die 2003 noch auf etwas mehr als 27 Prozent bei den Parlamentswahlen gekommen war, 2021 nur noch bei kläglichen 5,7 Prozent landete. Und vom französischen Parti socialiste (PS) spricht ohnehin kaum jemand mehr. Er ist spätestens mit dem ungeschickt agierenden Präsident François Hollande in der Bedeutungslosigkeit verschwunden. Verloren hatte die Partei erhebliche Teile ihrer alten Stammwähler, Arbeiter vor allem, die wie in Dänemark in Scharen zur rechtspopulistischen «Dänischen Volkspartei» oder wie in Österreich zur FPÖ abgewandert waren. Auch die britische Labour Party erlebte 2010, nach den Blair-Jahren, mit 29 Prozent bei den Unterhauswahlen ihr schlechtestes Nachkriegsergebnis. Labour verlor rund fünf Millionen Wähler und ein Drittel seiner Abgeordneten. Vertrauen hatte Labour vor allem bei Wählern mit unteren und mittleren Einkommen eingebüßt, bei qualifizierten wie weniger qualifizierten Arbeitern, bei Arbeitslosen und jenen, die auf staatliche Unterstützung angewiesen waren. Das Pathos der «Chancengleichheit», das die gut ausgebildete Parteielite um Tony Blair beschwor, verpuffte im Alltag wachsender sozialer Ungleichheit. Zwar konnte Labour auf einige Erfolge verweisen, beispielsweise bei der Bekämpfung der Kinderarbeit. Doch die Einkommensunterschiede waren weiter gewachsen. New Labour setzte ganz auf Qualifikation und Weiterbildung des Faktors

«Humankapital», und hier spielte der Staat tatsächlich eine besonders aktive Rolle beim Versuch, das Individuum fit für die Risiken des freien Marktes zu machen. Das war auch das Argument, weshalb sich New Labour vehement dagegen wehrte, eine Verlängerung neoliberaler Politik zu sein. Im Alltag aber besonders wirksam und dominierend blieben die harten Sanktionsinstrumente gegenüber Arbeitssuchenden und bestimmten für viele das neue «Welfare to Work».

Aus ihren Niederlagen in den 2010er Jahren zogen die europäischen Sozialdemokratien jedoch ganz unterschiedliche Lehren. In Großbritannien sollte – ähnlich wie in Deutschland – noch lange um das Erbe des «Third Way» gerungen werden. Unter dem vollkommen überraschenden und gegen alle Erwartungen 2015 gewählten Jeremy Corbyn vollzog Labour – in dieser Form ungewöhnlich in Europa – einen besonders harten Schnitt. Corbyn war als scharfer Kritiker von «New Labour» lange Zeit in seiner Partei weitgehend isoliert, ein Linker, der keine Scheu hatte, auch über die Verstaatlichung von Produktionsmitteln zu sprechen.

Mit der Finanzkrise von 2007/08 rückten auch innerhalb der Labour Party kapitalismuskritische Positionen wieder stärker ins politische Zentrum, und Corbyn, wahrlich kein Volkstribun, rückte vom Rand der Partei in den Mittelpunkt einer politischen Auseinandersetzung um das Erbe der Ära Blair, bei der er mindestens so sehr Projektionsfläche wie eigenständiger Akteur war und sich bei einer Urwahl gegen deutlich prominentere Parteivertreter durchsetzen konnte – eine Wahl, bei der Corbyn die Hoffnung auf eine radikalere politische Alternative zur konservativen Regierung verkörperte, eher traditionell in seiner politischen Sprache, professionell aber insbesondere im Umgang mit den neuen sozialen Medien, die ihm halfen, seine Botschaften direkt zu platzieren.

Schon in seiner Zeit als einfacher Abgeordneter war Corbyn immer wieder mit dem Vorwurf des Antisemitismus und einer allzu einseitigen Parteinahme für die Palästinenser konfrontiert worden – Vorwürfe, für die es nicht wenige Belege gibt, die seinen Aufstieg an die Parteispitze aber nicht verhindern konnten. Bei den Unterhauswahlen 2017 konnte die Labour Party unter seiner Führung deutlich um 9,5 Prozentpunkte zulegen und kam – gegen den Trend anderer sozialdemokratischer Parteien – auf stattliche 40,3 Prozent, nur knapp hinter den konservativen Torys, die ihre absolute Mehrheit der Mandate einbüßten.

Manch deutscher Beobachter wünschte sich von der SPD und ihrem neuen Parteivorsitzenden Martin Schulz, sie möge doch bitte «etwas mehr Corbyn» wagen – in der Hoffnung auf eine stärkere Profilierung links der Mitte und eine deutlichere Abkehr von den sozialpolitischen Prämissen der Vergangenheit. Für einen kurzen Moment galten Großbritannien und die Labour Party, jedenfalls bei einem Teil von SPD und Gewerkschaften, als neues «Hoffnungsland». Denn Corbyn hatte es gegen alle Trends geschafft, in den Jahren 2015/16 zahlreiche gerade jüngere Mitglieder für Labour zu gewinnen – spektakuläre 300000 in einem Jahr, die aus ihr die mitgliederstärkste Partei in Westeuropa machte. Gewählt wurde Corbyn durch diese neuen Mitglieder und jene, die sich als «Unterstützer» für drei Pfund in die Register eintragen lassen konnten und damit ebenfalls das Recht zur Teilnahme an der erstmaligen Urwahl des Labour-Vorsitzenden hatten.

Der knorrige Corbyn mit seinen abgetragenen Jacketts und seinen friedenspolitischen Positionen aus den 1980er Jahren entsprach so gar nicht dem klassischen Typus der dominierenden Labour-Parteielite, und es war gerade dieser Retro-Charme, der zu seinem öffentlichen Markenkern werden sollte – ein Mann der «Partei» und der «kleinen Leute», der sich gegen das Establishment durchgesetzt habe und sich selbst und seinen alten Positionen dabei treu geblieben sei.

Eine Woge öffentlicher Sympathie von einem Teil der linken Öffentlichkeit trug ihn so ins Amt, müde auch von den Intrigen der Vergangenheit und auf der sehnsüchtigen Suche nach einem wiedererkennbaren Profil, mochte es noch so widersprüchlich sein. Schritt für Schritt hatte Labour unter Corbyn, in dessen Sprachgebrauch auch das Wort «Sozialismus» wieder auftauchte, an Vertrauen gewonnen.

Die deutschen Genossen hätten sich angesichts der Schmerzen innerhalb der Großen Koalition und der weiter sinkenden Mitgliederzahlen zumindest ein Stück von jenem innerparteilichen Feuer gewünscht, das Corbyn zu entfachen vermochte. Obwohl sie gerade in der Sozial- und Arbeitsmarktpolitik etwa mit der Einführung des Mindestlohnes 2015 sichtbare Erfolge verbuchen konnten und sich damit auch vom Erbe der alten Agenda-Politik lösten, gelang es der SPD kaum, aus dem Schatten der Kanzlerin herauszutreten. Zu groß wog noch immer der Vertrauensverlust, den die Partei gerade in einem Bereich wie der «sozialen Gerechtigkeit» erlitten hatte.[21]

Aufmerksam verfolgten sie, welche Dynamik die Entscheidung für eine Urwahl des Parteivorsitzenden entstehen ließ und ob sich so die müde gewordenen Mitglieder mobilisieren ließen. Und doch lagen die Dinge in Deutschland auch wieder ganz anders. Denn gerade für jemanden wie Martin Schulz waren die widersprüchlichen Signale Richtung Europa, die Corbyn angesichts des Brexit-Referendums ausstrahlte, nur schwer auszuhalten. Zwar hatte sich Labour für den Verbleib Großbritanniens in der EU ausgesprochen und die Remain-Kampagne unterstützt; und doch wirkte ihr eigener Parteivorsitzender zaghaft und unentschlossen, indem er sich oft mehr Zeit für seine Kritik als für seine Unterstützung nahm.

Weite Teile der SPD fremdelten jedenfalls mit Corbyn, dessen Erfolg bei der Revitalisierung der Partei man sich zwar auch im Willy-Brandt-Haus gewünscht hätte, dessen politische Sprache aber doch für viele aus einer längst vergangenen Zeit zu kommen schien.

Corbyns Stern ging im Nachgang der Brexit-Kampagne und der verlorenen Unterhauswahlen von 2019 unter und hinterließ eine Labour Party, die im Kampf gegen eine Regierung unter Boris Johnson nach ihrer Rolle suchte. Innerhalb der europäischen Parteienfamilie war der «Corbynismus», die Entscheidung für eine scharfe Profilbildung links der Mitte, eine der möglichen Antworten, aus der Krise zu kommen. In Frankreich und in den Niederlanden führte eine zweite Variante der Mitte-links-Parteien[22], eine starke wirtschaftspolitische Orientierung an der politischen Mitte zum Fiasko und nicht nur zum Verlust traditioneller Wählerschichten, sondern zur Neugestaltung des Parteiensystems insgesamt, für den insbesondere der Erfolg von Macron steht. Eine dritte Variante, die Idee der «Catch-all-Party», prägt u. a. die skandinavischen Sozialdemokratien und die österreichische SPÖ.

In ihrem Wahlprogramm zur Bundestagswahl hatten die deutschen Sozialdemokraten Europa durchaus eine prominente Rolle beigemessen und beispielsweise eine «Europäische Gesundheitsunion» für die Bekämpfung künftiger Pandemien gefordert und sich für eine «dauerhafte europäische Arbeitslosenrückversicherung» eingesetzt, eine Idee, die Olaf Scholz bereits als Finanzminister ins Spiel gebracht hatte und die durchaus das Potential hätte, der Debatte über Europa als Solidargemeinschaft einen ernsthaften Schub zu verleihen und die ungleichen ökonomischen Entwicklungen der Mitgliedsländer abzufedern. Indes: Selbst als sich die sozialistischen Parteien Europas im Juni 2021 in Berlin zur Wahlkampfunterstützung der SPD trafen und der SPD-Kanzlerkandidat die Abschlussrede hielt, verzichtete Scholz darauf, für diese Idee seines eigenen Programmes zu werben. Dafür, dass die Veranstaltung unter der Überschrift «With Courage for Europe» stand und mit großem logistischen Aufwand vorbereitet worden war, blieb die Resonanz freilich gering – in einem Jahr war der Livestream gerade einmal etwas mehr als 400 Mal aufgerufen worden[23] –, auch ein Indiz dafür, dass es andere Themen waren, die den Wahlkampf bestimmten, und wie schwer sich die sozialistischen Parteien damit tun, so etwas wie eine europäische Öffentlichkeit und gar eine gemeinsame Sprache für die «soziale Frage» im 21. Jahrhundert zu schaffen.

Das Erbe ihrer vielen «Dritten Wege» – es prägt noch immer den Erfahrungshaushalt und den Deutungshorizont sozialdemokratischer Politik, sosehr die Jahre der Agenda-Politik nun selbst Geschichte geworden sind. Wie geschmeidig Olaf Scholz im Wahlkampf 2021 selbst mit dem Erbe von Hartz IV und seinem persönlichen Anteil daran umging, konnte man in einem Gespräch mit Julia Friedrichs erkennen, einer Journalistin, die ein Buch über die deutsche «Working Class», so der Titel, geschrieben und unterschiedliche Beschäftigte in prekären Arbeitsverhältnissen über eine längere Zeit begleitet hatte.[24] «Working Class» erzählt die Geschichte von Menschen in ungeschützten Arbeitsverhältnissen, im Niedriglohnsektor, als Selbstständige oder Angestellte bei Subunternehmen der Reinigungsindustrie – eben jene neue Arbeiterklasse, deren Entstehung die Agenda-Politik wesentlich mitgeprägt hat und deren Arbeit während der Pandemie außerhalb der Schutzzonen des Home-Office stattfinden musste.

Konfrontiert mit den unterschiedlichen Schicksalen konzedierte Scholz erheblichen Nachbesserungsbedarf, und man nahm ihm seine Sorge über diese prekären Lebens- und Arbeitsverhältnisse ab, denen er als Arbeitsrechtsanwalt oft genug begegnet war. Hier müsse eine «Trendwende» her, meinte er, denn «viele Jahre» seien die Dinge «in die falsche Richtung gelaufen». Eine Antwort darauf: der Mindestlohn. Auf die Frage, ob die Sozialdemokratie nicht viel zu lange «die

Interessen der Schwachen nicht ausreichend im Blick» gehabt habe, antwortete Scholz: «Natürlich sind uns Fehler unterlaufen. Der Mindestlohn hätte von Anfang an Teil der Reformen sein müssen. Das war aber schwer durchsetzbar. Viele hatten damals noch die Hoffnung, die Gewerkschaften könnten die Frage der Lohngerechtigkeit allein regeln.» In dieser Deutung gab es zwar einige Fehler, aber verantwortlich dafür schienen dann doch eher die Gewerkschaften mit ihrer lange gehegten Abwehrhaltung gegenüber dem Mindestlohn, nicht aber die neosoziale Gerechtigkeitslogik der Sozialdemokratie und schon gar nicht Olaf Scholz selbst. Scholz redete über diesen Teil seiner eigenen politischen Biografie, als hätte es ihn gar nicht gegeben, weder im Modus stolzer Verarbeitung arbeitsmarktpolitischer Erfolge noch im Tonfall eigenen Bedauerns über (mögliche) falsche Prioritäten. Dieses Kunststück aus Verdrängung und Verarbeitung war es, was auch anderen Sozialdemokraten schon während des Parteitages 2019 und bei der Verabschiedung des Bürgergeldes dabei geholfen hatte, wieder einen positiven Bezug zum eigenen historischen Auftrag formulieren zu können, hinter dem sich die unterschiedlichen Strömungen und Charaktere der SPD im Wahlkampf einträchtig versammeln konnten. Für die Zukunft dürfte das nicht reichen, in der Auseinandersetzung mit der Union, der in der Ära Merkel jede sozialpolitische Orientierung verloren gegangen war, genügte es für den Moment.

8. Fortschrittskoalitionen –
ein ungelöstes Dilemma

Für den Fortschritt gab es ein festes Format. Die angehende Ampel hatte genau festgelegt, wie die Papiere ihrer Arbeitsgruppen auszusehen hatten: Die Schriftgröße lag bei 11 Punkt, der Zeilenabstand durfte 1,5 nicht übersteigen.[1] Die fünfseitigen Papiere kamen dann in eine Abschlussrunde, in der die engsten Führungskreise der Parteien den abschließenden Koalitionsvertrag aushandelten. Es waren ungewöhnliche Verhandlungen gewesen, nicht nur wegen des legendären Gruppenbilds ohne Sozialdemokraten, das Selfie der Spitzen von Grünen und FDP.

Nach der «Berliner Runde» hatten die beiden kleineren Parteien die Initiative übernommen und sich auf die Suche nach einer Vertrauensbasis gemacht. Die vielen Durchstechereien der letzten Koalitionsverhandlungen blieben unvergessen. Umso erstaunlicher war, wie diszipliniert die Verhandlungen dann liefen, wie lange tatsächlich die medialen Kommunikationskanäle stummgeschaltet blieben; sehr zum Ärger einer Öffentlichkeit, die sich bald darüber beschwerte, so wenig über den Verlauf der Gespräche zu erfahren, selbst als exklusiver Hauptstadtjournalist nicht. Im Willy-Brandt-Haus hatten sie sogar einige Räume von innen abgeklebt, um die Gespräche der unterschiedlichen Gruppen nicht nach außen transparent zu machen und sie gegenüber langen Teleobjektiven abzuschirmen.

177 Seiten umfasste der Koalitionsvertrag, rund 52 000 Wörter. Die Ampelkoalitionäre hatten einen schlankeren Text als die beiden vorausgegangenen Großen Koalitionen

geschrieben, und sie waren trotz der besonderen Konstellation in 34 Tagen recht zügig durchgekommen.[2] Schneller war es jedenfalls bei CDU/CSU und SPD auch nicht gegangen. «Mehr Fortschritt wagen» lautete die Überschrift, auf die sich die drei neuen Partner geeinigt hatten. Die Ampel, so erklärte schließlich Olaf Scholz bei seiner Regierungserklärung am 15. Dezember, sei eine Regierung des «technischen Fortschritts», des «sozialen Fortschritts» sowie des «gesellschaftlichen und kulturellen Fortschritts». Überall biete sich «die Kraft und die Möglichkeit des Fortschritts», und alles gipfelte dann in einer nicht gerade grundstürzenden Botschaft, die Scholz in seiner Regierungserklärung so umschrieb: «Im 21. Jahrhundert brauchen wir nicht weniger Fortschritt, sondern mehr Fortschritt. Aber wir brauchen besseren Fortschritt, wir brauchen klugen Fortschritt.»[3]

Vor so viel Fortschritt konnte einem beinahe etwas schwummrig werden – alleine dreißig mal gebrauchte der Bundeskanzler den Begriff in seiner Rede. Doch dahinter stand eine für die Sozialdemokratie grundsätzliche Frage. Was war gemeint? Der alte Fortschrittsoptimismus der Sozialdemokratie, der auf Wachstum und wohlfahrtsstaatliche Expansion setzte? Was bedeutete Fortschritt angesichts der Herausforderungen der Klimakrise, der kapitalistischen Krisen und der Verwerfungen industriegesellschaftlicher Ordnung in einer globalisierten Welt? Welchen Prämissen folgte die Idee des Fortschritts?

Während die konservativen Parteien in der Ära Kohl und in der Ära Merkel von einem radikalen Pragmatismus beseelt über Zukunft eher nur auf unterer Zimmerlautstärke sprachen, mühte sich die politische Linke seit jeher, aus Entwürfen für eine bessere Gesellschaftsordnung ihre eigentliche Kraft zu schöpfen. Der Erfolg fiel dabei recht unterschiedlich aus. Immer wieder hat die SPD in den letzten Jahren versucht, eine neue Antwort auf die Frage zu geben, was «Fortschritt» denn heute noch sein könne. Darüber nachzudenken hat für die Partei und ihre Wähler erhebliche Bedeutung. Denn damit verbunden ist die Frage, wofür eine sozialdemokratische Politik überhaupt benötigt wird.[4]

Zukunftsdebatten sind Selbstverständigungsdiskurse, sie geben Auskunft über Zeit- und Sinnhorizonte, über die Wahrnehmung gegenwärtiger, vergangener und zukünftiger Konflikte, und darüber, wie überhaupt Wissen und Vorstellungen über die Zukunft entstehen. Dass so etwas wie eine sozialdemokratische Aufstiegs- und Zukunftserzählung inzwischen weitgehend abhandengekommen ist, scheint kaum mehr in Frage zu stehen. Aber woran liegt das?

Fast vergessen scheint, dass es vor allem Sigmar Gabriel als SPD-Parteivorsitzender war, der Anfang der 2010er Jahre versuchte, die sozialdemokratische Idee von «Fortschritt» und «Zukunft» neu zu justieren.[5] Gabriels Nachdenken über einen «neuen Fortschritt» war ein Versuch, dem postmodern zertrümmerten Fortschrittsbegriff mit all seiner technokratischen Planungseuphorie und seinen vermeintlichen Gewissheiten eine neue Richtung zu geben – und ihn damit für die Sozialdemokratie zurückzuerobern.

Zehn Jahre – das war der Horizont, um den es zunächst ging. Deutschland werde auch 2020 weiterhin eine Arbeitsgesellschaft sein, prognostizierte Gabriel damals.[6] Produktivitätsorientierte Löhne, faire Renten und bessere Aufstiegschancen seien auch künftig unabdingbar. Sein Entwurf zielte auf die, wie er das nannte, «Arbeitnehmer-Mitte», jene, mit einem Brutto-Einkommen bis zu 3 500 Euro im Monat, von denen viele die Hauptlast der gesellschaftlichen Verantwortung schulterten, während sich andere mit besserem Einkommen steuerlich davonstehlen könnten. Deshalb brauche es auch eine stärkere Belastung der wirtschaftlich Privilegierten, ohne die eine solidarische Gesellschaftsordnung nicht möglich sei. Fortschritt meinte also vor allem «mehr Gerech-

tigkeit, mehr Teilhabe, mehr Zusammenhalt und mehr Selbst-
bestimmung für alle und damit für die ganze Gesellschaft».
Der «neue Fortschritt» zielte auf die «ganze Gesellschaft» und
versuchte, drohende Spaltungstendenzen abzuwenden. Dieser «neue Fortschritt» wollte Gerechtigkeit und Nachhaltig-
keit stärker zusammenbringen.

Der Fortschritt selbst ist ein scheues Reh, das im Schein-
werfer der Aufmerksamkeit rasch wieder verschwindet und
sich versteckt. Was einst wohlfahrtsstaatliche Expansion und
sozialen Aufstieg verhieß, erlebten viele inzwischen nur mehr
als einen «privatisierten Fortschritt» einiger und zugleich
auch als Verlustgeschichte politischer Steuerungsfähigkeit.
Politik, so Gabriel damals, zeige sich immer häufiger willen-
und kraftlos gegenüber den ökonomischen Verwerfungen der
Zeit, habe falsche Prioritäten gesetzt und Vertrauen verloren.
Gabriels Zustandsdiagnose war pointiert, sprachlich klar,
nicht bitter, aber doch auch gespickt mit ungewöhnlicher
Selbstkritik.

Neuer Fortschritt

Sein Verständnis von Fortschritt und Zukunft war indes
nicht übertrieben originell. «Die Erfahrung der vergangenen
150 Jahre Industriegeschichte lehrt: Nur mit den Mitteln der
Industriegesellschaft lassen sich auch ihre Probleme bewäl-
tigen. Das gilt analog auch für den Fortschritt: Die negativen
Begleiterscheinungen, Schäden und Risiken eines ungezügel-
ten und eindimensionalen Fortschritts in unserer hoch kom-
plexen Industrie- und Dienstleistungsgesellschaft können
nur mit mehr Fortschritt […] gelöst werden. […] Es geht also
künftig darum, den bisher vornehmlich ökonomisch dominierten Fortschritt endlich wieder mit einem Freiheitsgewinn
für alle und mit sozialem und kulturellem wie ökologischem

Fortschritt zu verbinden. Nur so erhält der Fortschritt, als Ausdruck des politischen gewollten Handelns, wieder mehr demokratische Legitimation».[7]

Gegenwart und Zukunft lagen hier eng beisammen, und für Gabriel und die Sozialdemokratie war die Idee leitend, dass sich mit Hilfe politischer Instrumente die Zukunft ändern lasse. Über die Kategorie des Fortschritts konnten Sozialdemokraten die Unsicherheiten dessen, was kommen würde, vermessen, einordnen, sichtbar machen. Der Fortschritt machte aus hybriden Problemen lösbare Sachaufgaben. Die Idee, die Zukunft gestalten zu können, prägte die Geschichte der Arbeiterbewegung in ganz besonderer Weise. Utopie, Prognose und Programm standen in einem eigentümlichen Beziehungsverhältnis. Mit der Verwandlung von einem losen Netzwerk zu einer formal organisierten Partei entwarfen ihre Aktivisten alltagstauglichere Programme und lieferten eine umso schärfere, zunehmend geschultere Gegenwartsdiagnose des Kapitalismus. Je stärker sich die Sozialdemokratie im Kaiserreich darauf konzentrierte, Wahlen und Mandate zu gewinnen, desto schwächer wurde jener revolutionäre Sound, der in späteren Jahren allen voran in der kommunistischen Arbeiterbewegung eine so tragende Rolle spielen sollte. Ganz verschwunden war die Idee der Revolution indes auch bei Sozialdemokraten nicht, äußerte sich aber eher auf emotionale Weise und in dem Gefühl, doch irgendwie nicht dazuzugehören. Manche behielten dieses Gefühl auch nach dem Zweiten Weltkrieg und in der jungen Bundesrepublik. Nicht wenige der sozialdemokratischen Prognosen, allen voran die Erwartung, der Nationalsozialismus werde als Spuk bald wieder verschwinden, hatten sich als katastrophal falsch erwiesen. Vor allem diejenigen, die im skandinavischen oder angelsächsischen Exil die Jahre der Verfolgung überlebt hatten, brachten, wenn sie es nicht schon vorher besaßen, ein gebrochenes Verhältnis zur Revolution mit zurück nach Deutschland und sahen zunehmend die Vorzüge liberal-westlicher Demokratien mit ihrem deutlich geringer ausgeprägten Utopiegehalt. Doch geblieben war trotzdem ein starkes Zukunftsversprechen, das sich als eine echte Alternative zu den bestehenden «bürgerlichen Verhältnissen» lesen ließ. Willy Brandts «Wir wollen mehr Demokratie wagen» lebte vom utopischen Überschuss, von seiner Interpretationsoffenheit gerade für die Jungen, die sich für einen Hauch von Revolution begeistern konnten, auch wenn sie weiterhin Lehrerin oder Lehrer im öffentlichen Dienst sein oder werden wollten.

Die Sozialdemokratie der späten sechziger Jahre, an die sich die vielfach jung gebliebenen Rentner von heute gerne erinnern, verstand sich als eine neue Jugendbewegung, die durch politische Aufklärung und Emanzipation ein besseres Morgen schaffen wollte. Über die Zukunft redeten Sozialdemokraten jedenfalls in den späten 1960er und frühen 1970er Jahren gerne – und die Art und Weise, wie sie dies taten, prägt die Partei bis in die Gegenwart. Bis in die 1970er Jahre waren sozialdemokratische Zukunftsentwürfe von einem schier endlosen Vertrauen in die Fähigkeit beseelt gewesen, mit den richtigen Instrumenten, den richtigen Plänen, den besten Experten und mit politisch-technokratischer Effizienz, nicht nur die meisten Probleme vorhersagen und berechnen, sondern sie auch gleich noch lösen zu können. Das galt für das Räderwerk der Verwaltung, für die Beherrschung der Atomenergie, für Investitionen in die Bildung, für die Bekämpfung des Hungers. Der wohl sinnlichste Ausdruck sozialdemokratischer Steuerungsbegeisterung war der schon erwähnte «Orientierungsrahmen '85». Das Ziel war, politische Strategie mit «quantifizierendem Planungsdenken zu verbinden». Die Zukunft schien klar: Etwa fünf Prozent jährliches Wachstum bräuchte es, um all die sozialdemokratischen Ziele zu verwirklichen – Vollbeschäftigung, bessere Bildung, größere Chancengleichheit, humanere Arbeitsbedingungen –, und das schien keineswegs unrealistisch. Klar war auch: Der demokratische Sozialismus könnte nur durch mehr Wachstum und höhere wirtschaftliche Produktivität erreicht werden. Dafür bräuchte es besser qualifizierte Arbeiter, die neue technische Intelligenz, von der zeitgenössisch immer wieder die Rede war, es bräuchte mehr Hochschulabsolventen, mehr Universitäten – und in jedem Fall ein höheres Bruttosozialprodukt. Klar schien: Die westliche Welt steuere auf eine neue nachindustrielle Dienstleistungsgesellschaft hin, und eine «bessere Lebensqualität» sei vor allem durch ein breiteres staatliches Angebot an Gütern und Dienstleistungen zu erreichen.[8]

Die ökologische Frage

Wie eng Wachstum und Wohlstand tatsächlich zusammenhingen, war auch innerhalb der SPD umstritten, und doch dominierte eine weitgehend ungebremste produktivitätsorientierte Fortschrittsgeschichte, die auch durch die Zäsur des Ölpreisschocks von 1973 und die beginnenden Debatten über die ökologischen Risiken moderner Industrien kaum in Frage gestellt wurde. Einzelstimmen gab es auch schon hier, Erhard Eppler beispielsweise, aber es war eben gerade keine Frage von «rechts» und «links» in der Partei, sondern ein von der Mehrheit der verschiedenen Strömungen geteiltes Zukunftsversprechen, dem demokratischen Sozialismus allen voran durch mehr industrielles Wachstum näher zu kommen.

Dass innerhalb der neuen sozialen Bewegungen, allen voran in der Umweltbewegung mit ihren vielen verschiedenen Strömungen, inzwischen auch ganz anders über Wachstum, Produktivität und Leistungsorientierung debattiert wurde, betrachteten die meisten Genossinnen und Genossen zunächst als irrlichternde Spielereien langhaariger Bürgersöhne und

-töchter, denen es letztlich einfach zu gut gehe. Auch hier gab es Ausnahmen, einige wenige wie Hermann Scheer, und doch waren es gerade unterschiedliche Zukunftsversprechen und das so unterschiedliche Verständnis von «Fortschritt», das das Verhältnis zu den neuen sozialen Bewegungen anfänglich so schwer belastete.

1981, der bundesrepublikanische Konjunkturmotor stotterte und die sozialliberale Regierung kämpfte gegen die steigende Arbeitslosigkeit, entfachte einer der prominentesten sozialdemokratischen Intellektuellen seiner Zeit, der Berliner Politikwissenschaftler Richard Löwenthal, eine hitzige Debatte über die Zukunft der Partei: Löwenthal, stellvertretender Vorsitzender der Grundwertekommission und vor den Nationalsozialisten ins Exil geflohen, beklagte eine ernste «Identitätskrise» seiner Partei. Seine Diagnose: Die SPD verliere vor allem jüngere Wählerinnen und Wähler an die «Alternativen»; zugleich büße sie auch bei ihren Stammwählern, den Facharbeitern und den Bewohnern der Städte immer mehr an Zustimmung ein, so dass viele der eigenen Leute entweder nicht mehr wählen gingen oder zur CDU wechselten. Was also tun?[9]

Sein Beitrag war eine unmittelbare Antwort auf eine Rede Willy Brandts, der dafür geworben hatte, diese jungen, «alternativen» Wählerinnen und Wähler für die Sozialdemokratie zu gewinnen; schließlich sei die SPD nie eine «reine» Arbeiterpartei gewesen und habe immer auch andere Berufsgruppen an sich gebunden. Löwenthal war da deutlich zurückhaltender. Denn anders als die jungen linken Wilden der Studentenbewegung, die den Weg in die SPD gefunden hatten, sah er einen kategorialen Unterschied zwischen den «abdriftenden Jugendlichen» und der «Masse der bisherigen Stammwähler».[10] Diese «Aussteiger» der «grünen Welle», so Löwenthal, wollten «eben eine Alternative *neben* der arbeitsteiligen Industriegesellschaft»[11] schaffen. Es gehe eben gerade nicht mehr um die Veränderung der bestehenden Verhältnisse, sondern um einen radikalen Ausstieg. «Eine Partei, die für die Probleme und Aussteiger Verständnis zeigt, kann gewiß hier und da ein einen Teil von ihnen integrieren, aber nur wenn sie ihrem Weltbild mit klaren Argumenten entschieden entgegentritt. Eine Partei, die in dieser Auseinandersetzung eine klare Stellungnahme vermeidet, kann nur sich selbst desintegrieren».[12] Mit jenen, die die «moderne Welt» ablehnten, könnte es «keinen Kompromiss»[13] für die SPD geben.

Die Diagnose sagte mindestens ebenso viel über den Verfasser wie über den Gegenstand selbst. Denn in jeder Zeile spürte man förmlich die massiven Vorbehalte gegenüber den so gar nicht angepassten jungen Wählern, die ganz offenkundig eine Axt an die den Sozialdemokraten heilige «Industriegesellschaft» zu legen versuchten. Wer eine menschenwürdige Versorgung der Welt schaffen wolle, der brauche eine stärkere arbeitsteilige Industriegesellschaft, so meinte Löwenthal – und eben nicht weniger. Und die SPD – gemeint war vor allem Willy Brandt – dürfe keineswegs den Trugschluss ziehen, dass diese «reaktionären Utopien» vom Rande der Gesellschaft irgendetwas mit Partizipation zu tun hätten. Das Papier hatte natürlich viel mit den Konflikten der unterschiedlichen Lager zu tun, zwischen jenen, die es mehr mit Kanzler Schmidt und seiner ablehnenden Haltung gegenüber der Friedensbewegung hielten, und jenen, deren Herz mehr für den Parteivorsitzenden Brandt und seine Haltung liberaler Gelassenheit gegenüber jenen neuen Kräften schlug.

Im Kern jedenfalls sah Löwenthal eine Gefahr für das breite Bündnis aus Mittelschichten und Arbeiterklasse, das zum Erfolg der SPD durch und nach Godesberg geführt hätte. Löwenthals Papier fand etliche Unterstützer, allen voran bei den «Kanalarbeitern», den gewerkschaftsnahen, kulturell eher konservativen Sozialdemokraten, die sich schon schwer damit taten, dass diese jungen Leute lange Haare und keine

Krawatte trugen. Aber es gab auch Widerspruch, von Peter Glotz und Erhard Eppler. Sie hielten Löwenthals Analyse für viel zu grobschlächtig. Um Mehrheiten zu gewinnen, brauche es ein Gespräch und Offenheit gegenüber diesen Gruppen und ihren Themen, die eben über das alternative Milieu hinaus bei vielen Menschen, auch bei Sozialdemokraten, auf Sympathie stießen. Man musste kein Hausbesetzer sein, um anzuerkennen, dass Häuserleerstand und Wohnungsspekulationen moralisch verwerflich waren. Und wer sich Sorgen um die natürlichen Lebensgrundlagen machte, war auch noch lange kein «Ökospinner».

Der Streit um das Löwenthal-Papier berührte in der Tat ein grundsätzliches Problem sozialdemokratischer Identität, dessen Wirkung bis in die Gegenwart reicht: Wo genau soll angesichts der sozialstrukturellen und sozialmoralischen Veränderungen Platz für Lebensentwürfe sein, die «Lebensqualität» anders definieren als primär produktivitätsorientiert? Für die Sozialdemokratie – nicht nur in Deutschland – blieb dies ein zentrales Spannungsfeld, weil sich in ihr selbst die Transformationen kapitalistischer Gesellschaften, ihre veränderten Risikowahrnehmungen und Anforderungen spiegelten. Und weil dieser Transformationsprozess die Erwartungshorizonte der Zeitgenossen so radikal veränderte. Ein erheblicher Teil der ehemaligen Kinder von Arbeitern und kleinen Angestellten, für die sich die SPD besonders verantwortlich fühlte, war mit den Jahren aus ihren früheren Arbeits- und Lebenswelten herausgewachsen. Für sie war eine Zukunft jenseits proletarischer Enge, von der ihre Väter und Mütter geträumt hatten, Wirklichkeit geworden. Sie arbeiteten nicht mehr in den alten Fabriken, sondern hatten Fuß gefasst im öffentlichen Dienst, in den Verwaltungen und Großraumbüros, in denen man sich die Hände nicht mehr schmutzig machen musste. Der zweite Bildungsweg hatte es möglich gemacht, sie hielten sprichwörtlich die vergangene

Zukunft in ihren eigenen Händen. Es war das Gros gerade dieser Aufsteigergeneration, die das personelle Rückgrat der SPD seit den 1970er Jahren bildete – Aufstiegswege, die sich innerhalb der Sozialdemokratie – und auch andernorts – heute nur mehr selten beobachten lassen.

Glaubwürdig vom eigenen Aufstieg erzählen zu können – das ist inzwischen keine individuelle Erfahrung mehr, die kollektiv prägend ist. Schon 1983 hatte Ralf Dahrendorf auf sehr subtile Weise das Herzstück des sozialdemokratischen Zukunftsversprechens ins Visier genommen, als er das «Ende des sozialdemokratischen Jahrhunderts» prognostizierte und gerade jene sozialdemokratische Erfahrungswelt zum Gegenstand seines Abgesangs machte, die wesentlich für den Aufstieg der SPD zur Regierungspartei verantwortlich gewesen war.[14] Die Etablierung und Expansion des Wohlfahrtsstaates, die Gleichheit seiner Bürger, die Festigung der Demokratie und des Staates: Das alles gehöre zu den Zukunftsversprechen der europäischen Linken nach 1945, die allesamt, am Beginn der 1980er Jahre, Wirklichkeit geworden seien. Damit habe sich dieses Versprechen aber auch gleichsam zu Tode gesiegt, habe sich die Sozialdemokratie gewissermaßen um ihre ursprüngliche Mission gebracht.

Dass seine Botschaft vergiftet war, ließ sich unschwer erkennen. Die Vergangenheit hätten die Sozialdemokraten durch ihre Utopien und ihre reale Politik bestimmen können, eine Partei der «Zukunft» sei die SPD aber jetzt nicht mehr. Dafür seien ihre etatistischen Konzepte zu veraltet, die Idee der Fürsorge zu paternalistisch, ihr Utopiepotential zu schwach. Eine Herrin über die Welt von vorgestern sei die Sozialdemokratie, ein verdienter Pensionär.

Daraus klang bereits jenes neoliberale Pathos, mit dem Dahrendorf auch in den Folgejahren wiederholt den nahenden Untergang der Sozialdemokratie voraussagte und das Teil der Begleitmusik war, die das Ende der sozialliberalen

Ära in Deutschland markierte – und den Auftakt langer Jahre auf der Oppositionsbank. Der Kampf um die Zukunft hatte sich in den politischen Auseinandersetzungen der reifer gewordenen Bundesrepublik zu einem wichtigen semantischen Schlachtfeld entwickelt, auf dem sich die Sozialdemokraten zunehmend unwohl fühlten. Das lag nicht nur am Gegenwind der «geistig-moralischen Wende», sondern mindestens so sehr auch an der Herausforderung durch die neuen sozialen Bewegungen.

Konnte es so etwas wie einen «grünen» Fortschritt geben? Brauchte es diese Kategorie von Fortschritt überhaupt angesichts der ökologischen Zerstörungen, der Risiken der Kernenergie und ungleichen Ressourcenverteilungen? War am Ende genau diese sozialdemokratische Idee von Zukunft das eigentliche Übel – und damit auch die Idee des Wachstums obsolet? Diese Auseinandersetzungen hatten in den 1970er Jahren begonnen und berührten einen empfindlichen Punkt sozialdemokratischer Programmatik. Im Streit um die Kernenergie, der schon vor der Reaktorkatastrophe von Tschernobyl in der SPD begonnen hatte, zeigten sich diese Konflikte besonders nachdrücklich.

Die Atomenergie hatte anfangs unter Gewerkschaftern wie unter Sozialdemokraten ihre besonders glühenden Verfechter gefunden, und als der Streit um die Wiederaufbereitungsanlage (WAA) in Wackersdorf Anfang der 1980er Jahre begann, fanden die lokalen Gegner der CSU-Atompolitik nicht einmal in ihrer eigenen bayerischen Landtagsfraktion größere Unterstützung. Selbst in Wackersdorf hatten sich die sozialdemokratischen Gemeinderäte, viele davon gestandene Gewerkschafter, für die WAA ausgesprochen, um in der strukturschwachen Region neue Arbeitsplätze zu schaffen.[15]

Der Riss ging bald tief durch das sozialdemokratische Milieu, in dem die Väter für die WAA, die Söhne und Töchter vielfach dagegen und für die Anti-Atombewegung stritten und der Sozialdemokratie oftmals den Rücken kehrten. Dass die SPD hier später ihre Position ändern und sich für den Ausstieg aus der Kernenergie aussprechen sollte, konnte die meisten von ihnen nicht mehr umstimmen.

In den Programmdebatten der SPD seit den späten 1970er Jahren schlug sich dieser sehr schmerzhafte Einstellungswandel weg von einem linearen Fortschritts- und Wachstumsverständnis nieder, mit Willy Brandt und Ehrhard Eppler auf der einen, Helmut Schmidt und den Kohle-Sozialdemokraten aus NRW auf der anderen Seite.

In der Formel der «ökologischen Modernisierung» und der Person Oskar Lafontaines schien die SPD in den späten 1980er Jahren eine Antwort auf diesen Konflikt gefunden zu haben, der die unterschiedlichen Lager miteinander versöhnte und den scheinbaren Widerspruch zwischen Arbeit und Umwelt aufzulösen versprach.[16] Denn vielen Sozialdemokraten galt der Umweltschutz, so sinnvoll er auch war, angesichts drohender Massenarbeitslosigkeit letztlich doch als ein Problem zweiter Ordnung; ihre Zukunft blieb die Gegenwart. Rot-grüne Experimente auf kommunaler Ebene betrachteten nicht wenige SPD-Bürgermeister daher eher als Alptraum denn als zukunftsträchtiges Projekt. Zu unberechenbar schienen den etatistischen Sozialdemokraten jene neuen Kräfte, die sich weniger als streng organisierte Partei und dafür lieber als «Bewegung» verstanden wissen wollten. Solche Bündnisse wurden vielerorts erst dann möglich, als die Grünen ihren Bewegungscharakter bereits eingebüßt oder sich bewusst von ihm abgewendet hatten.

Die kommunalen Erfahrungen mit dieser neuen Bündnisoption, auch die erste rot-grüne Landesregierung in Hessen, waren für die beteiligten Zeitgenossen jedenfalls oft mit argen Schmerzen verbunden und verloren in den Mühlen des politischen Alltags bald viel von ihrem anfänglich verheißungsvollen Glanz. Oftmals hatte das auch etwas damit zu tun, dass sich hinter der formelhaften «sozial-ökologischen Modernisierung» ungelöste Zielkonflikte und Fortschrittsentwürfe verbargen, deren Lösung erhebliche Reibungsverluste verursachte.

Natürlich blieb die Debatte über Umweltzerstörung und Klimawandel für die Sozialdemokratie nicht folgenlos, zumal mit den Jahren gerade an der sozialdemokratischen Basis zahlreiche Initiativen entstanden, die sich auch als Teil der Bürger- und Umweltbewegungen verstanden. Gerne verwiesen die Sozialdemokraten dann auch auf die berühmte Forderung Willy Brandts nach dem «blauen Himmel über der Ruhr» und dem Wunsch nach neuer «Lebensqualität», zu dem bessere Luft genauso gehörte wie ein sauberer Wald. Dass Brandts Forderung noch nicht sehr viel mit Umweltpolitik zu tun hatte und eher in der klassischen sozialdemokratischen Tradition des Arbeitsschutzes stand, spielte dabei keine besondere Rolle, genügte aber als nun nötiger Verweis auf die eigene ökologische Identität der SPD.

Inzwischen ist in Vergessenheit geraten, wie hart innerhalb der Sozialdemokratie bereits in den 1980er Jahren um die «ökologische Frage» gerungen wurde und wie ernsthaft diese Diskussionen schon damals um ein neues, weniger technokratisches Fortschrittsverständnis geführt wurden. Mit Oskar Lafontaine hatte diese Politik in den Jahren bis zur Deutschen Einheit ein Gesicht und eine Stimme. Ein neues linkes Fortschrittsbewusstsein, das bedeutete für ihn eine sozial-ökologische Reformpolitik, die auf «ein Ethos der ökologischen Selbstbeschränkung»[17] und das «Prinzip Verantwortung» (Hans Jonas) auch für marktwirtschaftliche Gesellschaften setzte. Seine Forderung nach einer «Demokratisierung der Verantwortung»[18] zielte darauf, stärker partizipative Elemente in den Entscheidungsprozess über große Technologieprojekte mit einzubeziehen, die politische Linke auf diese Weise wieder stärker für gesellschaftliche Emanzipationsbewegungen «von unten» zu öffnen und damit auch das «Projekt Moderne» zu retten. So leidenschaftlich diese Debatten um die Tragfähigkeit einer Fortschrittsidee auch waren, die die selbstzerstörerischen Kräfte ihrer eigenen kapitalistischen Dynamik auch wahrnahm, und sosehr sie auch die Suche nach einer neuen programmatischen Orientierung am Ende der 1980er Jahre prägten, so schnell gerieten diese Kontroversen dann durch den Fall der Mauer auch wieder in Vergessenheit.

Das «Berliner Programm» atmete diese Begegnungsgeschichte alter und neuer sozialer Bewegungen mit ihren so unterschiedlichen Zukunftsversprechen und Gegenwartsdiagnosen. Mit großer Ernsthaftigkeit rangen Sozialdemokraten um die, wie es hieß, «Zukunft des Fortschritts», um das Erbe der Aufklärung, um eine neue Verteilung gesellschaftlicher Risiken und über die Rolle ziviler Selbsthilfe jenseits staatlicher Bürokratien. Man mag sich das kaum vorstellen, aber da saßen SPD-nahe Intellektuelle mit gestandenen Abgeordneten und diskutierten mit Verve über Kant, Descartes und Bacon, über die Widersprüche technischer Innovationen, über die großen Linien der Aufklärungsgeschichte, deren Erbe für die Mehrheit ein rundum positiv besetztes war, dem man sich verpflichtet fühlte. Leuchtend war die «Zukunft» nicht mehr, aber doch – ganz bewusst – auch nicht getragen von apokalyptischen Untergangsvisionen, wie man sie bei den «Alternativen» zu erkennen glaubte und die ein wesentliches Distinktionsmerkmal zum neuen grünen Milieu auszumachen schienen. Aber ungebrochen war auch das sozialdemokratische Verhältnis zum «Fortschritt» nicht mehr. Dafür hatten zu viele zu intensiv die Arbeiten Ulrich Becks und seine «Risikogesellschaft» gelesen.

Die ökonomischen Probleme der Wiedervereinigung sorgten im Laufe der 1990er Jahre dafür, dass Überlegungen zu einer sozial-ökologischen Reformpolitik rasch wieder auf einen der hinteren Plätze der innerparteilichen Prioritätenskala rückten. Wenn von Innovation und Gerechtigkeit die Rede war, dann zielte sie seit Mitte des Jahrzehnts immer auf eine Politik des qualitativen Wachstums, bei der die sozialdemokratischen Umweltpolitiker zwar die eine oder andere gute Idee beisteuern konnten, nie aber in der ersten Reihe standen.

Für Peter Glotz, den nachdenkenden Bundesgeschäftsführer der SPD, waren es zu Beginn der 1990er Jahre vor allem drei Schockwellen, die es nötig machten, nach einer neuen sozialdemokratischen Utopie für das 21. Jahrhundert zu suchen: Eine erste, die vor allem in der Auseinandersetzung mit der Atomenergie und großen Infrastrukturprojekten in den 1980er Jahren dazu führte, dass Fortschritt und Aufklärung eben gerade nicht notwendigerweise ins Paradies, sondern womöglich auch ins Verderben führten könnten – und der so tragende Fortschrittsbegriff dunklere Flecken erhalten hatte. So glaubwürdig wie noch Ende des 19. Jahrhunderts könne jedenfalls niemand mehr «Mit uns zieht die neue Zeit» singen, erklärte Glotz.[19] Zweitens war da der Schock von 1989, der die Sowjetunion zum Einsturz brachte und nur mehr eine Supermacht, die USA, übrigließ – und zugleich die Position Deutschlands als mächtiger Nationalstaat mit all den damit verbundenen emotionalen Wallungen über Nacht stärkte. Auf einmal ging es nicht mehr um das Zurechtkommen im Bonner Provisorium, sondern um Deutschlands neue Rolle als Global Player, um die Frage, wie sich dieses wiedervereinigte Deutschland zu Krieg und Frieden verhalten sollte und wie zu den USA. Drittens schließlich: 1989 – das war das Jahr, in dem der Kapitalismus über den kontrollwirtschaftlichen Sozialismus gesiegt hatte, so Glotz. Doch was blieb vom demokratischen Sozialismus angesichts des allgegenwärtigen Scheiterns des «realen» Sozialismus? Was war nun «links»,

und was konnte die europäische Linke zu einer neuen Friedensordnung beitragen? «Mehr Europa», so lautete Glotz'
erste Antwort – und die damit verbundene Hoffnung war,
dass eine supranationale Gemeinschaft der hässlichen Wieder-
kehr des Nationalismus etwas entgegenzusetzen vermochte.
Daneben setzte er auf eine «ökologische Erneuerung»[20] der
Industriegesellschaft, die nicht mehr die gleichen Fehler wie
noch in den 1970er Jahren wiederholen dürfe, als die SPD
vollkommen überfordert auf die Wachstumseinbrüche und
globalen Krisen reagiert habe. Außerdem brauche es künftig
eine Wirtschaftspolitik, die mehr auf «qualitatives» Wachstum und eine neue Kultur der Wertschätzung für solche
Unternehmen setzte, die kreativ etwas Neues zu schaffen versuchten, dabei bisweilen auch scheiterten, aber ihr Heil nicht
in Spekulationen suchten. Im Blick hatte Glotz dabei – und
das klang damals wirklich noch nach «Neuland» – insbesondere die neuen Herausforderungen von Digitalisierung und
Wissensgesellschaft. Und schließlich sei die «multikulturelle
Gesellschaft», die Anerkennung anderer, die Akzeptanz unterschiedlicher Lebensentwürfe eine der zentralen Lernerfahrungen der jüngeren Geschichte, bisweilen schmerzhaft, aber
doch zentral für die Utopie einer friedlichen Gesellschaft. Er
sage das, obwohl er wisse, dass dies von den «eigenen Wählern» nicht unbedingt goutiert werde.

Fortschritt und «Dritter Weg»

Von «Fortschritt» als sozialdemokratischer Leitvokabel war
nun seit den 1990er Jahren immer seltener die Rede, zu abge-
droschen klang der Begriff angesichts immer neuer ökologischer Herausforderungen. Bemerkenswert war indes, wovon
Glotz nicht sprach: Von der Sozialdemokratie als den Kapitalismus überwindende Kraft hatte er sich schon Anfang der

1980er Jahre verabschiedet, und der Begriff fiel denn auch in seinen Analysen nur noch selten – und schon gar nicht als bedrohlicher Fluchtpunkt. Die Zukunft hatte sich verkürzt, die Programme hatten nur noch eine mittlere Reichweite, und von Optimismus war – trotz oder gerade wegen der vielen enttäuschten Erwartungen des Vereinigungsprozesses – nicht viel bei ihm zu spüren. Sorgenfalten lagen auf seiner Stirn – und sie wurden in seinen Jahren außerhalb der aktiven Politik auch nicht weniger. Peter Glotz starb 2005, knapp vier Wochen vor der Bundestagswahl. Das Ende von Rot-Grün erlebte er nicht mehr, wohl aber, begleitet von einiger Skepsis, die von Tony Blair und Gerhard Schröder entworfene Politik der «Neuen Mitte» und des «Dritten Weges», in der die Frage der Ökologie nur ein Problem zweiter oder dritter Ordnung bildete.

Der Zielhorizont sozialdemokratischer Zukunftsentwürfe hat sich seitdem deutlich verschoben. Ablesen lässt sich das besonders an Olaf Scholz selbst. Er hatte seinem ersten umfassenderen programmatischen Ideenkatalog, den er noch als Hamburgs Erster Bürgermeister veröffentlichte, den Titel «Hoffnungsland» gegeben. Darin beschrieb Scholz seine Sicht auf die Welt, die Folgen von Globalisierung, Migration, weltpolitischen Konflikten und sozialpolitischen Herausforderungen. Es ist ein denkbar unpathetisches Buch, fast so, als wollte Scholz seinem eigenen Titel durch möglichst wenig sprachliche Farbe die Kraft wieder nehmen. «Hoffnungsland»[21] endet mit sieben Ideen für eine gerechte Ordnung: der Erhalt der Rentenversicherung, die Stärkung des Sozialstaates und die Verteidigung des Mindestlohnes, die Förderung des Bildungs- und Erziehungsbereichs, bezahlbare Wohnungen, bessere Infrastrukturen und ein «faires Steuersystem». Bemerkenswert daran ist, dass sich in seinen Vorschlägen für das deutsche «Hoffnungsland» Umwelt- und Klimafragen als große Leerstelle erweisen. Das galt in ähnlicher Weise auch für Scholz' «Plädoyer für eine Gesellschaft des Respekts», welches die SPD als Partei der Arbeit und nicht etwa als bessere Grüne zu profilieren versuchte. Manchem war dies sicher nicht weitreichend genug, zu sehr in der Gegenwart verhaftet, zu wenig an den Herausforderungen des Klimawandels orientiert. Und doch war das eine Deutung gesellschaftlichen Wandels, die sich in Sprache, Begriffen und Denkhorizonten in eine viel ältere Tradition sozialdemokratischer Sinnsuche seit den 1970er Jahren einfügte und bei der es, wie es der Historiker Felix Lieb formuliert hat[22], am Ende nicht um «Arbeit *und* Umwelt», sondern um «Arbeit *durch* Umwelt» ging.

Als die Koalitionäre am 24. November 2021 ihren Vertrag vorstellten, waren deshalb auch die Rollen klar verteilt gewesen. Der Fortschritt hatte unterschiedliche Farben, aber wirklich rötlich schimmerte er nicht. Das wäre wohl angesichts des Ausgangs der Wahl auch nicht zu erwarten gewesen. Aber es schien doch auch nicht recht klar, wie sich die Leitidee des Respekts etwa zur Frage der Klimakrise verhielt, deren Bekämpfung sich die Koalition als eines ihrer obersten Ziele gesetzt hatte. Anfangs dürften aber manche tatsächlich vom neuen Schwung des besonderen Bündnisses und einer breiten Debatte über die Idee des «Fortschritts» geträumt haben. Mit dem Arbeits- und Sozialministerium sicherte sich die Sozialdemokratie – unter Hubertus Heil – einen wichtigen Hebel, um sich als das «soziale Gewissen» in dieser Koalition zu profilieren. Kaum jemand hätte sich wohl träumen lassen, dass nur wenige Monate nach Amtsantritt über die Verlängerung von Laufzeiten für Atomreaktoren oder Kohlekraftwerke diskutiert werden würde. Von Fortschritt war schon bald nicht mehr die Rede. Dafür umso mehr von der «Zeitenwende».

9. Russland, die SPD
und der Westen

Noch bevor der Wahlkampf in Deutschland Fahrt aufnahm, hatte Russland im Frühjahr 2021 seine Truppen an der ukrainischen Grenze zusammengezogen. Manchen besorgten Kommentar gab es, ja. Aber weder der Ukrainekonflikt noch ein anderes außen- oder sicherheitspolitisches Thema spielte im Bundestagswahlkampf eine besondere Rolle: Nicht die Verwerfungen der europäischen Integration, nicht das Verhältnis zu den USA, nicht einmal die Diskussion um die umstrittene Gaspipeline Nordstream 2 sorgten für größere Schlagzeilen. Klar: Das Projekt war lange umstritten, war schon zuvor heftig von den USA, den baltischen Ländern, von Polen und der Ukraine in Frage gestellt worden. Die Grünen hatten die Große Koalition dafür immer wieder angegriffen. Aber ein echtes Wahlkampfthema wurde es nicht. Union und SPD standen weitgehend geschlossen hinter dem Projekt, die Kanzlerin warb dafür genauso wie der Kanzlerkandidat der Union, Armin Laschet. Und die CSU hatte ohnehin schon seit Jahren ihre eigene Russland-Diplomatie entwickelt, die Bayern als begehrenswertes Investitionsobjekt anpries.

Für die SPD im Nordosten schien Nordstream 2 ein regionalwirtschaftlicher Supercoup zu sein, der in einer ohnehin strukturschwachen Region neuen Aufwind versprach und die traditionell guten ostdeutsch-russischen Kontakte fortschrieb. Da unterschieden sich Sozial- und Christdemokraten im Nordosten kaum voneinander. Das offensive Eintreten für eine verstärkte energiepolitische Anbindung an Russland versprach den Sozialdemokraten im Wahlkampf jedenfalls kaum

Gegenwind; im Gegenteil, es bot auch eine Möglichkeit, sich als zupackende, wirtschaftsfreundliche Partei zu profilieren, die sich ebenso von der grünen Kritik wie von den amerikanischen Interessen abzusetzen vermochte. Das kam an: Die Meinungsumfragen zu Nordstream 2 ließen jedenfalls deutlich die breite Unterstützung für ein Projekt erkennen, das alles Mögliche war, nur wahrlich kein «privatwirtschaftliches Vorhaben», wie Olaf Scholz es später nennen sollte.

Selenskyj und der Wahlkampf

Viele besonders einprägsame Momente aus den Wahlkampf-Triellen sind nicht in Erinnerung geblieben. Es gibt aber Szenen, deren besondere Dramatik sich erst im Rückblick offenbart. Einen solchen Moment gab es beim «sicherheitspolitischen Triell», von dem die meisten Wählerinnen und Wähler und selbst interessierte politische Beobachter kaum Notiz nahmen. Auf Einladung der Münchner Sicherheitskonferenz und der ARD diskutierten Annalena Baerbock, Armin Laschet und Olaf Scholz am Rande der internationalen Tagung über die künftige deutsche Außenpolitik. Einige Ausschnitte schafften es am 26. Juni 2021 in die Abendnachrichten, Phoenix übertrug die Debatte von halb sechs bis Viertel nach sieben – mitten im Sommer nicht gerade ein Quotenknaller, zumal im Hauptprogramm zeitgleich das erste Fußball-EM-Achtelfinale Wales gegen Dänemark lief. Zum Spiel der Italiener gegen Österreich um 21.00 Uhr war denn auch alles wieder vorbei.

Die Moderation hatte sich etwas Besonderes überlegt, nämlich nicht nur selbst die üblichen Fragen zu stellen, sondern auch auswärtige Politikerinnen und Politiker dazu einzuladen, aus Polen beispielsweise, aus Israel und auch aus der Ukraine. Und so tauchte dann nach gut einer Stunde Diskussion ein jugendlich wirkender, telegener Mann auf dem Fernsehschirm auf, in grauem Anzug und mit Krawatte, umrahmt von der blau-gelben Fahne seines Landes: der ukrainische Präsident Wolodymyr Selenskyj. Er hatte nicht nur eine Frage im Gepäck, sondern eine ganze Batterie davon. Deutschland, so Selenskyj, sei «unser wichtigster Partner», ein führendes Mitglied im Normandie-Format und «unser Verbündeter auf dem Weg zur europäischen Gemeinschaft.» Was dann folgte, waren weniger Fragen als vielmehr eine bittere Kritik an der zögerlichen EU-Politik: «Ist Europa nicht müde, sich so lange vor der Frage einer EU-Mitgliedschaft der Ukraine zu verstecken? Ist es nicht an der Zeit, von diplomatischen Ausflüchten zu klaren Antworten, Bedingungen, Schritten und Fristen überzugehen? Heute befinden sich etwa 100000 russische Militärtruppen an den Staatsgrenzen der Ukraine. Gleichzeitig unterstützen alle europäischen Staats- und Regierungschefs die Gewährung angemessener Sicherheitsgarantien für die Ukraine. Aber gleichzeitig ist die Ukraine kein Nato-Mitgliedsstaat. Wenn wir also nicht in der Nato sind: Über welche Art von Sicherheitsgarantien reden wir dann? Vielen Dank für ihre ehrlichen Antworten!»[1]

Ehrliche Antworten bekam Selenskyj: Sowohl Armin Laschet als auch Olaf Scholz zeigten sich trotz der eindringlichen Forderungen ziemlich ungerührt. Natürlich sei es vorstellbar, dass die EU andere Länder, die sich an Freiheit und Demokratie orientierten, integriere, so Scholz. Die Partnerschaft zur Ukraine müsse erweitert werden, selbstverständlich. Doch es brauche auch «ganz viel Realismus». Übersetzt hieß das: Angesichts der inneren Schwierigkeiten der Ukraine, angesichts von Korruption und Defiziten der rechtsstaatlichen Ordnung, werde das alles noch recht lange dauern. Die EU habe ja derzeit schon genug Schwierigkeiten, ihre Machtbalance zu finden, dazu die Beitrittsverhandlungen mit den Ländern des ehemaligen Jugoslawien. Das alles brauche

Zeit. Klar fiel auch die Antwort auf die Frage nach der Nato-Mitgliedschaft aus, eine Position, wie sie die deutsche Außenpolitik schon lange vertrat: Eine «Nato-Perspektive steht nicht an». Damit gab Scholz wieder, was offizielle Position der Nato war. Und doch kommentierte Moderator Wolfgang Ischinger dies – von Scholz unwidersprochen – wie folgt: «Wenn ich jetzt Ukrainer wäre, würde ich sagen: Scholz hat mir ziemlich trockenes Brot angeboten». Und auch auf die Rückfrage an Laschet, was denn Sicherheitsgarantien für die Ukraine sein könnten, antwortete der damalige CDU-Vorsitzende leicht genervt: «Aber Deutschland tut ja alles, bei der Sicherheit der Ukraine mitzuhelfen, es auch in den Dialog mit Russland einzubinden». Schließlich wäre der Konflikt ohne die deutsch-französische Unterstützung im Minsk-Prozess viel weiter eskaliert. Die Idee des Co-Vorsitzenden der Grünen jedenfalls, Waffen an die Ukraine zu liefern, welcher Art auch immer, hielt Laschet für ziemlich abwegig. Keine zehn Minuten dauerte die Runde, zu der auch eine Frage zu Nordstream 2 gehörte, und dann ging es schon weiter mit anderen Themen der Weltpolitik: Nahost-Konflikt, Klima-Außenpolitik, bewaffnete Drohnen.

Es war eine ziemlich unterkühlte Botschaft, die die beiden Kanzlerkandidaten von CDU/CSU und SPD da Richtung Kiew sandten. Zufrieden dürfte Wolodymyr Selenskyj mit den Antworten jedenfalls nicht gewesen sein. Seine Fragen spiegelten eine schon länger bestehende Unzufriedenheit gegenüber einer aus seiner Sicht zu zaghaften deutschen Ukraine-Politik wider. Was die ukrainische Führung als lebensnotwendig erachtete – ein in absehbarer Zeit möglicher EU- und Nato-Beitritt –, galt in Berlin, Brüssel und Paris als unrealistisch. In Kiew gab es schon seit geraumer Zeit das Gefühl, dass Deutschland seine Führungsrolle in Europa nicht mit letzter Kraft für die Ukraine einsetze, es sei zu sehr an einem Ausgleich mit Moskau interessiert und belasse es letztlich bei politischen Lippenbekenntnissen, wenn es um konkrete Sicherheitsgarantien gehe. Die Schärfe der Tonlage, die die Debatten über Waffenlieferungen nach dem 24. Februar 2022 begleiten sollte, hatte hier ihren Ursprung.

In der Großen Koalition schien man im Sommer 2021 weitgehend mit sich im Reinen. Tatsächlich hatte die Ukraine-Politik spürbar an strategischer Bedeutung innerhalb der deutschen Außenpolitik gewonnen. Die Bundesrepublik hatte erhebliche finanzielle Mittel aufgebracht und sich mit großem Engagement an den Verhandlungen beteiligt, die auf einen Waffenstillstand zwischen Russland und der Ukraine zielten. Merkel und Steinmeier hatten in den schwierigen Gesprächen über Sanktionen innerhalb des Europäischen Rates eine wichtige Rolle gespielt. Aber auch hier blieb die deutsche Politik schon länger hinter den ukrainischen Erwartungen zurück, während man in Berlin davon überzeugt war, dass mehr nicht möglich sei, um nicht alle Gesprächsfäden nach Moskau abreißen zu lassen und die Mehrheitsfindung in Europa – mit all ihren unterschiedlichen Interessen – nicht zu unterlaufen.

Angesichts der bedrohlichen Entwicklungen im Donbass meldeten sich schon bald nach der Wahl im September 2021 die Stimmen derer zu Wort, die eine Wende in der deutschen Ukraine-Politik einforderten. Politische Analysten jedenfalls waren davon überzeugt, dass die nachdrücklichen Forderungen nach einer schnellen Aufnahme der Ukraine in die EU und in das transatlantische Verteidigungsbündnis von einer energischeren Politik innerer Reformen begleitet sein müssten, die aber ins Stocken geraten seien.[2] Zugleich verwiesen aber immer mehr Stimmen darauf, dass sich eine Bundesregierung der Gefahren bewusst sein müsse, die der unerklärte Krieg im Osten der Ukraine täglich schaffe. Bisher habe die amtierende Bundesregierung die «Aggressivität» der russischen Politik unterschätzt. Den Weg nach Europa werde die Ukraine nur als souveräner und gefestigter Nationalstaat gehen können – und genau dieses Ziel versuche Moskau zu verhindern. Ein «Weiter so» sei deshalb keine angemessene Option.

Das Erbe der Ostpolitik

Dieses «Weiter so» bezog sich indirekt auf die sozialdemokratische Außenpolitik und das Verhältnis der SPD zu Russland. Während des Wahlkampfes gab es darüber keinen innerparteilichen Streit. Da waren alle froh, dass die Reihen fest geschlossen standen. Aber innerhalb der SPD gab es spätestens seit der Annexion der Krim durchaus Kontroversen über die künftige Ausrichtung der deutschen Russland- und Ukrainepolitik. Denn mit ihr stand eine der Grundachsen sozialdemokratischer Identitätsbildung in der Kritik: die Entspannungspolitik Willy Brandts. Die Vorstellung davon, was Entspannungspolitik tatsächlich bedeutet, hatte sich dabei in mehrfacher Weise verändert. Sie war von einem außenpolitischen Projekt der 1970er Jahre zu einem Erinnerungsort der Berliner Republik geworden, in dem kollektive Selbstdeutungen mit Gegenwarts- und Zukunftsdiagnosen verschmolzen. Und es waren diese Erinnerungskämpfe um die «richtigen» Lehren aus der deutschen Nachkriegsgeschichte, die mit über die moralische und historische Legitimität der «Zeitenwende» und die Forderungen nach Waffenlieferungen entschieden.

Ursprünglich beschrieb die Ost- und Entspannungspolitik ein von den Konservativen heftig bekämpftes sozial-liberales Projekt, das die inneren Reformen der 1960er Jahre um eine außenpolitische Idee erweiterte: Die Bundesrepublik wolle künftig, wie Willy Brandt es in seiner ersten Regierungserklärung im Oktober 1969 formulierte, ein «Volk der guten Nachbarn» sein – ein «neues Deutschland», friedlich, westlich, liberal, sich seiner historischen Verantwortung bewusst.

Die Grundsätze der sozial-liberalen Entspannungspolitik, die in der legendären, wenngleich sehr deutungsoffenen Formel «Wandel durch Annäherung» zusammenliefen, lassen sich mit dem Historiker Wolfgang Schmidt auf einige Begriffe bringen[3]: Gewaltverzicht, Anerkennung der europäischen Grenzen, Abrüstung, eine Politik der kleinen Schritte, blockübergreifende Kooperationen, die Anerkennung der Sowjetunion als globale Macht – und eine feste Verankerung im westlichen Bündnis. Wegmarken der «Neuen Ostpolitik» waren der Moskauer Vertrag von 1970 und die anschließenden Verträge mit Polen, der DDR und der Tschechoslowakei. Es war diese Politik, die die Bundesrepublik wieder zu einem festen Bestandteil der internationalen Staatengemeinschaft werden ließ und politische Kommunikationswege schuf, die Spannungen abzubauen verhalf und gerade unter jungen Leuten auf große Akzeptanz stieß.[4]

Die Formel vom «Wandel durch Annäherung», die auf Egon Bahr zurückgeht und die Willy Brandt selbst Jahre später wegen ihrer Interpretationsoffenheit für nicht ganz glücklich hielt[5], hatte einen Klang entfaltet, der schon damals weit mehr meinte als die konkreten politischen Vereinbarungen – ein Sehnsuchtsort gerade für diejenigen, die in den frühen 1970er Jahren in die SPD eintraten und die Partei bis in die Gegenwart prägen. Schon in den 1980er Jahren drohte aus dem entspannungspolitischen Tauwetter jedoch ein neuer «Kalter Krieg» zu werden, der die mühsamen Friedensinitiativen unterspülte. Der sowjetische Einmarsch in Afghanistan 1979, die Verhängung des Kriegsrechts in Polen 1981, die US-Interventionen in Nicaragua und Grenada, der Streit um den Nato-Doppelbeschluss und das atomare Wettrüsten in Ost und West: Die Sorge stieg beständig, dass sich die Gesprächskanäle bald wieder schließen würden und eine neue Phase gegenseitigen Misstrauens die internationale Ordnung gefährden könnte.

Strittig blieb bis in die Gegenwart, wie hoch die Kosten jener Politik der kleinen Schritte waren, die auf einen guten Draht zu den kommunistischen Regimen gesetzt hatte und damit ihre eigenen Schatten warf. Nur zögerlich blieben in den 1980er Jahren die offiziellen Kontakte der SPD zu den ostmitteleuropäischen Bürgerrechtsbewegungen, und Menschenrechtsfragen wurden eher leise als laut beklagt. Vielfach sorgten sich sozialdemokratische Außenpolitiker vor einem Abreißen der mühsam gesponnenen Gesprächsfäden mit den Regierungen des Ostblocks, und tief war die Überzeugung verankert, dass der Mitte der 1970er Jahre begonnene KSZE-Prozess seine ganze Kraft dort entfalten werde, wo die Regime äußerlich stabil seien und dadurch eigene innere Reformen Platz erhielten. Je massiver die Spannungen, desto größer die Repression, so die Überzeugung. Auch das gehörte zur Erbmasse der Entspannungspolitik.

Diese zweite Phase der «Entspannungspolitik» wurde infolge der revolutionären Umbrüche von 1989/90 von einer dritten Phase abgelöst, als es insbesondere die Bundesrepublik unter Helmut Kohl war, die als europäischer Makler die Einbindung der sich auflösenden Sowjetunion in neue Formate multilateraler Beziehungen voranzutreiben versuchte.[6] Ohne die Unterstützung Moskaus, das war klar, wäre die Wiedervereinigung schwerlich möglich gewesen. Insofern schwang hier auch eine gehörige Portion Dankbarkeit und Respekt vor der Haltung Gorbatschows mit.

Der Versuch des Dialogs mit Russland gehörte zur außenpolitischen DNA auch der neuen Berliner Republik, die diesen Kurs mit erheblicher Energie und finanziellen Mitteln forcierte und immer wieder bei den westeuropäischen und amerikanischen Partnern für Verständnis gegenüber russischen Sicherheitsinteressen warb, insbesondere bei den Plänen für die Nato-Osterweiterung. Ökonomische Motive spielten dabei eine Rolle, angesichts der veränderten Lage Deutschlands in Europa aber sicher auch strategische; dazu ein gewandeltes historisches Bewusstsein, in dem die alten anti-kommunistischen Reflexe mit einem geschärften vergangenheitspolitischen Blick auf die deutschen Massenverbrechen konkurrierten. Die Ukraine als eigenständige Nation erschien da insgesamt eher eine drittrangige Frage, die die ohnehin fragile Situation Ostmitteleuropas noch zusätzlich belastete.

Der neuen rot-grünen Regierung unter Gerhard Schröder fehlte es zunächst an einem solch kurzen Draht nach Russland, wie es ihn zwischen Helmut Kohl und Boris Jelzin gegeben hatte, zumal es der neue grüne Außenminister Joschka Fischer in seiner Reaktion auf die russische Tschetschenien-Politik nicht an Klarheit fehlen ließ – sehr zum Missfallen Moskaus.[7] Schröder knüpfte mit seiner Russland-Politik jedoch bald an die Konzepte und Ideen seines Vorgängers an, mehr noch: Angesichts des gemeinsamen deutsch-französisch-russischen «Nein» zum Irak-Krieg sprachen manche hier sogar von einer neuen Allianz, die auch Ausdruck eines veränderten außenpolitischen Selbstbewusstseins der Berliner Republik sein sollte und die nicht wenige auch als Antwort auf die nicht gerade geringe Zahl strittiger Entscheidungen der Ära George W. Bush werteten.

Schröders politische Memoiren, in denen er darüber Auskunft gibt, sind sicher kein besonderes Glanzstück dieses Genres, und wenig überraschend erzählen sie vor allem die große Aufstiegs- und Heldengeschichte eines geschmeidigen, strategisch durchsetzungsstarken Sozialdemokraten, zu dessen Eigenschaften der Zweifel ganz sicher nicht gehörte. Aber damit stand er nicht allein. Als das Buch 2006 erschien, hatte der erinnerungskulturelle Kampf um die Ära Rot-Grün gerade erst begonnen. Das vielleicht bemerkenswerteste Kapitel ist jenes, in dem Schröder über die deutsch-russischen Beziehungen und seine Freundschaft zu Wladimir Putin spricht. Manchen schien dieses enge Verhältnis schon damals etwas eigenwillig, zumal Putin bereits dabei war, Russland in einen autoritären Staat umzuformen und Schröder ihn zu einem «lupenreinen Demokraten»[8] erklärte. Und doch gab es für die «strategische Modernisierungspartnerschaft», von der Frank-Walter Steinmeier später sprechen sollte, große, auch öffentliche Unterstützung. Es wäre rückblickend jedenfalls viel zu einfach, all die in den 2000er Jahren geknüpften Verbindungen als unmittelbare Wegbereiter für einen russischen Überfall auf die Ukraine zu lesen.

Schröders Russland-Reisen fanden in dieser Phase keineswegs im Geheimen statt. Sie waren begleitet von umfangreichen Delegationen der deutschen Wirtschaft, die sich in Moskau die Klinke in die Hand gaben und deren Unterschrift unter immer neue Verträge kaum getrocknet war, bevor die nächste erfolgte. Schröder konnte sich jedenfalls der Unterstützung weiter Teile der deutschen Industrie sicher sein, die in Russland einen expandierenden Absatzmarkt für viele ihrer hochwertigen Güter erkannten und sich von engen Wirtschaftsbeziehungen ordentliche Profite und neue Arbeitsplätze versprachen. Deutschland, darauf war Schröder sichtlich stolz, sei die «Nummer eins auf dem russischen Markt, der für uns mindestens so wichtig ist wie der chinesische».[9]

Die rot-grüne Russlandpolitik mochte nach außen durch entspannungspolitische Motive geprägt sein, aber mindestens so sehr war sie Teil jener marktliberalen Politik der 2000er Jahre, die außenpolitische Beziehungen als Teil ökonomischer Interessenpolitik in einer globalisierten Welt betrachtete. Das war nicht neu, erhielt aber durch die Debatten über «Standortkonkurrenz» und «Wettbewerbsfähigkeit» eine gänzlich neue Dynamik, in der der russische Markt als schier endloses Gewinnversprechen erschien, das nur richtig «gelenkt» und «begleitet» werden müsse. Hier gab es die Hoffnung, stabilere und von den USA unabhängige Beziehungen etablieren zu können, anders als etwa mit den Staaten des

Nahen Ostens, die ja schon einmal die Pipelines gekappt hatten. Goldgräberstimmung machte sich in der deutschen Wirtschaft breit, und Schröder war derjenige, der die Türen zu öffnen versprach – und eben kein sozialdemokratischer «Kalter Krieger». Gut möglich, dass, wenn einmal die Aufarbeitung dieses Kapitels der Geschichte der Berliner Republik beginnt, es weniger um das Erbe Willy Brandts als um den Ostausschuss der deutschen Wirtschaft gehen wird.

In der Russlandpolitik musste sich der Kanzler jedenfalls nicht vor der Kritik der Opposition fürchten, der die Öffnung der Märkte und die Unterstützung der deutschen Wirtschaft nicht schnell genug gehen konnte. So fuhr auch Edmund Stoiber gerne zu Putin nach Moskau, mit den bayerischen Wirtschaftsunternehmen im Schlepptau. Und das machte in der Tat einen grundsätzlichen Unterschied zu den entspannungspolitischen Prämissen der 1970er Jahre aus: Auch damals hatten wirtschaftliche Beziehungen, gerade auch der Kauf von Erdgas, zu einem wichtigen Teil des «Wandels durch Annäherung» gehört, aber die Prioritäten waren einer anderen Logik gefolgt. Die Erschließung neuer Absatzmärkte stand hier nicht im Vordergrund, und angesichts der schwierigen Verhandlungen mit den diktatorischen Erdölstaaten des Nahen Ostens galten Verträge mit der Sowjetunion als das kleinere Übel. Dass der Export marktwirtschaftlicher Ideen den russischen «Riesen» zivilisieren, ihn zum ökonomischen und damit dauerhaft auch zu einem politischen Bündnispartner machen könnte – das geriet erst unter Rot-Grün zur wichtigen Prämisse einer Russlandpolitik, deren Herzkammer das Kanzleramt war. Da war mancher auch gerne bereit, über den autoritären Charakter des Partners hinwegzusehen. Nach 2005 verselbständigte sich diese Haltung, und der wirtschaftsnahe Altkanzler, kaum aus dem Amt, wurde zu einem selbstbewussten Wirtschaftslobbyisten, der selbst dann noch ein gutes Wort für Putin einlegte, als im März 2022 Bilder von Massengräbern und Kriegsverbrechen in der Ukraine die Nachrichten dominierten. Ein zweifellos besonders beschämendes Kapitel.

Schröder warb damals schon, während und nach seiner Kanzlerschaft, um Verständnis: für die Ungleichzeitigkeiten des russischen Transformationsprozesses, für die Schwierigkeiten, ein Land «umzukrempeln», für die Brüche in den Erfahrungswelten im Übergang von der Kommandowirtschaft zur neuen politischen Ordnung. Russland dürfe mit Blick auf seine demokratische Entwicklung nicht überfordert werden, meinte Schröder, und wies zugleich darauf hin, dass das russische Militär zwar «wenig Sensibilität oder politisches Gespür»[10] zeige, die internationale Kritik nach den Bildern von Übergriffen amerikanischer Soldaten auf irakische Häftlinge in Abu Ghraib aber doch insgesamt etwas leiser gewesen sei. Anders gesagt: Man solle doch bitte nicht nur auf Russland und seine Defizite schauen, sondern auch auf die Menschenrechtsverletzungen anderer Regierungen. Das mochte stimmen, hatte aber auch einen apologetischen Beigeschmack.

Deutschland, so Schröder, sollte diesen Prozess ohne erhobenen Zeigefinger begleiten und insbesondere auch dann an den erneuerten Beziehungen festhalten, wenn zeitgleich eine nationalistische polnische Regierung versuche, diese deutsch-russischen Beziehungen zu beschädigen.[11] Schröders Bilanz: «Wir müssen die verbreitete Vorstellung überwinden, Russland sei der Bär, der nur darauf warte, andere zu verspeisen. Das Gegenteil ist der Fall: In Russland gibt es ein wachsendes Gespür dafür, dass es seine Rolle in der Welt auf Augenhöhe mit den USA nur ausfüllen kann, wenn es zugleich zu einer umfassenden Partnerschaft mit Europa findet.» Und an die Länder im Baltikum gerichtet, hielt Schröder fest: «Wer sich vor der strategischen Partnerschaft Berlin/Moskau fürchtet, missversteht das immense Eigeninteresse, das Deutschland als wichtiger Teil des integrierten Europas an einer Modernisierung Russlands haben muss, sowohl aus wirtschaftlichen als auch aus gesellschaftlichen Gründen».

In Putin sah Schröder jedenfalls eine Art Bruder im Geiste, einen religiösen Menschen, tief verwurzelt in der russisch-orthodoxen Kirche, die seine Vorstellung von der abendländlichen Kultur geprägt habe – und hier, so glaubte Schröder, in der Idee eines gemeinsamen abendländischen Erbes, wurzele letztlich auch Putins innere Überzeugung, dass Russland eine Partnerschaft mit Europa anstreben müsse. Putin sei ein «ehrlicher Makler»[12], jemand, dessen ausgestreckte Hand die westliche Welt nicht ablehnen dürfe.

Auch für Schröder bildete die Entspannungspolitik Brandts einen zentralen Bezugspunkt, und es war durchaus glaubwürdig, dass er die Aussöhnung mit Polen und Russland als «so etwas wie ein Wunder» empfand. Das erste Mal war Schröder 1978 in Moskau und in der Ukraine gewesen, als Teil einer Juso-Delegation. Damals hatte ihn seine Reise auch nach Saporischschja geführt, eine Industriestadt im Südosten der Ukraine. Immer wieder erzählte Schröder die Geschichte seiner Begegnung mit einem älteren Mann, der die Jusos über die Staumauer des riesigen Wasserkraftwerkes führte und ihnen dabei die Geschichte der Region, des Krieges und des heftig umkämpften Kachowkaer Stausees erzählte – eine Geschichte, die eng verbunden war mit dem deutschen Überfall 1941 und den blutigen Kämpfen in der Region. Da sei nichts mehr von Hass oder Vorwürfen zu spüren gewesen, vielmehr von «seiner Bindung an das andere Deutschland, jenseits des Überfalls der deutschen Faschisten auf die Sowjetunion – an ein Deutschland tüchtiger Menschen».[13]

Gut möglich, dass sich die Szene so zugetragen hat. Als Motiv für seine besondere Bindung an Russland benannte Schröder diese Szene immer wieder, selbst wenn hier auch die eine oder andere Projektion mitgespielt haben dürfte (und der Stausee in der Ukraine liegt!). In einem Interview viele Jahre

später sprach er jedenfalls von einer «Art Seelenverwandtschaft», die Deutsche und Russen miteinander verbinde: Mu-
sik, Literatur, moderne Malerei. «Nur wenige Völker haben kulturell einen solchen Gleichklang entwickelt. In der russischen
Gesellschaft gibt es einen tiefsitzenden Wunsch, mit Deutschland und den Deutschen freundschaftlich umzugehen, um
Frieden in Europa zu erhalten.»[14] Spätestens als Schröder am
9. Mai 2005 den 60. Jahrestag des Kriegsendes gemeinsam in
Moskau mit den ehemaligen Kriegsgegnern feierte und in
einer Reihe mit den damaligen Alliierten stand, da schien
auch die alte Entspannungspolitik symbolisch ihren Gipfel
erklommen zu haben. Denn auch das gehörte zu Schröders
Russlandpolitik: dass sie – etwa im Kontext der von ihm mit
auf den Weg gebrachten Zwangsarbeiterentschädigung – eine
eigene erinnerungskulturelle Stoßrichtung entwickelte, die
deutlich stärker als die Vorgängerregierung die Verantwortung für die brutalen Folgen des deutschen Vernichtungskrieges betonte und sich, auch als generationelle Erfahrung, diesem historischen Erbe verpflichtet fühlte. Vieles spricht dafür,
dass dieser – gut begründete – Teil der entspannungspolitischen Motivlage den Blick auf imperiale Ambitionen und re-
pressive Strukturen des russischen Staates mit trübte und allzu
nachsichtig werden ließ. Aber es war doch auch die Phase, in
der nicht nur Schröder, sondern viele, auch zivilgesellschaft-
liche Gruppen – nicht nur in Deutschland – die Hoffnung
hegten, Russland würde sich, trotz all der Schwierigkeiten,
stärker dem westlich-demokratischen Modell annähern.

Sozialdemokratische Außenpolitik

An den politischen Prioritäten der deutschen Russlandpolitik
änderte sich auch nach dem Ende von Rot-Grün nicht viel,
zumal der vormalige Kanzleramtschef Frank-Walter Stein-

meier neuer Außenminister in der Großen Koalition unter Angela Merkel werden sollte. Die oft nach Kumpanei riechende Männerfreundschaft auf der Ebene der Regierungschefs fand mit der neuen Kanzlerin rasch ein Ende, aber die Idee einer «strategischen Modernisierungspartnerschaft», einer engen wirtschaftlichen Bindung insbesondere im Energiebereich, setzte sich fort – auch nach Putins legendärem Auftritt bei der Münchner Sicherheitskonferenz 2007, als er das westliche Bündnis heftig attackierte und mit viel Selbstbewusstsein auf die Rolle Russlands als globaler Macht verwies.[15]

So befremdlich und gefährlich Putin in München klang, so sehr dominierte aber zugleich die trügerische Hoffnung, die enge wirtschaftliche Anbindung werde am Ende doch dazu beitragen, dass alles so schlimm nicht kommen werde. Die außenpolitische Agenda war durch eine Vielzahl an Konflikten und Problemen bestimmt: die Suche nach einer zeitgemäßen Form und Sprache europäischer Sicherheitspolitik, die Herausforderung durch den «Kampf gegen den Terror», neue, asymmetrische Kriege, der Wandel des Völkerrechts – und, wie das 2007 der damalige SPD-Umweltminister Sigmar Gabriel nachdrücklich betonte, die Rolle von Klimaschutz und Energiesicherheit als Aufgaben der Außenpolitik.[16] Dafür, da war sich Gabriel sicher, brauche Deutschland eine intensivere Kooperation mit Russland, schließlich gebe es dort «reiche Vorkommen an Öl und Gas», und deutsche Unternehmen könnten hier zugleich erfolgreich klimafreundlich investieren und im EU-weiten Emissionshandel tätig werden.[17]

Die Botschaft war klar – und sie war auch nicht falsch: Für eine europäische Sicherheitsordnung brauchte es Russland. Deshalb müssten die Gespräche weitergehen, gerade die wirtschaftlichen. Das alte Dilemma der Entspannungspolitik der 1980er Jahre prägte auch diese Erfahrungen: Wie weit wollte man die zivilgesellschaftlichen Initiativen unterstützen, wie lautstark gegen die Verletzung von Menschenrechten protestieren, ohne die wirtschaftlichen und politischen Beziehungen zu gefährden? Welchen Oppositionellen empfing man, und wo gab es überhaupt Schmerzgrenzen für eine Russlandpolitik, in der historische Verantwortung für die Massenverbrechen des Zweiten Weltkrieges und die Aktualität einer fragiler gewordenen europäischen Sicherheitsarchitektur verschmolzen?

Spätestens die völkerrechtswidrige Annexion der Krim und die russische Destabilisierung der Ostukraine 2014/15 hätten diesbezüglich einen Wendepunkt markieren können, ja sogar müssen.

Im März 2015 diskutierten auf Einladung der Historischen Kommission des SPD-Parteivorstandes Historiker und Politiker gemeinsam über die Geschichte und Zukunft sozialdemokratischer Außenpolitik. «Außenpolitik zur Eindämmung entgrenzter Gewalt» hieß die Veranstaltung, bei der auch der Außenminister sprach. Welche Traditionslinien gab es? Welches Erbe sollte bewahrt, welche neuen Prioritäten sollten gesetzt werden? Und was bedeutete das eigentlich genau, die Außenpolitik einer «erwachsene(n) Nation»? So jedenfalls hatte Gerhard Schröder die Bundesrepublik in seiner ersten Regierungserklärung 1998 bezeichnet.[18] Der Vorsitzende der Kommission, Bernd Faulenbach, umriss die historisch gewachsenen Kerne sozialdemokratischer Außenpolitik, wie er sie sah: Außenpolitik sei «vorrangig Verständigungspolitik», deren Grundlage Verhandlungen und Abrüstung seien; die SPD stehe für den Versuch, «hegemoniale Machtpolitik» einzudämmen, und setze stattdessen auf multilaterale Verträge und eine supranationale Friedensordnung.[19] Sein Urteil: «Vielleicht war die Sozialdemokratie manchmal zu idealistisch; sie hatte nicht selten ihre Probleme mit den machtpolitischen Gegebenheiten. Doch gerade in ihren besten Repräsentanten verbanden sich Prinzipien und Leitbilder mit einem Realismus und Pragmatismus, der friedliche Lösungen ermöglichte. Diese Verbindung könnte auch in der gegenwärtigen Krise helfen, in der sich ältere Konfliktmuster mit neuen Formen entgrenzter terroristischer Politik mischten. Es geht um eine Außenpolitik, die historische Erfahrungen in einer veränderten Konstellation nutzt, deren Spezifika zu erfassen sind, doch uns nicht lähmen dürfen». Das war eine – sehr sanfte – Warnung davor, es sich in der eigenen Geschichte nicht allzu gemütlich zu machen. Gleichzeitig war aber auch klar, dass sich sozialdemokratische Außenpolitik – auch aus den Erfahrungen der Weimarer Republik heraus – von jener der politischen Rechten dadurch unterschied, dass militärische Lösungen oder eine aggressive Revisionspolitik eben gerade nicht Teil des Selbstverständnisses waren. Radikalpazifistische Haltungen waren innerhalb der Sozialdemokratie zwar immer klar in der Minderheit, aber es gab durchaus eine starke Strömung innerhalb der Partei, die – in der Tradition der Kritik an der bundesrepublikanischen Wiederbewaffnung seit den 1950er Jahren – skeptisch gegenüber einem wachsenden Wehretat und dem Konzept einer Politik der nuklearen Abschreckung blieb. Das war jener große Teil innerhalb der SPD, der sich dem Kurs Helmuts Schmidt in den Debatten um den Nato-Doppelbeschluss widersetzt hatte und durch die Friedensbewegung der 1980er Jahre geprägt war.[20]

Der Fraktionsvorsitzende Rolf Mützenich zählt, wie er wohl auch selbst sagen würde, zu dieser Generation, die in der SPD der 2000er Jahre nur noch geringen Einfluss gehabt hatte und erst mit Mützenichs überraschender Wahl an die Fraktionsspitze im September 2019 wieder ein profiliertes Gesicht erhielt. Seine Dissertation hatte der Kölner 1991 über «Atomwaffenfreie Zonen und internationale Politik – historische Erfahrungen, Rahmenbedingungen, Perspektiven»[21] geschrieben. Seine These: Die vielfältigen Initiativen für nuklearfreie Zonen könnten eine «multilaterale Brückenfunktion ausüben» und die regionale Kooperation stärken. Das gelte auch für Länder in der «Dritten Welt», die, anders als bisweilen unterstellt, durchaus in der Lage seien, ein «Norm- und Regelwerk zur friedlichen Konfliktbearbeitung zu institutionalisieren».[22] Die Arbeit, die bei dem renommierten Bremer Friedensforscher Dieter Senghaas entstanden war, warf einen weiten Blick auf globale Initiativen und war keineswegs idealistisch veranlagt.

Mützenich war 2015 stellvertretender Fraktionsvorsitzender und zuständig für Außen-, Sicherheits- und Menschenrechtspolitik. Auch für ihn war die Entspannungspolitik Brandts der zentrale historische Bezugspunkt. Denn das gehört ebenfalls zum sozialdemokratischen Erfahrungsschatz: dass die Ostpolitik vielen konservativen politischen Gegnern keineswegs als Moment der Stabilisierung einer labilen Friedensordnung mitten in Europa galt, sondern als Ausdruck eines sozial-liberalen Ausverkaufs nationaler Interessen, allen voran durch die Anerkennung der Oder-Neiße-Grenze und den Verzicht auf jede Forderung nach einer Revision von Grenzverläufen.

Was im Nachhall so sehr nach Frieden und Versöhnung klang, war zeitgenössisch hoch umstritten, Gegenstand heftiger Anfeindungen und begleitet vom ewig wiederkehrenden Vorwurf sozialdemokratischen «Verrats». Mützenich jedenfalls machte 2015 bei der Tagung der Historischen Kommission angesichts der Kontroversen um eine mögliche Neuausrichtung der deutschen Russlandpolitik selbstbewusst deutlich: «Nun sagen viele, Russland hat mit seinem Verhalten auf der Krim und in der Ostukraine der Entspannungspolitik quasi die ‹Geschäftsgrundlage› entzogen. Das ist auch sicher nicht vollkommen falsch. Nun habe ich das Privileg, gelegentlich mit Egon Bahr zu reden und sage deshalb klar und deutlich, dass die Grundlagen der Entspannungspolitik bis heute nichts von ihrer Bedeutung verloren haben – auch wenn diese von der russischen Seite zweifelsohne eklatant verletzt wurden. Im Gegenteil: Gerade in Zeiten neuer Spannungen brauchen wir eine neue Entspannungspolitik. Doch wahr ist auch, dass diese nicht eins zu eins von damals auf heute übertragen werden kann.»[23] Sicherheit brauche es *mit*, aber – und das war die neue Botschaft – auch *vor* Russland. Die historische Lernerfahrung der Entspannungspolitik hieß für Mützenich – und sicher auch für viele andere Sozialdemokraten: die Hoffnung auf eine multilaterale, verrechtlichte internationale Ordnung, humanitäre Hilfe und Entwicklung sowie den Versuch, Frieden durch Abrüstung, Rüstungskontrolle und dauerhafte Gespräche zu sichern oder wiederherzustellen. Frank-Walter Steinmeier bezeichnete eine solche Politik, die dauerhaft durch die Spannung zwischen dem Anspruch nach einer gerechten globalen Ordnung und den realen Konflikten geprägt werde, als eine Form des «Friedensrealismus»[24] – als den beständigen Versuch, durch eine «Politik der kleinen Schritte» dem erhofften Ziel einer friedlichen Welt näher zu kommen. Wie wirkungsmächtig die Aneignung des historischen Erbes sozialdemokratischer Politik war, konnte man bei Steinmeier und seiner Anlehnung an Willy Brandt unmittelbar spüren. Dieser «außenpolitische Erfahrungsschatz»[25] könne, so Steinmeier, auch angesichts des Ukraine-Konfliktes (im Jahr 2014) einige zentrale Lehren vermitteln. Russland, daran ließ der Außenminister keinen Zweifel, hatte die territoriale Integrität eines souveränen Staates attackiert – ein völkerrechtswidriger Akt, der die europäische Friedensordnung bedrohe und damit einen radikalen Bruch mit der alten Entspannungspolitik bedeute, im Zuge derer sich auch die damalige Sowjetunion in der KSZE-Schlussakte von Helsinki dazu bekannt hatte, das Selbstbestimmungsrecht der Völker zu akzeptieren. Sanktionen seien darauf die richtige Antwort. Die Antwort auf die Krise dürfe aber nicht «Sprachlosigkeit»[26] sein, sondern der Versuch, die Gesprächskanäle weiterhin offenzuhalten. Auch das war für Steinmeier eine Lehre aus der Ostpolitik der 1970er Jahre.

Und das hieß auch, dass sich Deutschland weiterhin – so wie zu Zeiten der Entspannungspolitik – als «Ingenieur des Dialogs mit Russland» empfinden müsse.

Was so selbstverständlich klang, der Ruf nach einer neuen Entspannungspolitik, war aber auch unter sozialdemokratischen Außenpolitikern keineswegs unumstritten. Denn schon 2014/15 tobte innerhalb der SPD ein Streit darüber, wie angesichts der gewalttätigen Revisionspolitik mit Russland umgegangen werden könne und ob es für diese alte Sehnsuchtsformel nach «Entspannung» überhaupt noch eine Grundlage gebe.[27]

Gerade unter jüngeren Sozialdemokraten, für die die Formeln der Ära Brandt weniger identitätsstiftend waren, gab es einige, die in scharfem Ton mit dem eigenen Außenminister und ihrer Partei ins Gericht gingen. Neben Gerhard Schröder ging es dann oft auch um Matthias Platzeck, der sich in der Regel in maximaler Zurückhaltung übte[28], wenn es um Kritik an Russland ging, und ebenfalls gerne über die deutsch-russische Seelenverwandtschaft sinnierte. Selbst ein so kluger und nachdenklicher Kopf wie Erhard Eppler hatte für die ukrainischen Interessen wenig Sinn und sorgte sich vor allem um die fortdauernde «Demütigung» Russlands durch die Nato-Osterweiterung und übertriebene Sanktionen.[29]

Die inzwischen so leicht über die Lippen kommende Formel der «Putin-Versteher» bleibt dennoch auch für diese Gruppe nur eine unzureichende Beschreibung angesichts sehr unterschiedlicher Tonlagen und Temperamente, Erfahrungshintergründe und Kompetenzen.

Gernot Erler beispielsweise, der einstige Russland-Koordinator der Bundesregierung und langjährige stellvertretende SPD-Fraktionsvorsitzende, hatte sich immer wieder für den Dialog und – noch 2013 – gegen ein «Russland-Bashing»[30] ausgesprochen. Nach der Annexion der Krim war aber klar, dass sich hier die Grundachsen der europäischen Friedenspolitik verschoben hatten. Selbstkritisch bemerkte er im Sommer 2015: «Wir hatten uns darauf verlassen, dass trotz einiger Meinungsunterschiede, Interessenkollisionen und Konflikte das Verhältnis des Westens mit der Russischen Föderation von Partnerschaft und Vertrauen geprägt wurde. Und das 23 Jahre lang – von der Auflösung der Sowjetunion im Jahr 1991 bis zum Beginn der Ukraine-Krise im Jahr 2014.»[31] Davon war nun nicht mehr viel zu spüren, zumal das Minsker Abkommen, wie Erler meinte, ja das «Krim-Problem» ausspare und so nicht einmal, selbst wenn die Verhandlungen erfolgreich verliefen, der Status quo ante wiederhergestellt werden könnte. Brauche es also nun «eine Art zweite Phase der Ost- und Entspannungspolitik»? Damals, so Erler, sei das ein doppelter Vertrauensprozess gewesen: Die Bundesrepublik habe die östlichen Grenzen anerkannt, und die osteuropäischen Staaten seien in den KSZE-Prozess mit einbezogen worden. Wenn, dann bräuchte es zunächst eine politische Aufarbeitung, einen «therapeutische[n] Versuch», die gegenseitigen Fehlwahrnehmungen, falschen Erwartungen und Hoffnungen auszuräumen. Das war im Grunde schon 2015 ein Plädoyer für eine selbstkritische historische Revision der deutsch-russischen Beziehungen.

Erler gehörte in die Reihe derer, die an Gesprächsfäden auch in den besonders kritischen Momenten der deutsch-russischen Beziehungen festhielten, auch an dem schon kaum mehr besonders fruchtbaren Petersburger Dialog, jenem bilateralen Diskussionsforum, das 2001 auf Initiative von Putin und Schröder geschaffen worden war. Die russische Gewalt des Jahres 2014 hatte Erler in seiner Haltung aber offenkundig deutlich erschüttert. Erler ist als Osteuropa-Historiker ein exzellenter Kenner des Landes. Er spricht Russisch und kennt das Land lange und gut, seit seiner Zeit als Austauschstudent in Moskau. Schon 2004 schrieb er ein kleines Buch über das neue Russland unter Putin und beschrieb darin, in welchen imperialen Ideenwelten der neue russische Präsident zu Hause war. Das war zwar keine fundamentale Abrechnung, immer noch optimistisch, sicher, aber auch alles andere als naiv.[32]

Aus Erlers Sicht jedenfalls hatten die veränderten Prioritäten einer russischen Großmachtpolitik schon 2014 jedes Vertrauen in eine gemeinsame europäische Friedensordnung zerstört, an der man seit dem Ende des Kalten Krieges gearbeitet hatte. Mit seiner Krim- und Ukrainepolitik habe Russland eine «Schneise von Vertrauenszerstörung und Unsicherheitsgefühlen geschlagen[33]», und er meinte damit nicht nur die baltischen Länder und Polen, sondern ein wenig wohl auch Deutschland und sich selbst. Die «schöne Überschrift» von der «Strategischen Partnerschaft»[34] habe jedenfalls nicht verhindern können, dass sich das politische Denken auf beiden Seiten immer weiter voneinander entfernt habe. Der entspannungspolitische Erfahrungsschatz bildete auch für Erler weiterhin eine wichtige Ressource. Ein Ende der Gespräche mit Russland, gar einen militärischen Konflikt oder Waffenlieferungen an die Ukraine, lehnte er ab. Aber er war sich dann doch unsicherer als manch andere bzw. anderer seiner Genossinnen und Genossen, ob es auf der anderen politischen Seite überhaupt noch ein Interesse daran gab, sich auf diese gemeinsamen Erfahrungen zu beziehen.

Man spürte, wie schmerzhaft es für Erler war, dass die eigene Skepsis gegenüber den Entwicklungen in Russland größer geworden war, gegenüber einer radikalen Politik der Unberechenbarkeit. Klar war, dass es selbst den Aktivisten unter den sozialdemokratischen Außenpolitikern schwerfiel, einfach weiterzumachen. Auch Erler setzte in diesem Moment, trotz aller Vorbehalte, weiterhin auf den Versuch einer Verständigung und weiterer Gespräche. Aber ein Gefühl der Beklemmung war doch unverkennbar. Von der Notwendigkeit einer Art «therapeutischen» Aufarbeitung, wie Erler sie

für nötig hielt, hatte man bei anderen Sozialdemokraten da
noch kaum etwas gehört. Am allerwenigsten bei Gerhard
Schröder selbst.

Die Idee der Entspannungspolitik hatte sich längst von
ihren politischen Bezügen der 1960er und 1970er Jahre gelöst und war Teil jener bundesrepublikanischen Geschichts-
erzählung geworden, deren Telos die Wiedervereinigung war.
Die Sozialdemokratie trifft die Debatte gegenwärtig umso
schmerzhafter, weil sie nicht nur das traurige Verhalten ihres
Altkanzlers und manch anderer Weggefährten verarbeiten
muss, sondern weil es dabei auch um zentrale historische Erfahrungen sozialdemokratischer Außenpolitik geht, die nun
zur Disposition stehen. Das galt auch nicht nur für Politiker,
sondern auch für manchen Wissenschaftler wie Klaus von
Beyme. Der kürzlich verstorbene Politikwissenschafter, einer
der bedeutendsten Köpfe seines Faches, war international
hoch angesehen, selbst Mitglied der SPD und mit Russland
bestens vertraut. Noch 2016 war er davon überzeugt, «der
Westen sollte vor allem die slawischen Republiken zu einer
Eurasischen Konföderation unter Führung Russlands ermu-
tigen und geistigen Geländegewinn durch gute ökonomische
und politische Beziehungen der West-Bündnisse und dieser
Eurasischen Union anzustreben».[35] Für die eigenständigen
Interessen der Ukraine war in solchen Gedankenspielen nicht
viel Platz.

Und dennoch: Die schnelle Rede von den «Putin-Verste-
hern» verzwergt die viel grundsätzlicheren Konflikte, die weit
über die Geschichte der Sozialdemokratie hinausgehen. Denn
diese Konflikte betreffen die Frage, wie überhaupt künftig
Beziehungen zu einem Land aussehen sollten, das einst Opfer
eines brutalen deutschen Vernichtungskrieges war, nun aber
selbst zum brutalen Aggressor geworden ist. Die Bundesrepublik hat im Umgang mit Diktaturen recht pragmatische Erfahrungen gemacht, und sie hat ihre Prioritäten auch vor

1989 primär «realpolitisch» abgewogen, so dass es eben gerade kein Widerspruch war, auch mit kommunistischen Regimen oder den vielen Militärdiktaturen Südamerikas und Afrikas Geschäfte zu machen.

Zeitenwenden

Die Hoffnung der Entspannungspolitik bestand darin, dass die Stabilisierung des Status quo die Voraussetzung für eine innergesellschaftliche Dynamik war, die eine friedliche Verständigung ermöglichte und wachsende partizipative Spielräume schuf. Innere Demokratisierung und das Zugehen auf autoritäre Regime gehörten zusammen. Daran glauben seit dem 24. Februar 2022 aber nicht einmal mehr die Optimisten. Ob die Antwort darauf jene «Zeitenwende» ist, die Olaf Scholz wenige Tage später ausgerufen hat und zu der – neben Waffenlieferungen – auch eine neue militärische Logik internationaler Konfliktregulierung gehört, ist indes eine offene Frage. In einer «Grundsatzrede» stellte der neue SPD-Vorsitzende Lars Klingbeil im Juni 2022 seine Sicht auf die «Zeitenwende» vor – und wie er das tat, dürfte selbst eingefleischte sozialdemokratische Verteidigungspolitiker erstaunt haben.[36] Klingbeil machte deutlich, dass sich aus seiner Sicht die Prioritäten deutscher Außenpolitik grundsätzlich verändert hatten. «Friedenspolitik bedeutet für mich, auch militärische Gewalt als ein legitimes Mittel der Politik zu sehen. Das sieht übrigens auch die Charta der Vereinten Nationen vor. Es ist stets das äußerste Mittel, aber es muss eben auch klar sein, dass es ein Mittel ist. Wir sehen das gerade in der Ukraine.»[37] Dass militärische Gewalt im Verteidigungsfall und zum Selbstschutz legitim ist, darüber gibt es keinen Streit. Weniger selbstverständlich ist, inwiefern militärische Gewalt ein «legitimes Mittel der Politik» sei – und ob diese militärische Gewalt dann auch Friedenspolitik genannt werden müsse. Unter Friedenspolitik könnte man sich jedenfalls auch noch eine Menge anderes vorstellen, und viele Sozialdemokratinnen und Sozialdemokraten haben dies in der Vergangenheit auch getan. Viel war bei Klingbeil von einer neuen geostrategischen Ordnung, von den unterschiedlichen Polen der Welt, von der Notwendigkeit einer veränderten Sicherheitsarchitektur die Rede. Klingbeil vergaß auch nicht, auf die Bedeutung von Abrüstung und diplomatische Initiativen zu verweisen, und doch wirkten diese Bemerkungen allenfalls pflichtschuldig. Ein anderer Satz hallte viel länger nach: «Nach knapp 80 Jahren der Zurückhaltung hat Deutschland heute eine neue Rolle im internationalen Koordinatensystem.» Fast hörte man hier auch noch ein «endlich» mitschwingen. Dass es für eine deutsche Zurückhaltung auch manchen guten Grund gegeben hatte, ließ Klingbeil unerwähnt.

Im Vordergrund stand die neue Führungsrolle Deutschlands, auch der Wunsch nach einem stärkeren Gewicht und einer politischen Anerkennung des Militärischen in der deutschen Gesellschaft. In den politischen Schlachten der 1980er Jahre hätten manche diese Position ihres Parteivorsitzenden als eine neue Form der Militarisierung deutscher Außenpolitik bezeichnet. Auch auf die Frage, für wen eigentlich diese neue Sicherheitsarchitektur da sei, hatte Klingbeil eine ungewöhnlich offene Antwort: «Wir machen Außenpolitik dafür, dass Menschen in Sicherheit, Frieden und Wohlstand leben können. US-Präsident Biden spricht von ‹Foreign Policy for the Middle Class› (Außenpolitik für die Mittelschicht). Ich finde diesen Ansatz genau richtig. Außenpolitisches Engagement ist nie ein Selbstzweck, es hat immer Auswirkungen auf unser Zusammenleben vor Ort.»[38]

Eine Außenpolitik für die Mittelschichten – das klang so selbstverständlich, und doch dürfte auch hier mancher inner-

halb der SPD, der oder die sich jahrelang in der Entwick-
lungspolitik engagiert hat, innerlich aufgeschrien haben:
Denn diese Außenpolitik stellte sich nicht in die Tradition
eines älteren Internationalismus der sozialdemokratischen
Bewegung, sprach nicht mehr von sozialen Ungleichheiten
der globalen Ordnung, machte einen weiten Bogen auch um
die Verantwortung beispielsweise westlicher Industrienatio-
nen für die Klimakrise und den Verbrauch von Ressourcen,
sondern stellte die Interessen jener in den Mittelpunkt, die als
westliche Mittelschichten ohnehin eher zu den Nutznießern
der ökologischen und sozialen Verwerfungen gehörten. Es
war ungewöhnlich für einen SPD-Parteivorsitzenden, die
Rolle der Sozialdemokratie auf die Verteidigung der Interessen der «Mittelschichten» zu reduzieren und alle Fragen der
sozialen (und ökologischen) Gerechtigkeit aus seinen geostrategischen Überlegungen der «Zeitenwende» auszublen-
den. Dass auch hier wieder Willy Brandt zur Legitimation
herhalten musste, konnte angesichts des Gewichts des sozialdemokratischen Übervaters kaum verwundern. Gegen diese
Vereinnahmung wehren konnte er sich freilich nicht.

Bei Klingbeil bekam die «Zeitenwende» jedenfalls schon
ein etwas klareres Gesicht, und die Debatte, inwiefern die
Partei ihrem Vorsitzenden in diesen Fragen folgt, ist gerade
erst eröffnet. Dass sich die Sozialdemokratie damit quält, ist
vielleicht weniger Zeichen ihrer Schwäche als vielmehr Ausdruck der inneren Widersprüche dieser Politik selbst und der
außerordentlich zivilisierenden Wirkung, die Brandts «Neue
Ostpolitik» einst ausgeübt hatte. Auch darauf könnte ein
SPD-Parteivorsitzender hinweisen.

10. Die Sozialdemokratie in der Spätmoderne – eine Bilanz

Das erste Jahr der neuen Ampel-Koalition hat die Beteiligten sichtbar gezeichnet. Der russische Angriffskrieg gegen die Ukraine, die Suche nach einer neuen sicherheitspolitischen Architektur in Europa und der Welt, der Versuch, sich aus der selbstgewählten Abhängigkeit von Putins Gas zu befreien, und gleichzeitig die verdrängten Folgen der Klimakrise: All das zusammen mit der Pandemie-Bewältigung lastet schwer auf der Kanzlerschaft von Olaf Scholz.

Die Sozialdemokraten haben nach der gewonnenen Wahl im Saarland bittere Niederlagen in Schleswig-Holstein und in Nordrhein-Westfalen hinnehmen müssen. Die FDP ist durch herbe Verluste angezählt, und im Regierungslager sind es vor allem die Grünen, die bisher von den wechselnden Stimmungslagen profitiert haben. Die SPD ist jedenfalls, trotz ihres Erfolgs am 26. September 2021, nicht über Nacht eine andere Partei geworden. Das Wort der «Krise» ist – vermutlich nur für den Augenblick – aus der gegenwärtigen Selbstbeschreibung der Partei verschwunden. Aber man muss kein Prophet sein, um zu ahnen, dass sich dies bald ändern kann. Im Wort «Krise» schwingt dabei viel Unausgesprochenes mit. «Krise» ist ein Begriff, der, wie Reinhart Koselleck argumentiert hat, auf die beschleunigten Erfahrungsrhythmen moderner Gesellschaften verweist. Im öffentlichen Sprechen über die «Krise der Sozialdemokratie» spürt man die Erwartung, dass nun die letzte Entscheidung gekommen sei, der Moment, an dem die Alternativen nur das Ende der Geschichte oder eine glorreiche Zukunft sein könnten. Solche säkularen Endzeitvisionen sind ein Epochenkennzeichen moderner Gesellschaften auf ihrer Suche nach sich selbst. Der historische Vergleich mit «früheren Zeiten» spielt dabei für die SPD eine ganz besondere Rolle. Die Geschichte ist ein sozialdemokratischer Jungbrunnen, der die Sorgen der Gegenwart angesichts der Verfolgungserfahrung im Kaiserreich und in der NS-Zeit rasch verblassen lässt und Anlass für jene Hoffnung bietet, die die Gegenwart so nicht erfüllt. Mehr als alle anderen Parteien lebt die Sozialdemokratie aus ihrer Vergangenheit – einer moralischen Ressource, die für ihre Mitglieder mit guten Gründen einen utopischen Überschuss schafft und viele motiviert, trotz mancher Mühsal, mit der die Arbeit an Infoständen und in Gremien verbunden ist.

Erhebliche Teile der SPD sind geprägt durch die Erfahrung des 20. Jahrhunderts, dass die internationale Friedensordnung besser durch Abrüstung und multilaterale Kooperationen geschützt werden kann als durch Aufrüstung und die Lieferung von Waffen in Kriegsgebiete. Das alles wirkt heute wie aus einer anderen Zeit, erklärt aber doch die leidenschaftlichen Kontroversen, die um das richtige Maß der militärischen Unterstützung für die Ukraine geführt werden. Die Grünen haben sich hier deutlich schneller von ihrem historischen Erbe der Friedensbewegung gelöst, während die Sozialdemokratie weiterhin mit sich ringt, ihre Positionen differenzierter und weitgespannter sind und sich nicht in einem einfachen «Pro» oder «Contra» zu Waffenlieferungen erschöpfen. Jedenfalls nicht in diesem Augenblick.

Die SPD ist mit den Jahren zur Partei der unerfüllten Sehnsüchte geworden, eine Projektionsfläche all jener Hoffnungen, die Teil ihrer eigenen Geschichte sind: eine Emanzipationsbewegung des 19. Jahrhunderts, getragen durch die Idee der Demokratisierung von Staat und Gesellschaft, geprägt durch Brüche und innere Widersprüche; eine Partei, die es sich oft nicht leicht gemacht hat und für die die Suche nach programmatischer Orientierung immer auch ein gutes Stück Lebenselixier war. Angesichts der Überlast an Geschichte erscheint die Gegenwart dann oft etwas klein und enttäuschend.

Dass die SPD bei der Bundestagswahl 2021 stärkste Partei und Olaf Scholz Kanzler werden würde, war wahrlich nicht abzusehen gewesen und ist in der Rückschau wohl vor allem eines: Ausdruck einer sehr besonderen historischen Konstellation, die sich so schnell nicht wiederholen wird. Es war also in der Tat ein «seltsamer Sieg», dessen Ursachen eng mit der akuten Schwäche der politischen Konkurrenz zusammenhingen: der Abgang einer schier übermächtigen Kanzlerin, die alles an sich abprallen ließ; eine programmatisch ausgezehrte Union, innerlich zerstritten und von einem Kandidaten geführt, der auch eingefleischte CDU-Anhänger nur bedingt überzeugte; und mit den Grünen eine Konkurrentin, die ihre exzellente Startposition teils selbst verspielte und dann auf einen medialen Gegenwind stieß, der nicht frei von Macho-Allüren war. Der SPD war derweil ein weitgehend fehlerfreier Wahlkampf gelungen. Mit ihrem Slogan vom «Respekt» konnte sie einen sozialpolitischen Akzent setzen, der sie von der Union und den Grünen unterscheidbar machte.

Strukturelle Probleme

Manches wirkt in der Rückschau womöglich etwas zu glatt. Denn noch im Frühsommer 2021 beschwerten sich auch innerhalb der Partei viele darüber, dass Olaf Scholz und die Wahlkampfleitung viel zu passiv blieben und von neuem Schwung nun wahrlich nicht viel zu spüren sei. Es waren diese Sommermonate, die die Wende brachten und in denen die Streitereien zwischen München, Berlin und Düsseldorf der SPD in die Hände spielten. Am Ende erschien Olaf Scholz vielen Wählerinnen und Wählern als Garant der Stabilität, auch als jemand, der im Osten Deutschlands auf Zustimmung stieß, während dem sich verstolpernden Armin Laschet kaum jemand mehr zutraute, eine Bundesregierung führen zu können. Indes: Keines der strukturellen Probleme der SPD ist mit dem Wahlsieg verschwunden. Sie sind nur übertüncht, durch den Siegesrausch betäubt worden und bestimmen spätestens seit der NRW-Wahl auch wieder das Alltagsgeschäft. Die niedrige Wahlbeteiligung ist eines der strukturellen Demokratieprobleme in einem Bundesland, in dem die Sozialdemokratie ihre größten Erfolge als «Kümmererpartei» hatte feiern können. Dort existierte über Jahrzehnte ein fein- und breitgespanntes Netz aus Funktionsträgern, die sich in der Partei, aber auch in den großen und mittleren Betrieben engagierten, die das markante, manchmal etwas herbe Gesicht der NRW-SPD prägten und ihre Erfolge auch dadurch erringen konnten, dass sie dicht bei den Leuten waren.

Seit diesen stolzen Zeiten hat sich das Land verändert, und die Sozialdemokratie ist immer noch auf der Suche nach einer angemessenen Sprache, diese veränderte soziale Wirklichkeit zu beschreiben. Ob der Begriff des «Respekts» dafür tatsächlich trägt? Aus der politischen Kommunikation der SPD ist er inzwischen beinahe schon wieder vollständig verschwunden, was angesichts der Debatten über den Krieg gegen die Ukraine auch nicht weiter verwundert.

Zwischen Rhein und Ruhr lassen sich diese langfristigen strukturellen Veränderungen besonders eindrücklich ablesen: Die Deindustrialisierung hat nicht nur den «Malocher» als romantisierte Sozialfigur verschwinden lassen, sondern mit ihm zugleich auch ein sozial-moralisches Milieu, das stark durch ein männlich geprägtes Arbeitsmodell des Haushaltsernährers geprägt und dessen Takt durch den Rhythmus der Schichtarbeit in der Stahl-, Bergbau- und Autoindustrie vorgegeben war. Davon ist kaum etwas geblieben. Die Bundesrepublik hat diese stille Revolution vielfach durch ihre Politik der Frühverrentung auffangen können und soziale Konflikte lange pazifiziert.

Das sozialdemokratische Versprechen der 1970er Jahre hatte darin bestanden, dass der Wohlfahrtsstaat den einmal erreichten sozialen Status sichern und die Leistungen des Sozialstaates beständig ausweiten werde. Schon vor der Agenda-Politik war dieses Modell, in dessen Zentrum eine rechtlich abgesicherte «Sozialbürgerschaft» stand, massiver Kritik ausgesetzt. Der Historiker Lutz Raphael hat eindrucksvoll beschrieben, wie dieses Sicherheitsversprechen seit den 2000er Jahren – nicht nur in Deutschland – schrittweise aufgekündigt wurde, um die Arbeitsmärkte von ihren angeblichen Fesseln zugunsten einer neuen «Flexibilisierung» zu befreien.[1] Hier ging es um weit mehr als «nur» um neue Instrumente der Arbeitsmarktpolitik. Es ging um veränderte Prioritäten sozialer Anerkennung, auch darum, für wen sich die reformistischen Parteien der linken Mitte überhaupt verantwortlich fühlten und wessen Interessen sie organisierten. Dass mit der Orientierung an den ökonomisch starken Mittelschichten und jenen Facharbeitern, die längst nicht mehr in der sozialräumlichen Enge der alten Werkssiedlungen lebten oder zumindest daraus schöne Eigenheime gemacht hatten, etwas aus dem Blickfeld verschwand, was die SPD lange Zeit geprägt hatte, fiel da kaum mehr auf: jene «classe populaire»[2], derer sich die Partei einmal so sicher gefühlt hatte. Ihre Lebensläufe, ihre Herkünfte, ihre familiären Strukturen und Bindungen veränderten sich ebenso wie die Formen der Erwerbstätigkeit, denen zunehmend die rechtliche Sicherheit fehlte. Mit dem industriellen Arbeiterbewusstsein der Vergangenheit hatte das alles kaum mehr etwas zu tun. Diesen Gruppen fehlte (und fehlt) die öffentliche Repräsentation, und es waren und sind insbesondere diese in ihrem sozialen Status besonders gefährdeten Haushalte, die der Politik – und der SPD – zunächst durch Nichtwahl den Rücken kehrten.

Das alles ist ein langer und komplexer Prozess sozialen Wandels, und er betrifft nicht nur die Sozialdemokratie. Aber hier kann man doch besonders deutlich erkennen, wohin die Orientierung an den Lebensentwürfen der ökonomisch stärkeren und rechtlich besser geschützten Gruppen geführt hat. In der Pandemie-Bekämpfung ließ sich beobachten, wie schwer sich auch hier die Politik damit tat, jene prekär Beschäftigten, Alleinerziehenden und Empfänger von Transferleistungen überhaupt als vulnerable Personen anzuerkennen. Sie gelten eher als eine amorphe Ansammlung von schwer definierbaren Lebensläufen, während die «alten» Facharbeiter den Aufstieg auch dank gewerkschaftlicher Unterstützung der Stammbelegschaften geschafft hatten und ihre Ausbildung und beruflichen Tätigkeiten sichtbar geblieben waren. Diese Unsichtbaren sind es jedenfalls, die zu einem wesentlichen Teil jener Dienstleistungsökonomie geworden sind, innerhalb derer harte körperliche Arbeit keineswegs verschwunden ist, wohl aber vielfach die vollumfängliche Wirkungskraft wohlfahrtsstaatlicher Schutzmechanismen. Dass diese Arbeit vielfach von migrantischen Arbeitskräften ausgeführt wird, in der Pflege wie in der Fleischindustrie, in der Reinigungsbranche wie in den Unternehmen der Plattform-Ökonomie, gehört mit zu diesem grundlegenden gesellschaftlichen Wandlungsprozess, der weit vor den 2000er Jahren begann und durch den Verlust alter Industrien seit den 1970er Jahren die Geschichte ganz Westeuropas geprägt hat.

Verändert haben sich seitdem die Formen der Beschäftigung, auch die Orte der Arbeit selbst. Stark war die Sozialdemokratie stets dort, wo gewerkschaftliche Organisation, industrielle Beschäftigung und serielle Produktion Hand in Hand gingen und einen eigenen sozialen Raum formten. Das organisatorische Netz der Sozialdemokratie ist mit dem Ende dieses industriellen Entwicklungspfades Stück für Stück zerrissen, während die Beschäftigten in den neuen Dienstleistungsökonomien vor gänzlich neuen Herausforderungen stehen, ihre Arbeitsplätze viel stärker individualisiert und viel weniger kollektiv organisiert sind. Solche Zentren gibt es noch immer, aber sie werden weniger. Geändert hat sich damit aber nicht nur die Arbeit, geändert haben sich auch die Lebensläufe und Interessen der SPD-Anhängerinnen und -Anhänger selbst. Das alte, von Willy Brandt beschworene Bündnis aus Arbeitern und liberalem Bürgertum hat sich vielfach gewandelt, ist heterogener geworden, die Wünsche und Sehnsüchte vielfältiger, ihre Lebenslagen unterschiedlicher. Und Schritt für Schritt haben sich die qualifizierten Arbeitnehmer und Gewinner der Globalisierung von jenen prekären Beschäftigten gelöst, die sich auf den flexibilisierten Arbeitsmärkten schwer taten oder denen es die neuen Konkurrenzverhältnisse unmöglich machten, gesicherte Beschäftigungsformen oder überhaupt einen Berufseinstieg zu finden. Diese Pluralisierung von Ungleichheits- und Mobilitätserfahrungen hat es für die SPD deutlich komplizierter gemacht, ein gemeinsames Angebot zu formulieren. Aber der Preis dafür ist hoch, nicht nur für die Sozialdemokratie, sondern für die Gesellschaft insgesamt.

Die Funktionsträger der Partei sind lange davon überzeugt gewesen, die alten Wählergruppen würden, wenn man nicht so viel über sie spräche, ihrer Partei im Kern schon treu bleiben, während es doch nun vor allem darum gehen müsse, jene neuen Aufsteiger der Mittelklassen an sich zu binden, die auf die postmateriellen Versprechen individueller Selbstverwirklichung und Leistungsorientierung ansprachen. Eine Zeitlang fiel es der Sozialdemokratie sogar schwer, sich überhaupt noch vorstellen zu können, dass Gesellschaften durch Klassen und Schichten geprägt sein könnten, und daher wollte sie von solchen Begriffen am liebsten gleich die Finger lassen.[3] Das alles klang doch, so ließ sich das übersetzen, einfach zu sehr nach den alten sozialistischen Theoriedebatten-

WGs der 1970er Jahre, die man inzwischen gerne gegen das geräumige Eigenheim eingetauscht hatte. Natürlich: Begriffe analysieren nicht nur, sie legen auch fest, normieren, transportieren Zuschreibungen und Abwertungen. Prekariat klang da jedenfalls schon besser als Unterschicht. Und doch verweist diese Abwehr – und der Versuch ihrer Überwindung – auf ein zentrales Problem, vor dem gerade die Sozialdemokratie stand und steht: dass die «prekäre Vollerwerbsgesellschaft» (Klaus Dörre) auf der Ausweitung schlecht bezahlter Erwerbstätigkeit basiert und dass es die Profiteure dieser Entwicklung sind, die gerne mit dem Finger auf die angeblich «verkrusteten» Arbeitsmärkte zeigen. Ein Versprechen sozialen Aufstiegs konnte die Sozialdemokratie in den Jahren der «Großen Koalition» kaum mehr glaubwürdig verkörpern, weil sich an der Richtung der Einkommensmobilität nichts ändern konnte.

Demokratisierung der Demokratie

Dass ausgerechnet Olaf Scholz im Wahlkampf in bemerkenswert offener Weise einen ideologisch aufgeladenen Leistungsbegriff kritisierte, der vor allem den ohnehin starken Schultern nützen und deren Lebensentwürfe absichern würde, war da durchaus erstaunlich und für manche auch intellektuell ein Hoffnungszeichen. Die beständige Suche nach einer jeweils zeitgemäßen Antwort auf die soziale Frage gerät da immer öfter aus dem Blick – und das auch deshalb, weil die Sozialdemokratie zugleich immer noch mit sich ringt, inwieweit die Bewältigung der Klimakrise primär als ein Problem des Erhalts «ihrer» Automobilindustrie zu betrachten sei – und nicht präziser über die Substanz ihrer Fortschritts- und Wachstumsmodelle nachzudenken vermag. Von diesem Versuch der Rückgewinnung einer eigenständigen politischen

Sprache ist in den Ausnahmezeiten der beständigen Krisenbewältigung nicht viel geblieben. Und doch ist sie dringend nötig, wenn die Sozialdemokratie überhaupt ein Gefühl für jene Verluste entwickeln möchte, die die Partei mit den Jahren erlitten hat. Dazu gehört, auch wieder mutiger über Reichtum und Armut, über soziale (und globale) Ungleichheiten der Klimakrise, über neue und alte Klassenstrukturen zu sprechen, die heute etwas anderes beschreiben als das Proletariat des 19. Jahrhunderts, aber doch einen wichtigen Hinweis auf die veränderten Mischungen sozio-ökonomischer und sozio-kultureller Ungleichheiten geben. Mit der Rede von den «hart arbeitenden Bürgerinnen und Bürgern» wird man dieses Repräsentationsdilemma kaum lösen können.

Ein Begriff hat sich indes bereits durchgesetzt: der Begriff der «Zeitenwende». Bisher markiert sie vor allem eine Form neuer Unsicherheit. Wie weit soll, ja muss sich die Bundesrepublik von ihrem Erbe einer defensiven, skeptischen Militärmacht verabschieden? Ist es Zeit für ein neues Verhältnis zu Waffen und Krieg angesichts der russischen Bedrohung? Was darf solch eine neue Ausrichtung kosten? Zu wessen Lasten wird sie gehen? Und heißt die Lehre aus den Verbrechen des Nationalsozialismus «Nie wieder Krieg» oder «Nie wieder Diktatur» – mit der Konsequenz, dass dann militärische Interventionen ein viel stärkeres moralisches Gebot erhielten?

All das sind nicht nur sozialdemokratische Konflikte, sie prägen auch die Union und die Grünen, die Gewerkschaften zumal, die innerlich besonders zerrissen sind, wenn es um Waffenlieferungen und militärische Unterstützung geht. «Zeitenwende» ist ein großer Begriff, der Enttäuschungen produzieren wird, auf allen Seiten. Olaf Scholz fällt es schwer, eine angemessene Sprache dafür zu finden und die Formel mit einem Inhalt zu füllen, der mehr bedeutet als die Erhöhung des Verteidigungsetats. Im Wahlkampf war es der SPD gelungen, das Feld der sozialpolitischen Kompetenz (wieder) zu besetzen. Aber sie war nie nur eine Ein-Thema-Partei. Als Emanzipationsbewegung war sie stets auch von der Idee angetrieben, autoritäre gesellschaftliche Strukturen aufzubrechen und all jenen Partizipationsmöglichkeiten zu eröffnen, die bisher am politischen und gesellschaftlichen Leben nicht teilhaben konnten.

Wer wissen will, wie es um die Idee einer Demokratie der Zukunft bestellt ist, den wird kaum etwas mehr enttäuschen als das Programm der SPD zur Bundestagswahl. Unter der einprägsamen Nummer «3.10» findet sich das Schlagwort «Demokratie stärken» – eine Seite Papier, auf der die Partei ihre Vision einer zukünftigen Demokratie entwickelt. Es geht dabei – natürlich – um eine wehrhafte Demokratie, die sich gegen Feinde schützen muss, und schon der zweite Satz enthält die schöne Forderung, Deutschland benötige eine «ausdifferenzierte föderale Sicherheitsstruktur». Ein neues «Demokratiefördergesetz» – sicher eine gute Idee – solle Vereine, Projekte und Ideen fördern und langfristig die Zivilgesellschaft stärken. Demokratie müsse gegen Rassismus und Fremdenfeindlichkeit verteidigt werden, der Verfassungsschutz die «Rolle eines demokratischen Frühwarnsystems erfüllen.»[4] Insgesamt bleiben die Überlegungen aber Stückwerk, ohne echten Esprit, in der Prioritätenliste weit nach hinten verbannt. Die Zukunft der Demokratie funkelt hier jedenfalls nicht, und man spürt, wie historisch abgeschlossen die Debatten über die «Demokratisierung» von Staat und Gesellschaft inzwischen für die SPD geworden sind. Dass liberale Demokratien aber eine Geschichte haben, sie kein festgefügter Endzustand sind, dass sie der beständigen Erneuerung, auch der institutionellen Kritik bedürfen – darüber nachzudenken würde gerade der Sozialdemokratie gut zu Gesicht stehen. Sie hatte hier lange eine eigenständige Tradition, die mit den Jahren indes zunehmend verschüttet worden ist.

Der französische Historiker Pierre Rosanvallon hat in seinen Arbeiten zur modernen Demokratie eindrucksvoll gezeigt, wie sehr demokratische Institutionen der ständigen Reflexion und Anpassung bedürfen und wie wandelbar auch Beteiligungsformen des Souveräns sein können. Die legitimatorische Basis politischer Prozesse hängt nicht zuletzt auch davon ab, wie eine «Betätigungsdemokratie» zwischen den Wahlgängen organisiert werden kann.[5]

Wie sehr hätte man sich – auch angesichts der Auseinandersetzung mit rechtspopulistischen Bewegungen – eine klarere Antwort darauf gewünscht, wie sich die SPD als Partei neue Optionen der Mitbestimmung, des Gesprächs, der kommunalen Entscheidungsstrukturen vorstellt, wie sie eine Antwort auf das vielfach beschworene «postdemokratische Zeitalter» geben möchte. Wahlkampfbroschüren sind kein Ort für komplexe Antworten. Und doch ist zu spüren, dass die Jahre der eigenen Sinnkrise ein Vakuum demokratischer Experimentierlust hinterlassen haben, das noch nicht wieder gefüllt worden ist. Das gilt für den Westen, aber auch für den Osten Deutschlands, mit seiner eigenen Demokratiegeschichte und einer besonders ausgeprägten Skepsis gegenüber staatlichen Institutionen, die während der Pandemie wahrlich nicht kleiner geworden ist. Von der Union war in dieser Hinsicht in der Vergangenheit nicht viel zu erwarten. Umso wichtiger wäre es, im Ringen mit autoritären, rassistischen, antidemokratischen und autoritären Einstellungen die Auseinandersetzung ernst zu nehmen – ernster als bisher jedenfalls. Hier gäbe es noch viel mehr, womit man den Begriff der «Zeitenwende» füllen könnte und müsste. Für einen «seltsamen» und unerwarteten Sieg mochte es im September 2021 reichen – für ein neues «sozialdemokratisches Jahrzehnt», von dem manche schon zu träumen begannen, reicht es bislang ganz sicher nicht.

Anhang

Dank

Es ist ein abenteuerliches Projekt, sich als Historiker mit so wenig Abstand auf die Zeitläufte unserer Gegenwart einzulassen. Dass das Buch überhaupt nun vorliegt, verdanke ich der wunderbaren Unterstützung und dem Austausch am Lehrstuhl für Neuere und Neueste Geschichte der Uni Augsburg, einem ganz besonderen Ort, der mir sehr wichtig ist. Vor allem danke ich hier Markus Boerchi, Florian Greiner, Chantal Hambeck, Jan Neubauer und Juliane Itzin für ihre vielfältige Hilfe und klugen Anregungen. Kristina Meyer, Winfried Süß und Gregor Weber haben mir viel von ihrer Zeit geschenkt. Das ist nicht selbstverständlich, und dafür bin ich ebenso dankbar wie für die Unterstützung durch Sebastian Ullrich vom Verlag C.H.Beck. Mit Helga Grebing hätte ich gerne über vieles vorher diskutiert. Über den «seltsamen Sieg» hätte sie sich sicher gefreut, aber sie hätte ganz sicher ihre Stimme erhoben, um die Richtung der «Zeitenwende» mitzubestimmen. Es ist eine Stimme, die uns fehlt.

Augsburg, im Juni 2022

Anmerkungen

1. Einleitung

1 Vgl. hierzu: Bulletin der Bundesregierung, Nr. 150–1 vom 15. Dezember 2021, Regierungserklärung von Bundeskanzler Olaf Scholz vor dem Deutschen Bundestag am 15. Dezember 2021 in Berlin (https://www.bundesregierung.de/resource/blob/975954/1992146/8 1174a26a561690dc68cba1498b66622/150-1-bk-regierungserklaerung-data.pdf?download=1).

2 So das Abschlussstatement von Robin Alexander von der WELT: https://www.zdf.de/politik/maybrit-illner/maybrit-illner-spezial-zur-bundestagswahl-am-26-september-2021-100.html.

3 Ein Überblick über die Geschichte und Gegenwart der deutschen Sozialdemokratie bieten u. a. Timo Grunden/Maximilian Janetzki/Julian Salandi, Die SPD. Anamnese einer Partei, Baden-Baden 2017; Franz Walter, Die SPD. Biografie einer Partei von Ferdinand Lassalle bis Andrea Nahles, Berlin [3]2015; und bereits mit einem Kapitel zur Bundestagswahl 2021 die aktualisierte Neuauflage von Richard Stöss, SPD am Wendepunkt. Neustart oder Niedergang!, Marburg 2022, bes. S. 191–222. Peter Brandt/Detlef Lehnert, Eine kurze Geschichte der deutschen Sozialdemokratie. Von den Anfängen bis heute, Bonn 2022.

4 Eindrucksvoll in diesem Sinne: Stephan Lamby, Entscheidungstage. Hinter den Kulissen des Machtwechsels, München 2021; sehr dicht ebenfalls Robin Alexander, Machtverfall. Merkels Ende und das Drama der deutschen Politik: Ein Report, München 2021.

5 Anselm Doering-Manteuffel/Lutz Raphael, Nach dem Boom. Perspektiven auf die Zeitgeschichte seit 1970, Göttingen 2008.

6 Stephan Lessenich, Die Neuerfindung des Sozialen. Der Sozialstaat im flexiblen Kapitalismus, Bielefeld 2008.

7 Oliver Nachtwey, Die Abstiegsgesellschaft: über das Aufbegehren in der regressiven Moderne, Berlin 2016.

2. Der Wahlabend: Von ungewohnten Glücks-momenten, Krisen und gelungenen Kampagnen

1 Pressekonferenz der SPD mit Wahlsieger Olaf Scholz ab Minute 4:40, in: https://www.youtube.com/watch?v=ExnUjNlj4Ms.
2 Vgl. u. a. Markus Feldenkirchen, Die irren Thesen des Markus F., in: DER SPIEGEL (27.12.2021).
3 https://de.statista.com/statistik/daten/studie/1256856/umfrage/ waehlerwanderung-von-und-zu-der-spd-bei-der-bundestagswahl/.
4 Zum Begriff und den Diskussionen vgl. u. a. Elmar Wiesendahl, Volksparteien: Aufstieg, Krise, Zukunft, Opladen u. a. 2011.
5 Kutz Klotzbach sprach sogar von der Sozialdemokratie als «Staats-partei». Vgl. ders., Der Weg zur Staatspartei. Programmatik, prakti-sche Politik und Organisation der deutschen Sozialdemokratie, Bonn 1982 (unveränderter Nachdruck 1996).
6 Alf Mintzel, Die Volkspartei. Typus und Wirklichkeit. Ein Lehrbuch, Opladen 1984, S. 23.
7 Ebd., S. 27. Umfassend zum Umgang der SPD mit der NS-Vergangen-heit und den Anfeindungen der Union vgl. auch Kristina Meyer, Die SPD und die NS-Vergangenheit 1945–1990, Göttingen 2015.
8 Robert Michels, Zur Soziologie des Parteiwesens in der modernen Demokratie. Untersuchungen über die oligarchischen Tendenzen des Gruppenlebens, Leipzig 1911.
9 Silke Mende, Krise der Parteiendemokratie? Zeithistorische Schlag-lichter auf eine (nicht nur) aktuelle Debatte, in: Thorsten Holz-hauser/Felix Lieb (Hrsg.), Parteien in der «Krise». Wandel der Par-teiendemokratie in den 1980er- und 1990er-Jahren, Berlin 2021, S. 25–40, hier S. 31.
10 https://twitter.com/olafscholz/status/1169257798733094912.
11 «Ich will die Welt ein Stück besser machen». Interview mit Olaf Scholz, in: DER SPIEGEL (01.10.2021) (online u. a. hier: https:// olaf-scholz.spd.de/aktuelles/interviews-reden/olaf-scholz-im-inter-view-mit-dem-spiegel/).

3. Über Herzkammern, Diasporaregionen und neue Einsamkeit – oder: Wer wählt heute wieder (noch) SPD?

1 Laura Ewert, Meine Mutter, die SPD und ich, in: taz (06.01.2019). Alle Angaben und Zitate nach ebd.
2 Folgendes nach Frank Bandau, Was erklärt die Krise der Sozialde-

mokratie? Ein Literaturüberblick, in: Politische Vierteljahresschrift 60 (2019), S. 587–609.

3 Jannes Jacobsen/Martin Kroh, Eingewanderte bauen nur schrittweise Bindungen an Parteien in Deutschland auf, DIW Wochenbericht 28/2021, S. 491–499; alle Zahlenangaben nach ebd.

4 Ausführlich zum Verhältnis von Sozialdemokratie und Migration seit den 1960er Jahren vgl. Daniel Volkert, Parteien und Migranten. Inkorporationsprozesse innerhalb der SPD und der französischen PS, Bielefeld 2017. Die Studie untersucht dafür insbesondere die Erfahrungen in Berlin und Paris.

5 Über die Wandlungen des Begriffs «Arbeiter» demnächst die Studie von Stefan Wannenwetsch, «Es gibt noch Arbeiter in Deutschland». Zur Transformation der Kategorie ‹Arbeiter› in der bundesrepublikanischen Arbeitnehmergesellschaft, Diss. Uni Tübingen 2022.

6 Forschungsgruppe Wahlen. Bundestagswahl. Eine Analyse der Wahl vom 26. September 2021. Berichte der Forschungsgruppe Wahlen e. V., Mannheim, Nr. 183. Oktober 2021, S. 60.

7 Wolfgang Schroeder, Sozialdemokratie und Gewerkschaften. Eine besondere Verbindung, in: WSI-Nachrichten 2020 (73), S. 247–255.

8 Henning Meyer, Wege aus der «Kosmopolitismusfalle». Warum die Sozialdemokratie kommunitaristisch und kosmopolitisch sein muss, Neue Gesellschaft/Frankfurter Hefte, H. 4 (2016), S. 43–46.

9 Wolfgang Thierse, Wie viel Identität verträgt die Gesellschaft?, in: Frankfurter Allgemeine Zeitung (22.02.2021); Zitate nach ebd.

10 Gesine Schwan, Wider das Gift kollektiver Identität, in: Süddeutsche Zeitung (26.02.2021).

11 Thomas Meyer, Kommunitaristen, Kosmopoliten und die «verlorene Arbeiterklasse», in: Neue Gesellschaft/Frankfurter Hefte H. 3 (2017), S. 37–41.

12 Wolfgang Merkel, «Bruchlinien. Kosmopolitismus, Kommunitarismus und die Demokratie», in WZB-Mitteilungen, H. 154 (2016), S. 11–14; Michael Zürn, Pieter de Wilde: Debating Globalization. Cosmopolitanism and Communitarianism as Political Ideologies, in: Journal of Political Ideologies 21 (2016), S. 280–301.

13 Tarik Abou-Chadi/Reto Mitteregger/Cas Mudde, Left behind by the working class? Social democracy's electoral crisis and the rise of the radical right. Hrsg. von der Friedrich-Ebert-Stiftung (Berlin). Abteilung Analyse, Planung und Beratung, o.O., 2021; Angaben nach ebd.; ausführlich ebenfalls Silja Häusermann u. a., Transformation of the Left. The Myth of Voter Losses to the Radical Right, Friedrich-Ebert-Stiftung, International Policy Analysis, January 2021 (http://library.fes.de/pdf-files/id/ipa/17385.pdf); Markus Wagner/ Thomas M. Meyer, The Radical Right as Niche Parties? The Ideolo-

gical Landscape of Party Systems in Western Europe, 1980–2014, Political Studies 65 (2017), S. 84–107.

14 Forschungsgruppe Wahlen. Bundestagswahl. Eine Analyse der Wahl vom 26. September 2021. Berichte der Forschungsgruppe Wahlen e. V., Mannheim, Nr. 183. Oktober 2021, S. 56f.

15 Ebd., hier S. 46, S. 44.

16 Hendrik Träger/Celine Matthies, Die Bundestagswahl 2021 in Ostdeutschland, in: Deutschland Archiv, 19.11.2021, Link: www.bpb.de/343667; Zahlenangaben nach ebd.

17 Olaf Scholz, Mein Plan für Ostdeutschland. Rede des SPD-Kanzlerkandidaten beim Ostkonvent der SPD am 30.05.2021 in Halle (https://www.spd.de/fileadmin/Dokumente/Reden/21210530_Scholz_Rede_Ostkonvent_final.pdf).

18 Parteimitglieder in Deutschland: Arbeitshefte aus dem Otto-Stammer-Zentrum Nr. 31, Berlin, Freie Universität Berlin 2020 (Version 2020), hier S. 12 (https://www.polsoz.fu-berlin.de/polwiss/forschung/systeme/empsoz/team/ehemalige/Publikationen/schriften/Arbeitshefte/P-PMIT20_Nr_31.pdf).

19 Alle Angaben nach Kerstin Völkl, Die sachsen-anhaltische Landtagswahl vom 6. Juni 2021: Die Mitte ist stabil, in: Zeitschrift für Parlamentsfragen H. 3 (2021), S. 520–540, hier S. 537.

20 Die ältere Diskussion um die «Krise» der Parteien und ihrer Mitglieder vgl. Elmar Wiesendahl, Mitgliederparteien am Ende? Eine Kritik der Niedergangsdiskussion, Wiesbaden 2006.

21 https://www.dortmund.de/media/p/statistik/landtagswahl2022/Landtagswahl_2022_-_Dortmund_hat_gewhlt.pdf, hier S. 10–11.

4. Auf den Kandidaten kommt es (auch) an: Von Willy Brandt bis Olaf Scholz

1 Kevin Kühnert und die SPD, NDR-Dokumentation, Folge 6: Machtlektionen, Minute 38 ff.

2 Vgl. Daniela Forkmann/Saskia Richter, Wenn politische Führung scheitert. Eine Einleitung, in: dies. (Hrsg.), Gescheiterte Kanzler-Kandidaten. Von Kurt Schumacher bis Edmund Stoiber, Wiesbaden 2007, S. 15–26.

3 Folgendes nach Matthias Micus, Willy Brandt. Konkurrenzlos als Kandidat, chancenlos als Sozialdemokrat, in: Forkmann/Richter (Hrsg.), Gescheiterte Kanzler-Kandidaten, S. 62–173, hier S. 65–76.

4 Jüngst dazu auch Scott H. Krause, Vorposten der Freiheit. Remigranten an der Macht im geteilten Berlin (1940–1972), Frankfurt am Main 2022.

5 Daniela Münkel, Zwischen Diffamierung und Verehrung. Das Bild Willy Brandts in der bundesdeutschen Öffentlichkeit (bis 1974), in: Carsten Tessmer (Hrsg.), Das Willy Brandt-Bild in Deutschland und Polen (= Schriftenreihe der Bundeskanzler-Willy-Brandt-Stiftung 6), Berlin 2000, S. 23–40; Folgendes nach ebd.; ausführlich dies., Willy Brandt und die «Vierte Gewalt». Politik und Massenmedien in den 50er bis 70er Jahren, Frankfurt am Main/New York 2005.

6 Ausführlich Anja Kruke, Demoskopie in der Bundesrepublik. Meinungsforschung, Parteien und Medien 1949–1990, Düsseldorf 2007.

7 Vgl. u.a. «Informant «O-35-VIII» mit der Vorliebe für Whiskey», in: DER SPIEGEL 51/2021 (17.12.2021).

8 «Allein mit Scholz wird's nicht gehen», in: DER SPIEGEL 19/2021 (07.05.2021); Zitate nach ebd.

9 Zu den unterschiedlichen Strömungen Dietmar Süß, Die Enkel auf den Barrikaden. Jungsozialisten in der SPD in den Siebzigerjahren, in: Archiv für Sozialgeschichte, 44 (2004), S. 67–104, hier S. 83 ff.; basierend auf ebd.

10 Günter Beling/Olaf Scholz, Nach dem Scheitern des «Godesberger Weges». Thesen zur Perspektive von marxistischen Sozialdemokraten aus der Opposition, in: Zeitschrift für Sozialistische Politik und Wirtschaft spw 19 (1983), S. 213–218; alle Zitate nach ebd.

11 Ebd., S. 214.

12 Olaf Scholz, Immer wieder Stamokap... Zu den jüngsten Auseinandersetzungen um den SHB, in: Zeitschrift für Sozialistische Politik und Wirtschaft spw 27 (1985), S. 195–198.

13 Olaf Scholz, Frankfurter Kreisverkehr, in: Zeitschrift für Sozialistische Politik und Wirtschaft spw 17 (1982), S. 367 f.

14 Günter Beling/Olaf Scholz/Hannes Schulze, Die Hamburg-Wahl und die Grün-Alternativen – ein Signal für die Sozialdemokratie, in: Zeitschrift für Sozialistische Politik und Wirtschaft spw 16 (1982), S. 289–294.

15 Bertram Sauer/Olaf Scholz, Aspekte sozialistischer Friedensarbeit, in: Zeitschrift für Sozialistische Politik und Wirtschaft spw 22 (1984), S. 85–89, hier S. 88.

16 Jan Hansen, Abschied vom Kalten Krieg? Die Sozialdemokraten und der Nachrüstungsstreit (1977–1987), Berlin/Boston 2016, S. 69.

17 «Im Profil», in: Süddeutsche Zeitung (26.09.2002).

18 «Linker Haken», in: DER SPIEGEL (21.08.2003).

19 «Auf Krücken und mit zerschossenen Beinen», in: Süddeutsche Zeitung (19.11.2003).

20 «Notoperation am eigenen Leib», in: Süddeutsche Zeitung (07.02.2004).

21 https://www.forschungsgruppe.de/Umfragen/Politbarometer/ Archiv/Politbarometer_2021/Mai_II_2021/.

22 Forschungsgruppe Wahlen. Bundestagswahl. Eine Analyse der Wahl vom 26. September 2021. Berichte der Forschungsgruppe Wahlen e. V., Mannheim, Nr. 183. Oktober 2021, S. 29–39; alle Zahlenangaben nach ebd. (Spitzenkandidat/innen).

23 Ebd., S. 37.

5. Wählen, streiten, plakatieren: Die Sozialdemokratie als Mitgliederpartei

1 «Scholz groß, Partei klein», in: taz (04.08.2021).

2 Finanzbericht des Schatzmeisters 2019/2020, Parteitag Berlin, 11. Dezember 2021, S. 28 (https://www.spd.de/fileadmin/Dokumente/Parteiorganisation/Finanzen/Finanzberichte/Finanzbericht_2021.pdf).

3 Peter Glotz, Anatomie einer Großstadtpartei, in: Aus Parlament und Zeitgeschehen, 25 (1975), S. 15–37, hier S. 34; folgende Angaben nach ebd. Der Anteil der Frauen stieg zwischen 1968 und 1974 von 22 % auf 27 %.

4 Zum Begriff vgl. Bernhard Gotto, Enttäuschung in der Demokratie. Erfahrung und Deutung von politischem Engagement in der Bundesrepublik während der 1970er und 1980er Jahre, Berlin 2018.

5 Vgl. Dietmar Süß, Das Godesberger Programm. Demokratie als Lebensform, in: Anja Kruke/Meik Woyke (Hrsg.), Deutsche Sozialdemokratie in Bewegung, Bonn 2012, S. 238–243.

6 Waldemar von Knoeringen vor der 15. Landeskonferenz der SPD in Nürnberg vom 9.–11.7.1965, Archiv der sozialen Demokratie, NL Waldemar von Knoeringen, Box 1112.

7 Folgendes nach Marc Meyer, Zwischen Tradition und Moderne. Die Auseinandersetzungen um die politische Mobilisierungsarbeit der Frankfurter SPD ab Mitte der 1980er-Jahre, in: Thorsten Holzhauser/Felix Lieb (Hrsg.), Parteien in der «Krise». Wandel der Parteiendemokratie in den 1980er- und 1990er-Jahren, Berlin 2021, S. 56–69; Zitate nach ebd.

8 Differenziert Thorsten Holzhauser/Felix Lieb, Einleitung: Krise oder Wandel? Politische Parteien in der Bundesrepublik Deutschland der 1980er und 1990er Jahre, in: dies. (Hrsg.), Parteien in der «Krise». Wandel der Parteiendemokratie in den 1980er- und 1990er-Jahren, Berlin 2021, S. 7–24, hier bes. S. 14 f.

9 Heinrich Potthoff, Die Bundestagswahl 1972. «Willy wählen», in:

Bernd Faulenbauch (Hrsg.), Menschen, Ideen, Wegmarken. Aus 150 Jahren deutscher Sozialdemokratie, Berlin 2013, S. 302–312.

10 Alle Zahlen nach Markus Klein u. a., Die Sozialstruktur der deutschen Parteimitgliedschaften. Empirische Befunde der deutschen Parteimitgliederstudien 1998, 2009 und 2017, in: Zeitschrift für Parlamentsfragen 50 (2019), S. 81–98, hier S. 88.

11 Folgendes nach Sebastian Bukow, Die SPD-Parteiorganisationsreform 2009–2011. Mit Primaries und verstärkter Basisbeteiligung auf dem Weg zur «modernsten Partei Europas»?, in: Ursula Münch/Uwe Kranenpohl/Henrik Gast (Hrsg.), Parteien und Demokratie. Innerparteiliche Demokratie im Wandel, Baden-Baden 2004, S. 133–150; Timo Grunden/Maximilian Janetzki/Julian Salandi, Die SPD. Anamnese einer Partei, Baden-Baden 2017, S. 122–137.

12 Bukow, SPD-Parteiorganisationsreform, S. 146.

13 Beschluss des SPD-Parteivorstands: Mehr Demokratie leben, Mitteilung für die Presse (21.3.2011), https://www.bpb.de/system/files/dokument_pdf/20110321_beschluss_demokratie-data.pdf.

14 Aus Fehlern lernen. Eine Analyse der Bundestagswahl 2017, S. 71, abrufbar unter: https://www.spd.de/fileadmin/Dokumente/Sonstiges/Evaluierung_SPD_BTW2017.pdf.

15 Ebd., S. 72.

16 Dennis Michels, Digitaler Wandel in der SPD. Kommunikation, Beteiligung und Organisation in der Parteireform 2017–2019, 2021 (e-book), bes. S. 157.

17 Thomas Mergel, Propaganda nach Hitler. Eine Kulturgeschichte des Wahlkampfes in der Bundesrepublik 1949–1990, Göttingen 2010, S. 135.

18 Andreas Dörner, «Wahlkämpfe – eine rituelle Inszenierung des ‹demokratischen Mythos›», in: ders./Ludgera Vogt (Hrsg.), Wahl-Kämpfe. Betrachtungen über ein demokratisches Ritual, Frankfurt am Main 2002, S. 16–42.

19 Folgendes nach Mergel, Propaganda, S. 296–309.

20 SPD-Wahlkampfspot zur Bundestagswahl 2021 (https://www.youtube.com/watch?v=qInprvuPuho).

21 Folgendes nach Mergel, Propaganda, S. 302–306.

22 https://www.rnd.de/politik/spd-video-matroschka-spot-warnt-vor-erzkatholischem-laschet-vertrauten-kritik-wegen-wahlkampf-ZY6WSQWB7RBNXB5DWBFR2RPAOE.html.

23 Zit. nach Stefan Ummenhofer, Hin zum Schreiten Seit' an Seit'? SPD und katholische Kirche seit 1957, Berlin 2000, S. 63; Hinweis entnommen aus Mergel, Propaganda, S. 325; ausführlich ebd., S. 325–333.

24 Mergel, Propaganda, S. 168.

25 Ebd., 162–176, Folgendes nach ebd.

6. Der Wert von Werten:
Die Suche nach Respekt und Solidarität

1 SPD Debattencamp 2020, Olaf Scholz im Gespräch mit Michael Sandel (https://www.youtube.com/watch?v=fz297p5Qw18); vgl. dazu Mark Schieritz, Olaf Scholz – Wer ist unser Kanzler?, Frankfurt am Main 2022, S. 54–65.

2 Michael J. Sandel, Vom Ende des Gemeinwohls. Wie die Leistungsgesellschaft unsere Demokratien zerreißt, Frankfurt am Main 2020.

3 Ebd., S. 40 ff.

4 Ebd., S. 336–340.

5 Olaf Scholz, Plädoyer für eine Gesellschaft des Respekts, in: Frankfurter Allgemeine Zeitung (10.03.2021).

6 Andreas Reckwitz, Die Gesellschaft der Singularitäten. Zum Strukturwandel der Moderne, Berlin ³2020.

7 Rudolf Scharping, Solidarität als sozialdemokratischer Grundwert, in: Grundwerte heute: Solidarität. Dokumentation einer Podiumsdiskussion vom 8. November 2000 in Berlin, hrsg. von SPD, S. 6–8; Zitate nach ebd.; basierend auf Dietmar Süß, Linke Sinnsuche. Die Sozialdemokratie nach dem Sieg des Westens, in: Jahrbuch Deutsche Einheit 2022. Hrsg. von Marcus Böick/Constantin Goschler/Ralph Jessen, Berlin 2022, S. 131–148, hier S. 142–145.

8 Grundsatzprogramm der Sozialdemokratischen Partei Deutschlands. Herausgegeben vom Vorstand der Sozialdemokratischen Partei Deutschlands, Bonn 1959, S. 7.

9 Ebd., S. 24 f.

10 Ausführlich zur Geschichte des Begriffs Dietmar Süß/Cornelius Torp, Solidarität. Vom 19. Jahrhundert bis zur Corona-Krise, Bonn 2021, bes. S. 80 ff.

11 Olaf Scholz, Umverteilen – aber was? Warum Sozialdemokratien über Gerechtigkeit nachdenken müssen, in: Zeitschrift für Sozialistische Politik und Wirtschaft spw 133 (2003), Ausgabe 4, S. 19–22, hier S. 19.

12 John Rawls, Eine Theorie der Gerechtigkeit, Frankfurt am Main 1975 (engl. 1971).

13 Philipp Kufferath, Peter von Oertzen (1924–2008). Eine politische und intellektuelle Biografie, Göttingen 2017, S. 463–480.

14 Orientierungsrahmen '85 (1975), in: Daniela Münkel, Freiheit, Gerechtigkeit und Solidarität. Die Programmgeschichte der Sozialdemokratischen Partei Deutschlands, Berlin 2009, S. 115–216, hier S. 118.

15 Ebd., S, 119.

16 Ebd., S. 55.

17 Deutscher Bundestag, 14 Wahlperiode, 3. Sitzung vom 10. November 1998, Regierungserklärung des Bundeskanzlers Gerhard Schröder, S. 47–67, hier S. 62 (B).

18 «Schröder fordert Optimismus», in: DER SPIEGEL (06.04.2001).

19 Andrea Nahles, Solidarität im digitalen Kapitalismus, Rede am 13. Juni im Willy-Brandt-Haus, Presseservice des SPD-Parteivorstandes, 077/18 (https://www.spd.de/fileadmin/Dokumente/Reden/2018 0613_Rede_Nahles.pdf).

20 «Solidarität – Unterpfand unserer Zukunft». Grundwertekommission beim SPD-Parteivorstand, Februar 2019, hier S. 5 f. (https:// grundwertekommission.spd.de/fileadmin/gwk/Dokumente/Solidaritaet_Unterpfand_unserer_Zukunft_Langfassung.pdf).

7. «Endlich vorbei der Scheiß»: Sozialdemokratie, Sozialstaat und das Erbe der Agenda-Politik

1 Kevin Kühnert und die SPD, NDR-Dokumentation, Folge 6: Machtlektionen, Minute: 17:11 (https://www.ndr.de/fernsehen/Kevin-Kuehnert-und-die-SPD-Machtlektionen,sendung1188674.html).

2 Ebd., Minute: 20:25.

3 Ebd., Minute: 22:15.

4 Malu Dreyer, SPD-Parteitagsprotokoll, 6–8. Dezember 2019, S. 256.

5 Kai Doering/Jonas Jordan/Benedikt Dittrich, Abkehr von Hartz IV: SPD-Parteitag beschließt neues Sozialstaatskonzept, in: «Vorwärts» vom 7. Dezember 2019 (https://www.vorwaerts.de/artikel/abkehr-hartz-iv-spd-parteitag-beschliesst-neues-sozialstaatskonzept).

6 Beschluss Nr. 3, Arbeit-Solidarität: Ein neuer Sozialstaat für eine neue Zeit, SPD-Parteitagsprotokoll, 6.–8. Dezember 2019, S. 2.

7 In diesem Sinne Lars Klingbeil, «Die Agenda-2010-Debatte langweilt mich», in: Der Tagesspiegel (15.04.2018).

8 Dazu Sebastian Nawrat, Agenda 2010 – ein Überraschungscoup? Kontinuität und Wandel in den wirtschafts- und sozialpolitischen Programmdebatten der SPD seit 1982, Bonn 2012, hier S. 251–256; Florian Fößel, Warum scheiterte der Dritte Weg der Sozialdemokratie? Labour Party und SPD im Vergleich, Baden-Baden 2020, hier S. 65–69.

9 Der Weg nach vorn für Europas Sozialdemokraten. Ein Vorschlag von Gerhard Schröder und Tony Blair vom 8. Juni 1999 (Wortlaut), in: Blätter für deutsche und internationale Politik, 44 (1999), S. 887–896.

10 Ausführlich in vergleichender Perspektive Fößel, Warum scheiterte der Dritte Weg der Sozialdemokratie? Bilanzierend S. 545–551, dort auch alle weiterführende Literatur.

11 Der Weg nach vorn für Europas Sozialdemokraten. Ein Vorschlag von Gerhard Schröder und Tony Blair vom 8. Juni 1999, in: Blätter für deutsche und internationale Politik, 44 (1999), hier S. 894.

12 Wolfgang Streeck, Einleitung: Internationale Wirtschaft, nationale Demokratie?, in: ders. (Hrsg.), Internationale Wirtschaft, nationale Demokratie. Herausforderungen für die Demokratietheorie, Frankfurt/New York 1998, S. 11–58, hier S. 43.

13 Lessenich, Neuerfindung des Sozialen, S. 85–95; Folgendes nach ebd.

14 Leicht verändert abgedruckt in: Olaf Scholz: Gerechtigkeit und Solidarische Mitte im 21. Jahrhundert, in: Neue Gesellschaft/Frankfurter Hefte 50 (2003), H. 9, S. 15–20.

15 Regierungserklärung Bundeskanzler Gerhard Schröder vom 14. März 2003: Mut zum Frieden und Mut zur Veränderung, Deutscher Bundestag, 15. Wahlperiode, 32. Sitzung, S. 2479–2493, hier S. 2480 (D).

16 Folgendes nach Winfried Süß, Soziale Sicherheit und soziale Ungleichheit in wohlfahrtsstaatlich formierten Gesellschaften, in: Frank Bösch (Hrsg.), Geteilte Geschichte. Ost- und Westdeutschland 1970–2000, Göttingen 2015, S. 153–193, hier S. 183–187; alle Zahlenangaben nach ebd.

17 Zahlenangaben nach Richard Stöss, SPD am Wendepunkt. Neustart oder Niedergang!, Marburg 2022, S. 90; als Bilanz Oskar Niedermayer, War die Agenda 2010 an allem Schuld? Die Regierungsparteien SPD und Bündnis 90/Die Grünen, in: Eckard Jesse/Roland Sturm (Hrsg.), Bilanz der Bundestagswahl 2005. Voraussetzungen, Ergebnisse, Folgen, Wiesbaden 2006, S. 119–155.

18 Ausführlich Stöss, SPD, S. 178–182; Angaben nach ebd.; ähnlich: Hanna Schwander/Philipp Manow, ‹Modernize and Die›? German social democracy and the electoral consequences of the Agenda 2010, in: Socio-Economic Review, 15 (2017), S. 117–134.

19 Ausführlich zu den Vorstellungen von Europa und der europäischen Integration innerhalb der sozialdemokratischen Parteien vgl. Christian Krell, Sozialdemokratie und Europa. Die Europapolitik von SPD, Labour Party und Parti Socialiste, Wiesbaden 2009.

20 Dazu Christian Henkes, Schweden, in: Wolfgang Merkel u. a., Die Reformfähigkeit der Sozialdemokratie. Herausforderungen und Bilanz der Regierungspolitik in Westeuropa, Wiesbaden 2006, S. 272–314; Jens Gmeiner, Auf der Suche nach der erfolgreichen Vergangenheit. Die Oppositionsdepression der schwedischen Sozialdemokratie, in: Felix Butzlaff/Matthias Micus/Franz Walter (Hrsg.), Genossen in der Krise? Europas Sozialdemokratie auf dem Prüfstand, Göttingen 2011, S. 65–77.

21 Als knapper Überblick: Uwe Jun, Die SPD in der Ära Merkel: Eine Partei auf der Suche nach sich selbst, in: Reimut Zohlnhöfer/Thomas Saalfeld (Hrsg.), Politikwandel und Krisenmanagement. Eine Bilanz der Regierung Merkel 2013–2017, Wiesbaden 2019, S. 39–62, bes. 41–47.

22 Die Typologie nach André Krouwel/Yordan Kutiyski, Sozialdemokratische Parteien in Europa: Typologie und Erfolge, in: Frankfurter Hefte/Neue Gesellschaft 2019, H. 5, S. 52–59.

23 https://www.youtube.com/watch?v=hahfjbsbvW8.

24 «Vertritt die SPD noch die Arbeiterklasse, Herr Scholz?», in: DER SPIEGEL (26.02.2021); Julia Friedrichs, Working Class. Warum wir Arbeit brauchen, von der wir leben können, Berlin/München ²2021.

8. Fortschrittskoalitionen – ein ungelöstes Dilemma

1 «Doktor Scholz bitte in den Operationssaal», in: DER SPIEGEL (10.11.2021).

2 «177 Seiten, 52000 Wörter, aber ‹wenig Gelaber›», in: DER SPIEGEL (27.11.2021); Angaben nach ebd.

3 Bulletin der Bundesregierung, Nr. 150-1 vom 15. Dezember 2021, Regierungserklärung von Bundeskanzler Olaf Scholz vor dem Deutschen Bundestag am 15. Dezember 2021 in Berlin (https://www.bundesregierung.de/resource/blob/975954/1992146/81174a26a5616 90dc68cba1498b66622/150-1-bk-regierungserklaerung-data.pdf? download=1), hier S. 7.

4 Dazu ausführlich für die Zeit von den 1960er bis in die 2000er Jahre: Elke Seefried, Partei der Zukunft? Der Wandel des sozialdemokratischen Fortschrittsverständnisses 1960–2000, in: Fernando Esposito (Hrsg.), Zeitenwandel. Transformation geschichtlicher Zeitlichkeit nach dem Boom, Göttingen 2017, S. 193–225.

5 Vgl. dazu auch ebd., S. 194.

6 Sigmar Gabriel, Dem Fortschritt eine neue Richtung geben, in: Matthias Machnig (Hrsg.), Welchen Fortschritt wollen wir? Neue Wege zu Wachstum und sozialem Wohlstand, Frankfurt am Main/New York 2011, S. 22–32; alle Angaben nach ebd.

7 Ebd., S. 26.

8 Ausführlich über die Debatte um den «Orientierungsrahmen» vgl. Philipp Kufferath, Peter von Oertzen (1924–2008). Eine politische und intellektuelle Biografie, Göttingen 2017, hier S. 463–480.

9 Erstmals Richard Löwenthal, Identität und Zukunft der SPD, in: Die Neue Gesellschaft, Dezember 1981, S. 1085–1089; zit. nach Richard

Löwenthal, Identität und Zukunft der SPD, in: Thomas Meyer (Hrsg.), Soziale Demokratie. Wege und Ziele, Bonn 2021, S. 137–145.

10 Ebd., S. 138.

11 Ebd., S. 139.

12 Ebd., S. 141.

13 Ebd., S. 140.

14 Ralf Dahrendorf, Die Chancen der Krise. Über die Zukunft des Liberalismus, Stuttgart 1983, bes. S. 16–24; zur zeitgenössischen Diskussion vgl. insbesondere Wolfgang Merkel, Ende der Sozialdemokratie? Machtressourcen und Regierungspolitik im westeuropäischen Vergleich, Frankfurt am Main 1993, bes. Kapitel 2.

15 Janine Gaumer, Wackersdorf. Atomkraft und Demokratie in der Bundesrepublik 1980–1989, München 2018, S. 127–150.

16 Folgendes nach Felix Lieb, Von der «ökologischen Modernisierung» zum «Primat der Ökonomie». Sozialdemokratische Umweltpolitik zwischen ökologischer und wirtschaftlicher Krise in den 1980er- und 1990er-Jahren, in: Thorsten Holzhauser/Felix Lieb (Hrsg.), Parteien in der «Krise». Wandel der Parteiendemokratie in den 1980er- und 1990er-Jahren, Berlin 2021, S. 84–96; ausführlich dazu die demnächst erscheinende, preisgekrönte Arbeit Felix Lieb, Arbeit durch Umwelt? Sozialdemokratie und Ökologie 1969–1998, Diss. LMU München 2020.

17 Oskar Lafontaine, Die Gesellschaft der Zukunft. Reformpolitik in einer veränderten Welt, Hamburg [3]1988, S. 266.

18 Ebd., S. 46.

19 Peter Glotz, Sozialdemokratische Utopie, in: Friedrich-Ebert-Stiftung (Hrsg.), Die Zukunft der Sozialdemokratie, Bonn 1993, S. 51–63, hier S. 51; Folgendes nach ebd.

20 Ebd., S. 56.

21 Olaf Scholz, Hoffnungsland. Eine neue deutsche Wirklichkeit, [2]Hamburg 2017, S. 205–211.

22 Felix Lieb, Arbeit und Umwelt? Die Umwelt- und Energiepolitik der SPD zwischen Ökologie und Ökonomie 1969-1998, Berlin/Boston 2022.

9. Russland, die SPD und der Westen

1 Ein Transkript des Gespräches findet sich bei der Munich Security Conference: https://securityconference.org/assets/02_Dokumente/03_Materialien/210819_Transkript_Beyond_Westlessness_Deutschlands_Rolle_in_der_Welt_durchsuchbar.pdf; ein Mitschnitt der Sendung auf: https://www.youtube.com/watch?v=bc3mUdKDxio.

2 André Härtel, Das deutsch-ukrainische Verhältnis am Beginn der Post-Merkel-Ära. Enttäuschungen und Irritationen überlagern strategische Fragen, SPW-Aktuell, Nr. 69, November 2021. Alle Zitate nach ebd.

3 Folgendes nach: Wolfgang Schmidt, Willy Brandts Ost- und Deutschlandpolitik, in: Bernd Rother (Hrsg.), Willy Brandts Außenpolitik. Akteure der Außenpolitik, Wiesbaden 2014, S. 161–258, hier S. 254.

4 Ausführlich zu den Protesten gegen den Versuch der Opposition, Brandt als Kanzler wegen seiner Ostpolitik zu stürzen: Bernd Rother, «Willy Brandt muss Kanzler bleiben». Die Massenproteste gegen das Misstrauensvotum 1972, Frankfurt am Main 2022, S. 119 f.

5 In einem Interview im Jahr 1988 erläuterte Brandt seine Bedenken und wies auch auf die «Regiefehler» hin, wie 1963 diese Formel von Bahr verbreitet worden war. Vgl. dazu: https://www.willy-brandt-biografie.de/quellen/videos/wandel-durch-annaeherung-1963/.

6 Vgl. nach Stefan Creuzberger, Das deutsch-russische Jahrhundert. Geschichte einer besonderen Beziehung, Hamburg 2022, S. 516–526, hier S. 524.

7 Ebd., S. 526–531.

8 Vgl. u. a. «Putin ist ein lupenreiner Demokrat», in: Hamburger Abendblatt (23.11.2004). Schröder hatte im Interview auf die Frage, ob Putin ein lupenreiner Demokrat sei, geantwortet: «Ja, ich bin überzeugt, daß er das ist»; er sei sich sicher, dass Putin Russland «zu einer ordentlichen Demokratie machen will und machen wird». Das Zitat ist also nicht ganz präzise.

9 Gerhard Schröder, Entscheidungen. Mein Leben in der Politik, aktualisierte und erweiterte Ausgabe, Hamburg 2007, S. 479.

10 Ebd., S. 476.

11 Ebd., S. 467.

12 Ebd., S. 469.

13 Ebd., S. 476.

14 Katja Gloger, Fremde Freunde. Deutsche und Russen. Die Geschichte einer schicksalhaften Begegnung, München 2019 (aktualisierte Taschenbuchausgabe). Ein Gespräch mit Bundeskanzler a. D. Gerhard Schröder: «Wir sollten im Westen nicht so tun, als würden wir nicht in Interessensphären denken», S. 371–383, hier S. 375.

15 Die Rede mit englischer Übersetzung findet sich u. a. hier: https://www.youtube.com/watch?v=hQ58Yv6kP44; dazu u. a. auch Creuzberger, Jahrhundert, S. 536 ff.

16 Sigmar Gabriel, Energiesicherheit und Klimaschutz: Zwei zentrale Herausforderungen für sozialdemokratische Außenpolitik, in: Kurt

Beck/Hubertus Heil (Hrsg.), Sozialdemokratische Außenpolitik für das 21. Jahrhundert, Baden-Baden 2007, S. 221–229.

17 Ebd., S. 228 f.

18 Regierungserklärung Gerhard Schröder vom 10.11.1998, Bundestagsprotokoll 15. Wahlperiode, Bd. 3, Sp. 47–67, hier Sp. 61.

19 Bernd Faulenbach, Eine sozialdemokratische Tradition der Außenpolitik?, in: ders./Bernd Rother (Hrsg.), Außenpolitik zur Eindämmung entgrenzter Gewalt. Historische Erfahrungen der Sozialdemokratie und gegenwärtige Herausforderungen, Essen 2016, S. 13–23, hier S. 23.

20 Hansen, Abschied vom Kalten Krieg?, S. 153–196.

21 Rolf Mützenich, Atomwaffenfreie Zonen und internationale Politik. Historische Erfahrungen, Rahmenbedingungen, Perspektiven, Frankfurt am Main u. a. 1991.

22 Ebd., S. 313.

23 Mützenich, Probleme einer Neuorientierung sozialdemokratischer Außenpolitik, S. 123.

24 Frank-Walter Steinmeier, Prinzipien und Leitbilder unserer Außenpolitik angesichts einer «aus den Fugen geratenen» Welt, in: Bernd Faulenbach/Bernd Rother (Hrsg.), Außenpolitik zur Eindämmung entgrenzter Gewalt. Historische Erfahrungen der Sozialdemokratie und gegenwärtige Herausforderungen, Essen 2016, S. 139–148, hier S. 141.

25 Ebd., S. 142.

26 Ebd., S. 144.

27 Beispielsweise: Heinrich-August Winkler, SPD muss erkennen: Putin will eine Revision der Grenzen in Europa, in: «Vorwärts» vom 13. Dezember 2016 (https://www.vorwaerts.de/artikel/spd-erkennen-putin-will-revision-grenzen-europa); Jaan Claas Behrends, Wie eine neue Ostpolitik der SPD aussehen sollte, in: «Vorwärts» vom 13. Juli 2016 (https://www.vorwaerts.de/artikel/neue-ostpolitik-spd-aussehen-sollte); Rolf Mützenich, Für Ignoranz und Ausgrenzung ist Russland zu groß und zu mächtig, in: «Vorwärts» vom 20. Dezember 2016 (https://www.vorwaerts.de/artikel/muetzenich-ignoranz-ausgrenzung-russland-gross-maechtig).

28 Mathias Platzeck, Wir brauchen eine neue Ostpolitik. Russland als Partner, Berlin 2020, bes. S. 94 f.

29 Erhard Eppler, Demütigung als Gefahr. Russland und die Lehren der deutschen Geschichte, in: Blätter für deutsche und internationale Politik 7/2015, S. 69–77.

30 Gernot Erler, Schluss mit dem Russland-Bashing!, in: DIE ZEIT (29.05.2013).

31 Gernot Erler, Mit einer neuen Ostpolitik aus der Krise? Realitäts-

check für eine Friedenshoffnung, in: Neue Gesellschaft/Frankfurter Hefte, 2015, H. 7/8, S. 37–40, hier S. 37 f.; Zitate nach ebd.

32 Gernot Erler, Russland kommt. Putins Staat – der Kampf um Macht und Modernisierung, Freiburg 2005, bes. S. 171.

33 Erler, Mit einer neuen Ostpolitik aus der Krise?, S. 39.

34 Ebd., S. 40.

35 Klaus von Beyme, Die Russland-Kontroverse. Eine Analyse des ideologischen Konflikts zwischen Russland-Verstehern und Russland-Kritikern, Wiesbaden 2016, S. 15.

36 Lars Klingbeil, «Zeitenwende – der Beginn einer neuen Ära», am 21. Juni 2022, Tiergartenkonferenz der Friedrich-Ebert-Stiftung, https://www.spd.de/fileadmin/Dokumente/Reden/20220621_Rede_LK_FES.pdf; alle Zitate nach ebd.

37 Ebd., S. 10.

38 Ebd., S. 8.

10. Die Sozialdemokratie in der Spätmoderne – eine Bilanz

1 Lutz Raphael, Jenseits von Kohle und Stahl. Eine Gesellschaftsgeschichte Westeuropas nach dem Boom. Frankfurter Adorno-Vorlesungen 2018, Berlin 2019, bes. S. 243–246; dort wird auch der Begriff der Sozialbürgerschaft umfassend analysiert.

2 Raphael, Jenseits von Kohle und Stahl, S. 29, hat diesen aus der französischen Forschung entlehnten Begriff erstmals umfassend für die deutsche Zeitgeschichte gebraucht.

3 https://www.spiegel.de/politik/deutschland/unterschicht-debatte-die-spd-scheut-das-u-wort-a-442875.html.

4 «Aus Respekt vor Deiner Zukunft». Das Zukunftsprogramm der SPD, S. 47 (https://www.spd.de/fileadmin/Dokumente/Beschluesse/Programm/SPD-Zukunftsprogramm.pdf).

5 Pierre Rosanvallon, Die gute Regierung, Hamburg 2016, S. 333–336.

Auswahlbibliografie

Bandau, Frank, Was erklärt die Krise der Sozialdemokratie? Ein Literaturüberblick, in: Politische Vierteljahresschrift 60 (2019), S. 587–609.

Beling, Günter/Scholz, Olaf, Nach dem Scheitern des «Godesberger Weges». Thesen zur Perspektive von marxistischen Sozialdemokraten aus der Opposition, in: spw 19 (1983), S. 213–218.

Beling, Günter/Scholz, Olaf/Schulze, Hannes, Die Hamburg-Wahl und die Grün-Alternativen — ein Signal für die Sozialdemokratie, in: spw 16 (1982), S. 289–294.

Beyme, Klaus von, Die Russland-Kontroverse: Eine Analyse des ideologischen Konflikts zwischen Russland-Verstehern und Russland-Kritikern, Wiesbaden 2016.

Brandt, Peter/Lehnert, Detlef, Eine kurze Geschichte der deutschen Sozialdemokratie. Von den Anfängen bis heute, Bonn 2022.

Bukow, Sebastian, Die SPD-Parteiorganisationsreform 2009–2011. Mit Primaries und verstärkter Basisbeteiligung auf dem Weg zur «modernsten Partei Europas»?, in: Münch, Ursula/Kranenpohl, Uwe/Gast, Henrik (Hrsg.), Parteien und Demokratie. Innerparteiliche Demokratie im Wandel, Baden-Baden 2014, S. 133–150.

Creuzberger, Stefan, Das deutsch-russische Jahrhundert. Geschichte einer besonderen Beziehung, Hamburg 2022.

Dahrendorf, Ralf, Die Chancen der Krise. Über die Zukunft des Liberalismus, Stuttgart 1983.

Doering-Manteuffel, Anselm/Raphael, Lutz, Nach dem Boom. Perspektiven auf die Zeitgeschichte seit 1970, Göttingen 2008.

Dörner, Andreas, Wahlkämpfe – eine rituelle Inszenierung des «demokratischen Mythos», in: ders./Vogt, Ludgera (Hrsg.), Wahl-Kämpfe. Betrachtungen über ein demokratisches Ritual, Frankfurt am Main 2002, S. 16–42.

Erler, Gernot, Russland kommt. Putins Staat – der Kampf um Macht und Modernisierung, Freiburg 2005.

Faulenbach, Bernd/Rother, Bernd (Hrsg.), Außenpolitik zur Eindämmung entgrenzter Gewalt: Historische Erfahrungen der Sozialdemokratie und gegenwärtige Herausforderungen, Essen 2016.

Faulenbach, Bernd, Eine sozialdemokratische Tradition der Außenpolitik?, in: ders./Rother, Bernd (Hrsg.), Außenpolitik zur Eindämmung entgrenzter Gewalt. Historische Erfahrungen der Sozialdemokratie und gegenwärtige Herausforderungen, Essen 2016, S. 13–23.

Forkmann, Daniela/Richter, Saskia, Wenn politische Führung scheitert. Eine Einleitung, in: dies. (Hrsg.), Gescheiterte Kanzler-Kandidaten. Von Kurt Schumacher bis Edmund Stoiber, Wiesbaden 2007, S. 15–26.

Fößel, Florian, Warum scheiterte der Dritte Weg der Sozialdemokratie? Labour Party und SPD im Vergleich, Baden-Baden 2020.

Friedrichs, Julia, Working Class. Warum wir Arbeit brauchen, von der wir leben können, Berlin/München ²2021.

Gabriel, Sigmar, Dem Fortschritt eine neue Richtung geben, in: Machnig, Matthias (Hrsg.), Welchen Fortschritt wollen wir? Neue Wege zu Wachstum und sozialem Wohlstand, Frankfurt am Main/New York 2011, S. 22–32.

Gloger, Katja, Fremde Freunde. Deutsche und Russen. Die Geschichte einer schicksalhaften Begegnung, München 2019 (aktualisierte Taschenbuchausgabe), Ein Gespräch mit Bundeskanzler a.D. Gerhard Schröder: «Wir sollten im Westen nicht so tun, als würden wir nicht in Interessensphären denken», S. 371–383.

Glotz, Peter, Sozialdemokratische Utopie, in: Friedrich-Ebert-Stiftung (Hrsg.), Die Zukunft der Sozialdemokratie, Bonn 1993, S. 51–63.

Grunden, Timo/Janetzki, Maximilian/Salandi, Julian, Die SPD. Anamnese einer Partei, Baden-Baden 2017.

Hansen, Jan, Abschied vom Kalten Krieg? Die Sozialdemokraten und der Nachrüstungsstreit (1977–1987), Berlin/Boston 2016.

Härtel, André, Das deutsch-ukrainische Verhältnis am Beginn der Post-Merkel-Ära. Enttäuschungen und Irritationen überlagern strategische Fragen, SPW-Aktuell, Nr. 69, November 2021.

Hassel, Anke/Schiller, Christof, Der Fall Hartz IV. Wie es zur Agenda 2010 kam und wie es weitergeht, Frankfurt am Main 2010.

Henkes, Christian, Schweden, in: Merkel, Wolfgang u.a., Die Reformfähigkeit der Sozialdemokratie. Herausforderungen und Bilanz der Regierungspolitik in Westeuropa, Wiesbaden 2006, S. 272–314.

Holzhauser, Thorsten/Lieb, Felix, Einleitung: Krise oder Wandel? Politische Parteien in der Bundesrepublik Deutschland der 1980er und 1990er Jahre, in: dies. (Hrsg.), Parteien in der «Krise». Wandel der Parteiendemokratie in den 1980er- und 1990er-Jahren, Berlin 2021, S. 7–24.

Klein, Markus u.a., Die Sozialstruktur der deutschen Parteimitgliedschaften. Empirische Befunde der deutschen Parteimitgliederstudien 1998, 2009 und 2017, in: Zeitschrift für Parlamentsfragen 50 (2019) H. 1, S. 81–98.

Klingbeil, Lars, «Zeitenwende – der Beginn einer neuen Ära», am 21. Juni 2022, Tiergartenkonferenz der Friedrich-Ebert-Stiftung,

https://www.spd.de/fileadmin/Dokumente/Reden/20220621_Rede_
LK_FES.pdf.

Krell, Christian, Sozialdemokratie und Europa. Die Europapolitik von
SPD, Labour Party und Parti Socialiste, Wiesbaden 2009.

Kufferath, Philipp, Peter von Oertzen (1924–2008). Eine politische und
intellektuelle Biografie, Göttingen 2017.

Lamby, Stephan, Entscheidungstage. Hinter den Kulissen des Machtwechsels, München 2021.

Lessenich, Stephan, Die Neuerfindung des Sozialen. Der Sozialstaat im
flexiblen Kapitalismus, Bielefeld 2008.

Lieb, Felix, Arbeit und Umwelt? Die Umwelt- und Energiepolitik der SPD
zwischen Ökologie und Ökonomie 1969–1998, Berlin/Boston 2022.

Lieb, Felix, Von der «ökologischen Modernisierung» zum «Primat der
Ökonomie». Sozialdemokratische Umweltpolitik zwischen ökologi-
scher und wirtschaftlicher Krise in den 1980er- und 1990er-Jahren,
in: Holzhauser, Thorsten/Lieb, Felix (Hrsg.), Parteien in der «Krise».
Wandel der Parteiendemokratie in den 1980er- und 1990er-Jahren,
Berlin 2021, S. 84–96.

Mende, Silke, Krise der Parteiendemokratie? Zeithistorische Schlaglich-
ter auf eine (nicht nur) aktuelle Debatte, in: Holzhauser, Thorsten/
Lieb, Felix (Hrsg.), Parteien in der «Krise». Wandel der Parteiendemokratie in den 1980er- und 1990er-Jahren, Berlin 2021, S. 25–40.

Mergel, Thomas, Propaganda nach Hitler. Eine Kulturgeschichte des
Wahlkampfes in der Bundesrepublik 1949–1990, Göttingen 2010.

Merkel, Wolfgang, Bruchlinien. Kosmopolitismus, Kommunitarismus
und die Demokratie, in: WZB-Mitteilungen 154 (2016), S. 11–14.

Merkel, Wolfgang, Ende der Sozialdemokratie? Machtressourcen und
Regierungspolitik im westeuropäischen Vergleich, Frankfurt am
Main 1993.

Meyer, Henning, Wege aus der «Kosmopolitismusfalle». Warum die Sozialdemokratie kommunitaristisch und kosmopolitisch sein muss,
Neue Gesellschaft/Frankfurter Hefte, H. 4 (2016), S. 43–46.

Meyer, Kristina, Die SPD und die NS-Vergangenheit 1945–1990, Göttingen 2015.

Meyer, Marc, Zwischen Tradition und Moderne. Die Auseinandersetzungen um die politische Mobilisierungsarbeit der Frankfurter SPD
ab Mitte der 1980er-Jahre, in: Holzhauser, Thorsten/Lieb, Felix
(Hrsg.), Parteien in der «Krise». Wandel der Parteiendemokratie in
den 1980er- und 1990er-Jahren, Berlin 2021, S. 56–69.

Meyer, Thomas, Kommunitaristen, Kosmopoliten und die «verlorene
Arbeiterklasse», in: Neue Gesellschaft/Frankfurter Hefte, H. 3
(2017), S. 37–41.

Michels, Dennis, Digitaler Wandel in der SPD. Kommunikation, Beteiligung und Organisation in der Parteireform 2017–2019, Wiesbaden 2021.

Micus, Matthias, Willy Brandt. Konkurrenzlos als Kandidat, chancenlos als Sozialdemokrat, in: Forkmann, Daniela/Richter, Saskia (Hrsg.), Gescheiterte Kanzler-Kandidaten. Von Kurt Schumacher bis Edmund Stoiber, Göttingen 2007, S. 62–140.

Mielke, Gerd/Ruhose, Fedor, Zwischen Selbstaufgabe und Selbstfindung. Wo steht die SPD?, Bonn 2021.

Mintzel, Alf, Die Volkspartei. Typus und Wirklichkeit. Ein Lehrbuch, Opladen 1984.

Münkel, Daniela, Willy Brandt und die «Vierte Gewalt». Politik und Massenmedien in den 50er bis 70er Jahren, Frankfurt am Main/New York 2005.

Mützenich, Rolf, Atomwaffenfreie Zonen und internationale Politik. Historische Erfahrungen, Rahmenbedingungen, Perspektiven, Frankfurt am Main u.a. 1991.

Nachtwey, Oliver, Die Abstiegsgesellschaft: über das Aufbegehren in der regressiven Moderne, Berlin 2016.

Nawrat, Sebastian, Agenda 2010 – ein Überraschungscoup? Kontinuität und Wandel in den wirtschafts- und sozialpolitischen Programmdebatten der SPD seit 1982, Bonn 2012.

Platzeck, Matthias, Wir brauchen eine neue Ostpolitik: Russland als Partner, Berlin 2020.

Raphael, Lutz, Jenseits von Kohle und Stahl. Eine Gesellschaftsgeschichte Westeuropas nach dem Boom, Frankfurter Adorno-Vorlesungen 2018, Berlin 2019.

Reckwitz, Andreas, Die Gesellschaft der Singularitäten. Zum Strukturwandel der Moderne, Berlin [3]2020.

Rosanvallon, Pierre, Die gute Regierung, Hamburg 2016.

Sandel, Michael J., Vom Ende des Gemeinwohls. Wie die Leistungsgesellschaft unsere Demokratien zerreißt, Frankfurt am Main 2020.

Sauer, Bertram/Scholz, Olaf, Aspekte sozialistischer Friedensarbeit, in: spw 22 (1984), S. 85–89.

Schieritz, Mark, Olaf Scholz. Wer ist unser Kanzler?, Frankfurt am Main 2022.

Schmidt, Wolfgang, Willy Brandts Ost- und Deutschlandpolitik, in: Rother, Bernd (Hrsg.), Willy Brandts Außenpolitik. Akteure der Außenpolitik, Wiesbaden 2014, S. 161–258.

Scholz, Olaf, Frankfurter Kreisverkehr, in: spw 17 (1982), S. 367f.

Scholz, Olaf, Gerechtigkeit und Solidarische Mitte im 21. Jahrhundert, in: Neue Gesellschaft/Frankfurter Hefte, H. 9 (2003), S. 15–20.

Scholz, Olaf, Hoffnungsland. Eine neue deutsche Wirklichkeit, Hamburg [2]2017.

Scholz, Olaf, Immer wieder Stamokap... Zu den jüngsten Auseinandersetzungen um den SHB, in: spw 27 (1985), S. 195–198.

Scholz, Olaf, Umverteilen – aber was? Warum Sozialdemokratien über Gerechtigkeit nachdenken müssen, in: spw 133 (2003), S. 19–22.

Schröder, Gerhard, Entscheidungen. Mein Leben in der Politik, aktualisierte und erweiterte Ausgabe, Hamburg 2007.

Schröder, Wolfgang, Sozialdemokratie und Gewerkschaften. Eine besondere Verbindung, in: WSI-Nachrichten 73 (2020), S. 247–255.

Seefried, Elke, Partei der Zukunft? Der Wandel des sozialdemokratischen Fortschrittsverständnisses 1960–2000, in: Esposito, Fernando (Hrsg.), Zeitenwandel. Transformation geschichtlicher Zeitlichkeit nach dem Boom, Göttingen 2017, S. 193–225.

Steinmeier, Frank-Walter, Prinzipien und Leitbilder unserer Außenpolitik angesichts einer «aus den Fugen geratenen» Welt, in: Bernd Faulenbach/Bernd Rother (Hrsg.), Außenpolitik zur Eindämmung entgrenzter Gewalt. Historische Erfahrungen der Sozialdemokratie und gegenwärtige Herausforderungen, Essen 2016, S. 139–148.

Stöss, Richard, SPD am Wendepunkt. Neustart oder Niedergang!, Marburg 2022.

Süß, Dietmar, Die Enkel auf den Barrikaden. Jungsozialisten in der SPD in den Siebzigerjahren, in: Archiv für Sozialgeschichte, 44 (2004), S. 67–104.

Süß, Dietmar/Torp, Cornelius, Solidarität. Vom 19. Jahrhundert bis zur Corona-Krise, Bonn 2021.

Süß, Winfried, Soziale Sicherheit und soziale Ungleichheit in wohlfahrtsstaatlich formierten Gesellschaften, in: Bösch, Frank (Hrsg.), Geteilte Geschichte. Ost- und Westdeutschland 1970–2000, Göttingen 2015, S. 153–193.

Träger, Hendrik/Matthies, Celine, Die Bundestagswahl 2021 in Ostdeutschland, in: Deutschland Archiv, 19.11.2021 (www.bpb.de/343667).

Völkl, Kerstin, Die sachsen-anhaltische Landtagswahl vom 6. Juni 2021: Die Mitte ist stabil, in: Zeitschrift für Parlamentsfragen 52 (2021) H. 3, S. 520–540.

Wagner, Markus/Meyer, Thomas M., The Radical Right as Niche Parties? The Ideological Landscape of Party Systems in Western Europe, 1980–2014, Political Studies 65 (2017), S. 84–107.

Walter, Franz, Die SPD. Biografie einer Partei von Ferdinand Lassalle bis Andrea Nahles, Berlin ³2015.

Wiesendahl, Elmar, Mitgliederparteien am Ende? Eine Kritik der Niedergangsdiskussion, Wiesbaden 2006.

Zürn, Michael/Wilde, Pieter de, Debating Globalization. Cosmopolitanism and Communitarianism as Political Ideologies, in: Journal of Political Ideologies 21 (2016), S. 280–301.

Personenregister